人事労務DX
データによる働き方改革2.0

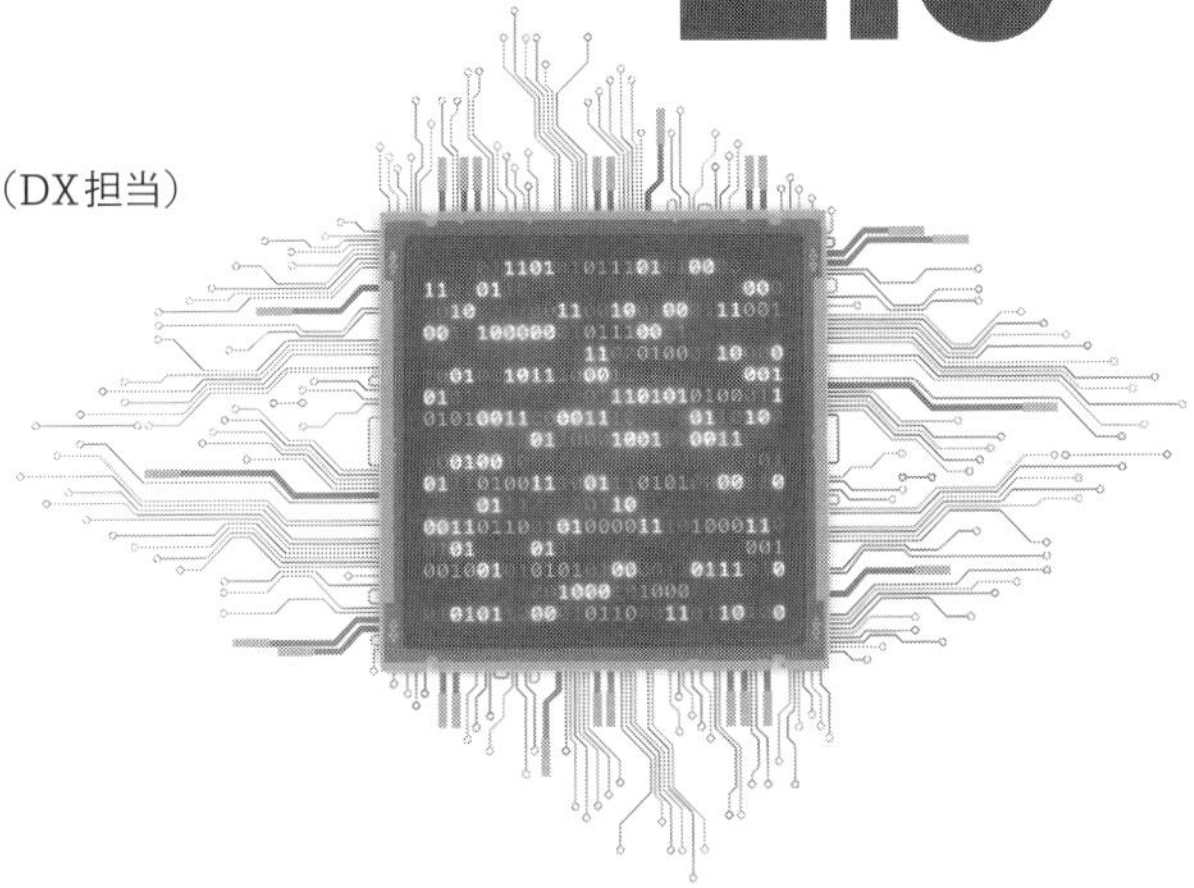

ワークウェア社会保険労務士法人 代表
前全国社会保険労務士会連合会常任理事（DX担当）
立岩優征〔著〕
MASAYUKI TATEIWA

AX: Architecture Transformation

BX: Business Process Transformation

CX: Culture Transformation

DX: Data Transformation

DIGITAL TRANSFORMATION

中央経済社

はじめに

●「デジタル敗戦」失敗の本質：具体化と抽象化の往復不足

本書は「働き方」の相談・設計を業とする国家資格者：社会保険労務士が、約20年にわたり、業界のデジタル化事業を促進し、また業界を代表して約14年間、わが国の電子政府・電子申請等（以下「デジタル・ガバメント」とします。）の推進・改善を「最大ユーザーである専門士業」という立場で、現場対応してきた経験とそこから得た教訓をまとめたものです。なお、本書でデジタル化とは「人間」が行ってきた「働き」を「機械か人間どちらか」に再設計することとしますが、それは社労士の業に直結しています。

デジタル・ガバメントとはまさに「役人の働き方改革」であり、その支援を専門家かつ国家資格者として行ってきたことにもなります。そして、長年デジタル・ガバメントの状況が「誰も幸せになっていない」と疑問を呈し、当事者の方々に「一緒に変えて行きましょう」と現場で訴え改善を続けてきました。

コロナ禍で「デジタル敗戦」と平井前デジタル大臣が評されたデジタル・ガバメントにおいて、広範な守備範囲で多種多様な手続が存在する労働社会保険のオンライン利用率は長年に渡り低迷を続けていました。政府目標の70％に対し、２００８年オンライン利用拡大行動計画が発表されたテコ入れ時には０・８％と、他の主要２分野である登記37・２％・国税36・５％に比べ大幅に出遅れていました[一]。そのタイミングで、厚労省は電子申請最大ユー

一　平成27年版情報通信白書より。

ザーである社労士会（数年後電子申請窓口システムｅ-Ｇｏｖ所管の総務省参加）との定期協議を同年1月より毎月実施し、地道な現場改善による長年の一進一退を経て、２０２１年6月単月ですが、主要20手続で利用率が60％を超え、やっと政府目標達成が射程に入ってきました

当該協議会は２０２１年9月に第１５０回目となり、デジタル庁も参加して新たな体制となりましたが、唯一第1回から毎月、参加してきた筆者は、区切りとして一旦お役御免とさせて頂くこととなりました。また、同協議会でデジタル・ガバメントの啓蒙・広報として関連書籍発行の必要性が提言されて、それに応えるべく今まで５人の社労士の先生の御協力を頂きましたが、最後に自らもこれまでの取組みを、まとめて出版することで、長年の役目が完了できるものと考えております。お世話になった数多くの方々に感謝申し上げるとともに、そのような経緯と趣旨なので、多少の踏み込んだ言及に関しては、ご理解の程よろしくお願い致します。

ところで、デジタルとはラテン語の「指（デジタス）を数える」から派生した「数値での表現」を意味し、本来具体的な存在を数値で抽象化するものです。現場で長くやってきて身に染みるのは、デジタル化に関して、テクノロジー活用も大事ですが、数字や数式により物事を抽象化し、具体的な現象を多角的に分析し組立てることの重要性です。日頃から数字・数式を元にした「具体化と抽象化の往復」運動を意図的に行い、習慣化させることこそ、デジタル化議論の基本であると考えています。本書では簡単な数式「Ｏ＝Ｉ×Ｐ×Ｄ」をＩＰＯＤモデルとして、デジタル化前提の働き方変革や生産性分析の検証等に活用します。

「デジタル敗戦」した「失敗の本質」[二]としてあえて挙げれば、この具体化と抽象化の往復不足であり、特に今般の

二　戸部良一・野中郁次郎等の各分野で活躍している方々が、日本軍の6つの敗戦を通じ日本の組織課題分析をした名著。デジタル敗戦と筆者の考え方をなぞるために引用しました。

政府のコロナ対策と同じで数値の絶対値（数）と相対値（率）両方での評価検証が足りていないことです。これは、第1章・2で説明する「タテ」型情報流通がいろんな組織に生まれ閉塞的になる、わが国の永遠の課題と考えます。行政ではいわゆる「縦割り」となり、省庁間だけでなく省庁内でも深刻であると、具体的活動で現場に近づけば近づくほど痛感しております。

本書の「はじめに」として、この20年間、さまざまな現場と議論の場を往復し、一進一退で進めてきた象徴的な出来事をご紹介し、本書の骨子を説明します。

●「日本の社会で83％の方がマイナンバーカードを持つことになると、間違いなく、パッと視界が広がります」～独自発展国家資格の意味～

２０２１年６月中旬、内閣府にあるデジタル改革担当大臣室（当時）において、大臣と社労士会連合会会長の社労士会会報「月間社労士」（以下、社労士会会報）としますの特集である対談中に、社労士業会において、マイナンバーカード取得率が直近のアンケートで83％であったという報告に対して、大臣が両手を広げてその可能性を、このように思いを込められるように語られました。

当日は午前中に野党４党が内閣不信任案を提出する急展開で、まさに当事者なので大変お忙しいと推察される中、国会対応終了後、予定通りの時間を取っていただきました。事前に事務方で用意していたシナリオはほとんどご覧になることもなく、ご自身の言葉で思いや考えを語られたのが大変印象的でした。また、対談中、社労士の役割が大変重要であると何度も大臣からお話しがあり、「デジタル復興」につなげるためにも、我々社労士の役割は益々高まっていると、袖で聞きながら、改めて強く認識した永田町での一日でした。

そこで筆者が考える社労士の役割とその背景を以下簡単に紹介致します。

社会保険労務士（本書では、以下「社労士」とします。）は労働・社会保険に関する専門家で、日本で独自発展した一番新しい士業国家資格です。(三) いい意味で「ガラパゴス資格」ですが、先輩方々の不断の努力の積み重ねにより2018年12月に50年を迎え、現在会員数約4万4千人を要する団体になりました。そのほぼ50年前の1919年に、国連最初の専門機関として設立されたのがＩＬＯ（国際労働機関）です。この100年で世界の労働・社会保障環境は大きく変わっていく中で、日本最新の士業団体である社労士会連合会と世界最古の国連専門機関ＩＬＯは2020年4月、社労士制度を世界に広げ、ディーセント・ワーク（働きがいのある人間らしい仕事）の実現に関する覚書を締結しました。

このＩＬＯとの覚書締結の本質的意義は「ＡＩ×ＢＩ＝」の解が社労士制度にあることと筆者は考えています。ＡＩとは人工知能のことですが、ＢＩとはいわゆる「ベーシックインカム」を意味します。つまり、ＡＩの発展の延長には人間の「仕事の喪失」という労働での課題が想定され、その補てんとしてＢＩという一律現金給付方式の是非などの社会保障の在り方の課題があります。

労働と社会保障の両政策は「働く」ことを軸として、「働ける」人を応援し「働けない」人を支援する関係です。この表裏一体の政策をこれだけの規模で支える国家資格制度は世界に類を見ないです。昨今、ＷＨＯを始めとし、存在意義を問われている国連専門機関ですが、その最古のＩＬＯは社労士制度に新たな活路を見出すかもしれません。そして、本書はその社労士が機械と人間の「働き」の構造をモデル化して、この仕事の喪失論の論点を第1章

三　8士業（弁護士、司法書士、土地家屋調査士、税理士、弁理士、社労士、行政書士、海事代理士）及び公認会計士、中小企業診断士の合計10専門士業の中で一番新しい制度です。なお、世界にも多少の類似資格はありますが、労働社会保険両面でこれだけの規模で活動している専門士業はありません。

及び第2章でＩＰＯＤモデルを使い整理しくものです。

また、社労士が関わる労働と社会保障は、少子高齢化による労働人口減少と社会保障費膨大化というわが国の最難関課題を抱え、デジタル・ガバメントにおいては最重要政策コンテンツであます。よって、筆者も含めて多くの社労士が政府の委員会等に参加するなどして、各省庁の政策に水平横断的に、テーマ別課題には垂直重層的に支援する存在になっています。

なお、昨今制度疲労が目立ち始めたとは言え、世界に誇れる国民皆保険・年金制度及び勤勉な国民の労働道徳という、わが国独自の歴史・価値観により生まれ成長したのが社労士制度です。社労士が積極的に協力することで、独自の歴史・価値観を踏まえた上で、第2章や第5章で説明するようにわが国のデジタル化推進・デジタル庁構想前進のお手伝いができると考えています。

そんな中、社労士会連合会では２０２０年7月16日の常任理事会・理事会合同会議で、「政府のマイナンバーカード利用促進への対応について」という審議事項に対して、健康保険証代替となるデジタル社会のコアとなるマイナンバーカードの普及促進は、社労士の基本姿勢として前向きにとらえるべきと決議しました。第5章で後述するデジタル・ガバメントの中心となるマイナンバー制度に関し、このように社労士会としても力を入れて対応しています。

本件に関しさまざまな考えの団体もある中、このような組織決定があり、かつカード普及率で結果が数字にも表れているので、大臣の思いに通じるものがあったと勝手に想定しております。

●「先生の懸念はあたってしまいました。雇調金は世間的にも注目が高いのですが……」～令和版失敗の本質例～

その約1年前の２０２０年5月20日、これは霞が関の関係者の方々から当時頂いたメール中の1つの冒頭部分です。当日の12時には新型コロナウイルス対策として内閣総理大臣が指示した「雇用調整助成金（雇調金）のオンライン申請」により迅速な助成金の給付が始まる予定でした。時間になったので、是非使ってみようと思ってサイトを開いたら、画面がエラー表示され、稼働30分後の12時30分には厚労省から、システム不具合発生のため稼働を延期すると発表がありました。半月後の6月5日に再稼働したのですが、今度は2時間ほどで、前回同様、セキュリティ問題で稼働が停止しました。結局再開したのは同年8月25日で、約3カ月の時間を要しました。

前述の通り筆者は長年に渡り、さまざまな現場にてデジタル・ガバメントの対応をしてきたので、政府側の開発の結果がある程度想定できると思っています。今回の予算・工期・仕様では問題が起きる可能性が高いと思い、霞が関の有志の方々と、別のネットワーク経由による「プランB」を考えていました（主に彼らの意見ですが）。それは、実績のあるシステムの二次利用案で、特にセキュリティ問題をクリアし短期間開発での実現性の高い案でした。しかし、有事で大混乱している現場には、いくら良い案であっても受け入れる余裕はなく、交渉の余地すらもなく、当日を迎えるしかありませんでした。コロナ禍初期対応のドタバタが続く中、専門分野である雇調金のオンライン申請に関し、有事にこそ何か役に立ちたいと思い奔走したつもりですが、結局何もできず時間の経過を見守るしかできなかったこともあり、長年のこのお勤めを終了するきっかけとなりました。

この件で強く感じたのは、著書「失敗の本質」が見事に指摘する点で、本件で要約すると、日本の組織が持つ体質的問題として、合理性よる全体最適より、立場忖度による部分最適が優先され、物事がある程度進行していくと、その中にいる人間は、誰もそれを止められないことです。多くの関係者がおかしいとわかっていて、代替案を必死に見出したとしても、そのシステムの中で動く各組織は行きつくところまで行ってしまい（この場合は2回に渡るシステムダウン）、余程のリーダーシップが機能しない限り流れを変えることができないということです。

非常に難しい問題ではありますが、体質を改善するには習慣を変えることが必要で、それには前述の具体・抽象往復運動を意図的にすることと考えます。そして、デジタル・ガバメントでその運動が粛々と行われるようにするためには、組織マネジメント方法であるＰＤＣＡサイクルとしての人事評価制度が重要です。なぜならば、デジタル・ガバメントとは「役人の働き方改革」と前述しましたが、働き方を変えるには、当然働き自体の再設計とその結果評価は必須だからです。第2章及び第4章で解説します。

●「私が以前○○長であった時は××、今なら△△ぐらいの決済はできる。今の話、それぐらいでできるの?」～平成版リーダーシップ例～

といいながらですが、まだ光が先に見えるかもしれないと希望を持ったのが、この言葉を聞いた時です。それから遡ること約6年前、とある政治家の執務室に呼ばれた時に、応接セットの後ろにズラッと並んだ官僚に向かって、その部屋の主が、筆者の話を聞き終わって、このように聞き返しました。その日は各専門士業を招いて電子政府・電子申請の利用率向上の意見を直接聞きたいという趣旨の社労士会の番で、彼と応接セットで向き合って膝詰めで話をしました。そこで、後述のＩＴ戦略本部や前述の定期協議会などで何度も要望して実現しなかったことを、そのまま彼にぶつけました。詳しくは第1章で後述しますが、電子申請において「お上」への「上り」だけでなく、「民間」への「下り」も「データ流通」してほしいという要望でした。結果、この方の英断により、２０１５年に、e-Ｇｏｖ電子申請システムのＡＰＩ(四)実装が始まることとなりました。

　この方の政治家としてのリーダーシップが素晴らしいと思ったのは、直感的に実行策の有効性をかぎ分けた上で、自分の意思決定によりできる範疇（予算）を即座に確認し、できることを着実に実行に移されたことです。また同時に、「決めるべきを決める」と、日本の優秀な官僚機構が機能し、社会システムが回ることを目の当たりにしました。その後、e-GovにAPI実装が実装され、API対応のベンチャーIT企業が複数生まれ、利用者数・利用率が加速度的に増えます。さらに、その利便性を盛んにテレビCM・吊り革広告等で社会に広く告知し、さらに利用者が増えるという循環が生まれました。

　確かにコロナ禍の2020年にデジタル敗戦したのですが、2015年あたりからアーキテクチャ的には陣形・装備が変わり、戦えるように変わってきています。一例がこのe-GovAPIですが、その構造を第1章で解説します。

●「キャッチボールしようと思ったら、サッカーボールが蹴られて返ってくるようなもの」～具体化と抽象化の往復運動例：日本の実態～

　これは、それからさらに遡ること5年前、IT戦略本部の分科会に参考人として呼ばれ、筆者が発した、少しスベった例え話です。その日はユーザーとして専門家である司法書士会・税理士会と社労士会から意見を求める趣旨

四　APIとはApplication Programming Interfaceの3つの頭文字を取った略です。e-GovではAPIを「(外部連携) API」として、次のように説明しています。「外部連携APIはe-Gov 電子申請システムが現に備えている機能を操作するためのインターフェイスです。申請データを送信するためのAPIや申請到達以降手続終了に至る申請状況や電子公文書等を取得するためのAPIが提供されています」。

で2人ずつ呼ばれ、社労士会が最後でした。そのまた最後に筆者へマイクが回ってきて、このままでは予定通りの結論で終わりそうであったため、思い切って発言しました。しかし、わが国のＩＴ戦略を担う専門家を擁するその会議は、想定以上に紛糾してしまいました。

その日は、主に国民にとっての電子申請の使い勝手の改善方法等に関し、調査報告に基づく議論がなされていました。その中で「電子申請の改修等により使い勝手が向上しており、20％ほど作業時間が短縮されている」という報告がされ、偶然にも、その調査対象は当時労働社会保険関係電子申請の90％以上を占める専門家である社労士でした。内容はもちろん事実ではあったのですが、現場責任者として、現状を知っている身からどうしても、その数字の実態を言わざるを得ませんでした。なぜかというと、当時の電子申請の使い勝手は決して褒められたものではなく、例えば、算定基礎届という社会保険料申告書の送信だけで30分ぐらいかかっていました。その使い勝手に憤慨した会員が、どれだけマウスをクリックする必要があるかを計り、結果２１６回であると社労士会連合会へ訴えて来たほどでした。つまり、その20％という時間短縮は、マウスの多大なクリック操作等の物理的運動に慣れた等の、結果生じた相対値でした。

その時申し上げたのは、この操作性のように、国はユーザーの実態が見えにくいので、使い勝手改善は民間に任せて欲しいと。そのためにも、上りのデータがファイル送信できるので、下りもデータで返す機能を追加し、国は基礎インフラ整備に徹して欲しいということでした（上記発言がその例え話です。つまり、データをファイルにしてまとめて送って申請しても、結果がメール・Ｗｅｂ上もしくは紙等でバラバラに返ってくる、キャッチボールが全く成り立たない状態を表現しようとしました）。しかし、残念ながらその後の状況は変わらず、結果、前述のｅ-Ｇｏｖ政治判断に委ねる事になりました。

その後、２０２０年12月25日閣議決定の「デジタル社会の実現に向けた改革の基本方針」において、「役割分担」が明記され「民間が主導的役割を担い、官はそのための環境整備を図る」や「UI（ユーザー・インターフェース）に係る機能など民間企業に知見があると考えられるものについて、その知見を積極的に活用していく」とされました。このように筆者が10年以上前から訴えていたことが実行されることを、デジタル庁主導で強く期待すると同時に、第2章にその組織役割を解説させて頂きます。

●「This is what we call〝Bangkok Queuing System〟」～具体化と抽象化の往復運動例：欧米人の思考～

社労士としては珍しく、筆者は全世界展開の医療保険決済サービス提供等の海外事業展開を積極的にしているのですが、本書の中核をなすシステム思考を強烈に意識し、海外展開の契機となった出来事を、時系列での過去の遡りのまとめとします。

その数年前の２００８年11月の早朝、バンコクのタイ国際航空事務所ビル前で、ヨーロッパ系の白人男性がこのように叫んで、周りが拍手喝采した場面は今でも脳裏に深く刻まれています。微笑みの国といわれるタイですが、都市部と農村部の分断が政治的に利用され、歴史的にクーデター・デモを繰り返しています。当時バンコクで商談があり、帰国の途につくためタクシーで空港に到着したまさにその時、デモ隊に空港が占拠され、自分のタクシーも取り囲まれました。結果、軍用空港から特別機で日本に帰国する10日後まで、毎朝タイ国際航空の事務所で帰国手配交渉をする羽目になりました。

観光立国のタイには世界各国から人が集まっており、毎朝、タイ国際航空の事務所前は、帰国を訴える世界中の人でごった返していました。よって、事務所が開く数時間前の早朝6時台から、人が並ぶようになり、特に日本人は早くから並んで待つようになりました。しかしながら、朝早くから並ぶ行列に、中国人やインド人等々が平然と割り込み、早くから並ぶ多くの日本人は苦笑するだけでした。筆者はそれにも頭にきて、割り込み者を怒鳴つけ後ろに回るようにしていましたが、現場はまさにカオスでした。

そこであるヨーロッパ系の男性が皆の前で語り始めました。彼いわく、「毎朝こんなことで整列が乱れることに一喜一憂しながら長時間並ぶのはおかしくないですか？　今、この紙片を作って番号を書きました。これを皆さんに配ります。よって、開門30分前にこれを持って、またここに来て集まりませんか？　そして、その順番で並ぶのです。」

そして、開門30分前に奇跡が起こりました。我々の後から並んでいた人々の前に、我々が半切れの紙を持って当たり前のように、並ぶことができたのです。後から来て並んでいた人は、何が何かわからない状態ですが、大量の人間が現れ、一人の男の指示通りに整列を始めると、それがスタンダードとなり、受け入れざるを得ない、というか普通に受け入れていました。そして、この奇跡のような状況に国籍拘わらず歓喜する皆の前で、このヨーロッパ人が言ったのが「This is what we call 〝Bangkok Queuing System〟(これをバンコク整列システムと名付けよう！)」です。そして、その場は割れんばかりの拍手喝采でした。

東南アジア独特の湿気を含んだ青く澄んだ朝、昼夜喧騒な街で、目に焼き付き肌で感じたのは、国際関係の縮図のようなこの現状と、これから先への焦燥感でした。朝早くから並ぶ羊のような日本人。平然と割り込む中国人・インド人。そのカオスに呼びかけ、スタンダード(標準化)になるシステムを創造してしまうヨーロッパ人。たまたまかも知れませんが、西洋人の標準化・システム思考とプレゼンテーションのスマートさと、なんとなくですが、その裏にあるずる賢さを目の当たりにした気がしました。

このシステム思考は本書の中核をなしているので第1章のアーキテクチャで詳しく触れます。それと同時に、システム思考等の合理性を超える日本人の元来持つ文化的歴史的資産の在り方を考えるために第3章でカルチャーを取り上げます。

●「プラットフォームを構築するにあたって、こうしたデータの標準化やアーキテクチャは最も重要な点」～本書の全体構成～

最後に、日本の人工知能：AI研究の第一人者である松尾豊東京大学大学院工学系研究科教授から、社労士会会報の2020年新春特別企画インタビューした時に頂いた言葉を元に本書の全体を紹介します。社労士会で構築を準備しているプラットフォームにビッグデータの受け皿を作る前提として、各社ソフトウエアでバラバラな人事労務データの標準化を、国家資格団体が行うという構想に対してこのようなご指導をいただきました。

今回のコロナ禍で、デジタル化対応の働き方として、役人の「デジタル・ガバメント」、会社員の「テレワーク」、教師の「オンライン教育」、医師の「オンライン診療」等々で問題が噴出しました。共通するのは、今までは単なる電子化で終わり、電子化した情報が、それぞれの働き方に対して「(互いに連携動作する)システム」になっていないことです。

なお、システムとは「所定の任務を達成するために、選定され、配列され、互いに連係して動作する一連のアイテムの組合せ」と定義されます。(五) まさに前述のBangkok Queuing Systemは「早朝のカオスを解決するため、早く並んだ人を選定し、順番に配列し、互いに紙に書かれた番号で連携し、再度並ぶという動作をする、国籍がバラバラな人間を番号で整列した組み合わせ」で、システムそのものです。西洋人と比して、このシステム思考（つまる

五　工業標準化法第14条によるJIS Z 8115「ディペンダビリティ（信頼性）用語」より引用。

ところ抽象化）への興味と訓練が、日本人に足りないと海外での活動を通し強く感じます。

そこで本書では、松尾教授がプラットフォームというシステム構築において最も重要と指摘された「アーキテクチャ」という視点により、第1章で、データ流通で発生する力学を表すためにモデル化をします。さらに、デジタル・ガバメントをこのモデルで検証した場合の課題と今後の可能性を検証します。このように物事をシステムととらえ構造化・モデル化して変革を促すことを「ＡＸ：アーキテクチャ・トランスフォーメーション」とします。

なお、英語で変革を意味するトランスフォーメーションの「trans―」部分は「交差」するという意味で、交差を表現する「Ｘ」と略されるようです。本書では簡単な交差表現「×（かける）」と、物事の交差分析である「マトリックス」を多用します。よって、変革の技法として交差を用いるので、トランスフォーメーションをテーマとしている理由の1つです。

ところで、アーキテクチャ的に構造を変えたとしても、構造内でシステムが動くための、具体的なプロセスがおかしければ結果は伴いません。よって、具体的な業務（仕事）の流れ＝「ビジネスプロセス」のデータ起点での変革方法を取り上げます。いわゆるＢＰＲ（ビジネスプロセス・リエンジニアリング）のように業務プロセスを再設計し、かつマネジメント力で変革を起こすことを、ＢＸ：ビジネスプロセス・トランスフォーメーションと定義し第2章で解説します。

また、コロナ禍における在宅勤務等のテレワークで、課題として取り上げられたのが仕事の「評価」で、それに対して、「メンバーシップ型」か「ジョブ型」という雇用形態の是非議論につながっています。しかし、テレワークとは組織に「遠心力」という力学が「働く」ことで、それと同等以上の「求心力」を「働かせる」議論がセットでないと組織運営はおかしくなります。つまり、個人の働き方だけでなく「組織の働き」の議論が必要です。また、個人の働き方について「メンバーシップ型」を「ジョブ型」に変えることは、大きな価値観や企業文化の変革です。

そして、この組織の力学を生む、組織の価値観や文化の変革には時間が必要で、変えるべきでない文化：カルチャーもありますので、その変革の勘所を第3章でＣＸ：カルチャー・トランスフォーメーションとして説明します。

最後に、「ＤＸ：デジタル・トランスフォーメーション」[六]はバズワードになっていて、いまいちピンと来ないところがあります。よって、その実現のための主役はデータであり、具体化するためにＤＸを「データ・トランスフォーメーション」と限定し説明します。なお、本書ではデジタル・トランスフォーメーションを横書きのDX、それを実現するための一部であるデータ・トランスフォーメーションをＤＸと縦書きで表し区分します。

以上のように、本書ではDXを具体的に進めるにあたり、ＡＢＣＤの4つに分割し、かつ数字・数式とモデルを使って「デジタル」に、働き方の国家資格者である社労士が、人間と機械の働きを再設計する方法を提示します。

令和3年11月

立岩　優征

会議終了後、霞が関・厚生労働省前にて
（２０１８年11月19日月曜日夕方）

前日の日曜日、岐阜長良川競技場でラグビーの試合で骨折をし、応急手当をして、翌日の月曜日霞が関にて前述定期協議会に出席。その後自宅のある知多半島に戻り入院・手術をしました。この暑苦さをご存知の霞が関等の関係者の皆様には、本書をご覧いただくと、諸事情を理解しながらも、場を無視しても訴えていた根本をご理解いただけると思います。

六　「ＩＣＴの浸透が人々の生活をあらゆる面でより良い方向に変化させる」というウメオ大学（スウェーデン）エリック・ストルターマン教授が２００４年に提唱した概念（平成30年情報通信白書）

目　次

2 BX：ビジネスプロセス・トランスフォーメーション

3　CX：カルチャー・トランスフォーメーション

1

AX：アーキテクチャ・トランスフォーメーション

「物事の構造化・力学モデル化」

1・1　ＩＴからＤＸ：平成初頭日本の世界Ｎｏ．１ＩＴ企業

ＩＴ（インフォメーション・テクノロジー：情報技術）という言葉を思い起こすと、当時の首相が「イット」と読んだと報道されるなど、20年前の21世紀初頭に突然出てきた感がありましたが、今では当たり前に使われています。同様に令和初頭に出てきたDXもそのうち当たり前に使うようになるかもしれません。さらに、本書では、ＩＴという言葉がなかった平成初頭に戻して、これらが表す情報流通の仕組み自体をアーキテクチャ（設計思想）観点で、大きな構造変化の流れとして再確認してみます。

今の若者は想像できないと思いますが、平成元年時点で世界ＮＯ．１のＩＴ企業を想起すると、それは日本企業で、当時のその勢いを示す東京三田に独特な本社ビルを有する、ＮＥＣ（日本電気）でした。就職人気ＮＯ．１企業[七]でもあった同社に平成元年入社した筆者は、入社式で約１３００人の新規学卒者に対し、当時、半導体世界1位、通信同3位、コンピュータ同5位のシェアを占める（当時はハードの時代）との説明があり、「日本」という冠が付いた企業に入社し、誇らしく聞いていたのを思い出します。その後、筆者は同社最大のヒット商品で国内シェア約60％を占めていたＰＣ98シリーズの販売に携わりました。しかしながら、その頃がピークで、その後あれよあれよという間に、ＰＣ98シリーズはＤＯＳ／ＶというＩＢＭ互換機に席巻されシェアを失っていき、現在に至っては中国のＬｅｎｏｖｏに取り込まれるに至っています。

この背景には、いわゆる「ゲームチェンジ」が起きたのですが、その本質は「アーキテクチャの勝敗に決着がつ

七　その前後7～8年ぐらい新卒理系人気Ｎｏ．1企業でした（文系でも常時10位以内でした）。

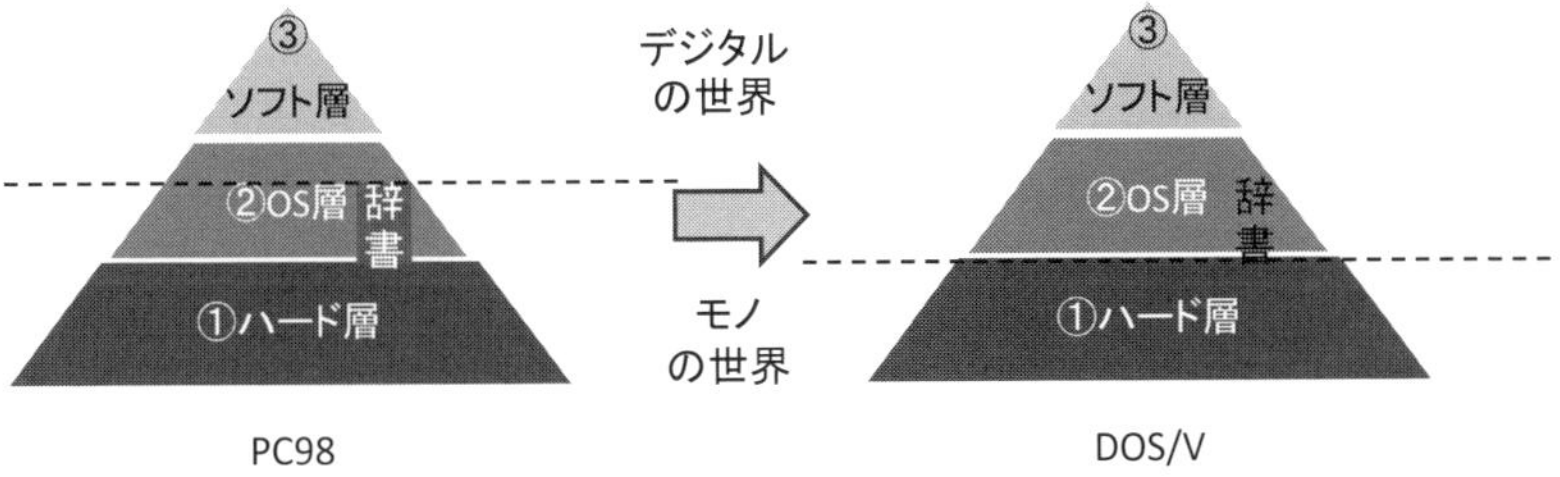

【図1】パーソナルコンピューターのアーキテクチャとAXモデル

いた」と考えています。表面的には性能に対する価格で圧倒的な差が生まれ、市場の自由競争に負けたのですが、その根本原因は、技術進歩の影響に対するコンピュータの設計思想の違いによる、戦う土俵自体の喪失でした。

「はじめに」で指摘したように、DXを実現するにはシステム思考が必須で、その入り口がアーキテクチャという概念です。コンピュータ関連の概念としてアーキテクチャはよく使われます（八）が、本書では社会・経済等も含めたシステムやシステム的に動いているその基本構造に対して、自らの思想で設計する構造をアーキテクチャとします。そして、その基本構造を明らかにし、さらにモデル化して、アーキテクチャの再設計をすることをアーキテクチャ・トランスフォーメーション：ＡＸと定義します。なお、このモデル化で明らかにするのは「構造と（ゲームの）力学」です。つまり、どれだけ努力しても構造と（ゲームの）力学を理解しないと、（ゲームに勝てず）結果が出ません。逆にモデル化し力学転換点を押さえると結果を出すことにつながると考えています。

そして、わが国が過去に何度も「世界最先端ＩＴ国家宣言」をしても、デジタル敗戦する原因をモデル化して構造とその力学視点で説明します。そのためにも、平成初期世界最先端ＩＴ企業ＮＥＣが、昨今の通信や半導体分野での世

八　本来はＩＢＭがシステム３６５で使い始め、広がり、主に命令セットアーキテクチャ、マイクロアーキテクチャ、システムアーキテクチャの3要素で構成されます。

界的混乱の中、再度勢いを取り戻すことを期待しながら、アーキテクチャという視点において、どのような土俵で戦い、隆盛し、そして敗退していったかを簡単なモデルで解説します。

図1のようにNECの主力商品であったパーソナルコンピューター（以下「PC」とします。）は、①ハードウエア（以下「ハード」）層、②オペレーションシステム（以下「OS」）層、③アプリケーションソフト（以下「ソフト」）層の三層構造のモデル（以下「三層モデル」と言います。）を使って、各アーキテクチャを比較できます。なお、この三層モデルはPCだけでなく、①ハードと③ソフト、そして②OSのようにその橋渡しをする中間的な重要な存在から構成するモデルで、社会システムの様々なアーキテクチャの検証に利用でき、後述のデジタル・ガバメント等でも活用します。

1982年誕生したPC98のアーキテクチャでは、ROM[九]という半導体チップを装着し、そこに「辞書」データを格納して日本語表示を実現していました。当時のPC全体の性能ではこの方式が、より処理速度が早く、非常に有効でした。その後1990年に、DOS／Vというアーキテクチャが出現し日本語表示をOS層に任せるという設計思想に変わりました。しかし、その当時は①ハード層のPC自体のパワー不足もあり、すぐには拡大しませんでしたが、ここから世界が変わり始めます。

パソコンのアーキテクチャ視点で図1の点線で区分すると「デジタルの世界」と「モノの世界」があり、世界観が全く違います。デジタル化とは技術的には森羅万象を「0か1か」というパターンで定義して電気信号処理することです。[一〇]よって、日本語辞書も0か1の組み合わせでその表現パターンを決めて、それを電気処理できるので、

九　ROMとはReadOnlyMemoryの略で、「読み込みしかできないメモリ（書き込みできない）」という意味です。

一〇　なお「量子コンピュータ」では「0でもあり1でもある」状態で計算できるアーキテクチャで、桁違いのスピードになるようです。

ＯＳ層という基本ソフトウエアに含めれば短時間で莫大な数の複製（コピー）がされ、安価に生成されます。逆に言うと、ハードウエアというモノに含めた場合には物理的な移動・加工等が発生し、複製に時間がかかり結果コストも上がります。さらに、日本語なので日本市場だけの生産で、世界標準化された大量生産品とは生産数量が違います。

よって、図1の左と右のアーキテクチャが提供する機能が同等になると、大量生産品による価格競争が始まり、勝敗は時間の問題になってしまいます。結果、ＰＣ98時代は数十万していたパソコンは、世界標準大量生産されたＤＯＳ／Ｖが流入し数万円のものが現れます。象徴的なのは、ＤＯＳ／Ｖアーキテクチャに対応した標準化・汎用化（コモディティ化）された部品が流通し、「自作できる世界」に変ったことです。

図1のように、ＰＣ98では、デジタルの世界では②ＯＳ層に入るべく辞書があえてモノとして組み込まれている構造は、視点を変えるといびつに映ります。それは高価な価格に現れましたが、技術的代替手段がなかったため、それでも約6割のシェアを誇りました。しかし、ＣＰＵやメモリ等のハード層のパワーアップによる技術的転換が起き、辞書の基本ソフト化という代替手段が現れると、構造的にいびつなアーキテクチャは、長続きしませんでした。

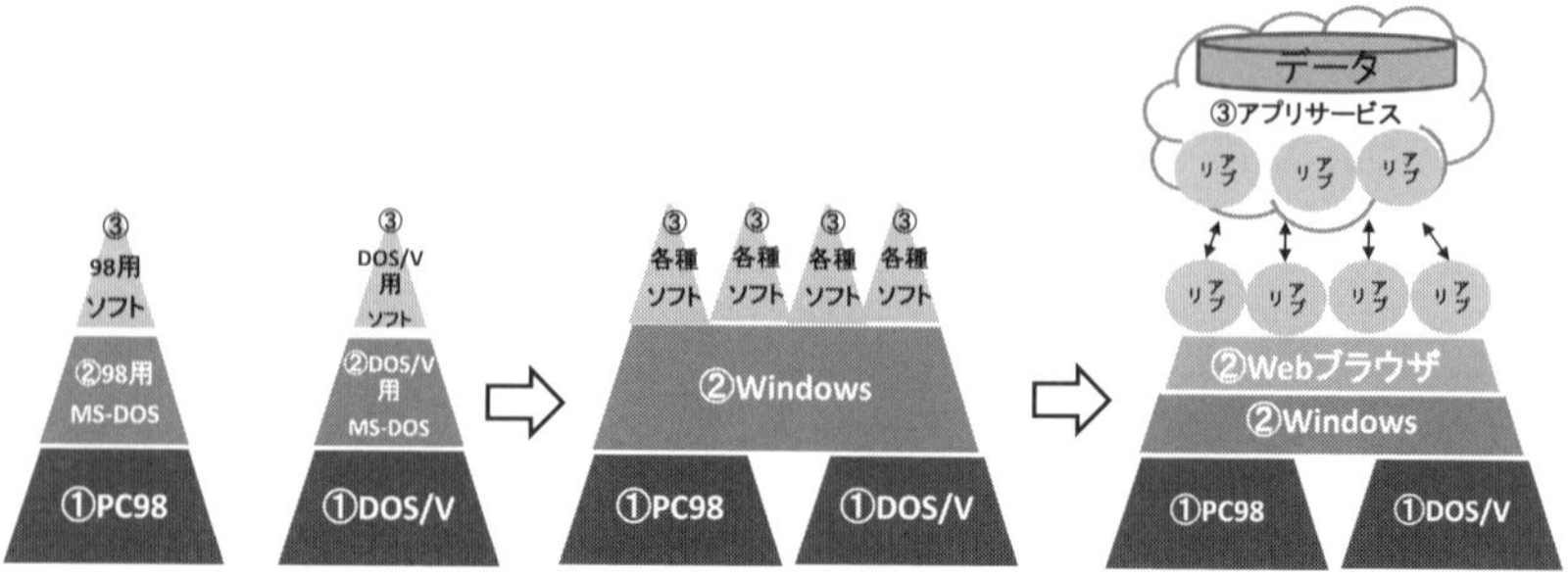

【図２】タテ→ヨコ：マルチプラットフォーム化→クラウド：Web化

１・２　Windows95後のインターネットとiPhone後のモバイル

同様に、その後も含めて、現在に至るまでの情報・データ流通の「働き」としての構造変化を三層モデルにより説明していきます。

１９９５年にWindows95が出現し、図２の左の①ハード層主導の「タテ」で情報処理をするアーキテクチャから、中央のように「ヨコ」に情報流通した後、さらにインターネットが爆発的に普及し「地球規模クラウド化」により右のＷｅｂ型「空間」データ流通時代に突入して行きました。

「タテ」の時代は左図のように、ＰＣ98であれば②ＯＳも③ソフトもＰＣ98用のＭＳ-ＤＯＳやアプリケーションソフトが必要で、ＤＯＳ／Ｖ用も同様にそれぞれが必要でした。次に、「ヨコ」の時代になり、真ん中図のように②ＯＳにWindowsが出現して、①のハードの違いを吸収して、Windows上では③は様々なソフトでも動く「マルチプラットフォーム」になりました。よって、多用で高性能かつ安価なソフトが大量に流通しました。そして、①のハードの優位性・独占性がなくなり②ＯＳ層に力学が移っていきました。しかし、この段階では各ＰＣの数による、無数ｎ個の主体が「働く」情報流通の世界です（29頁参照）。

その後、右図のインターネット拡大による「サイバー空間」でのＷｅｂ型情報流通に至り、③ソフト層はサイバー空間上で「アプリサービス」として稼働し、

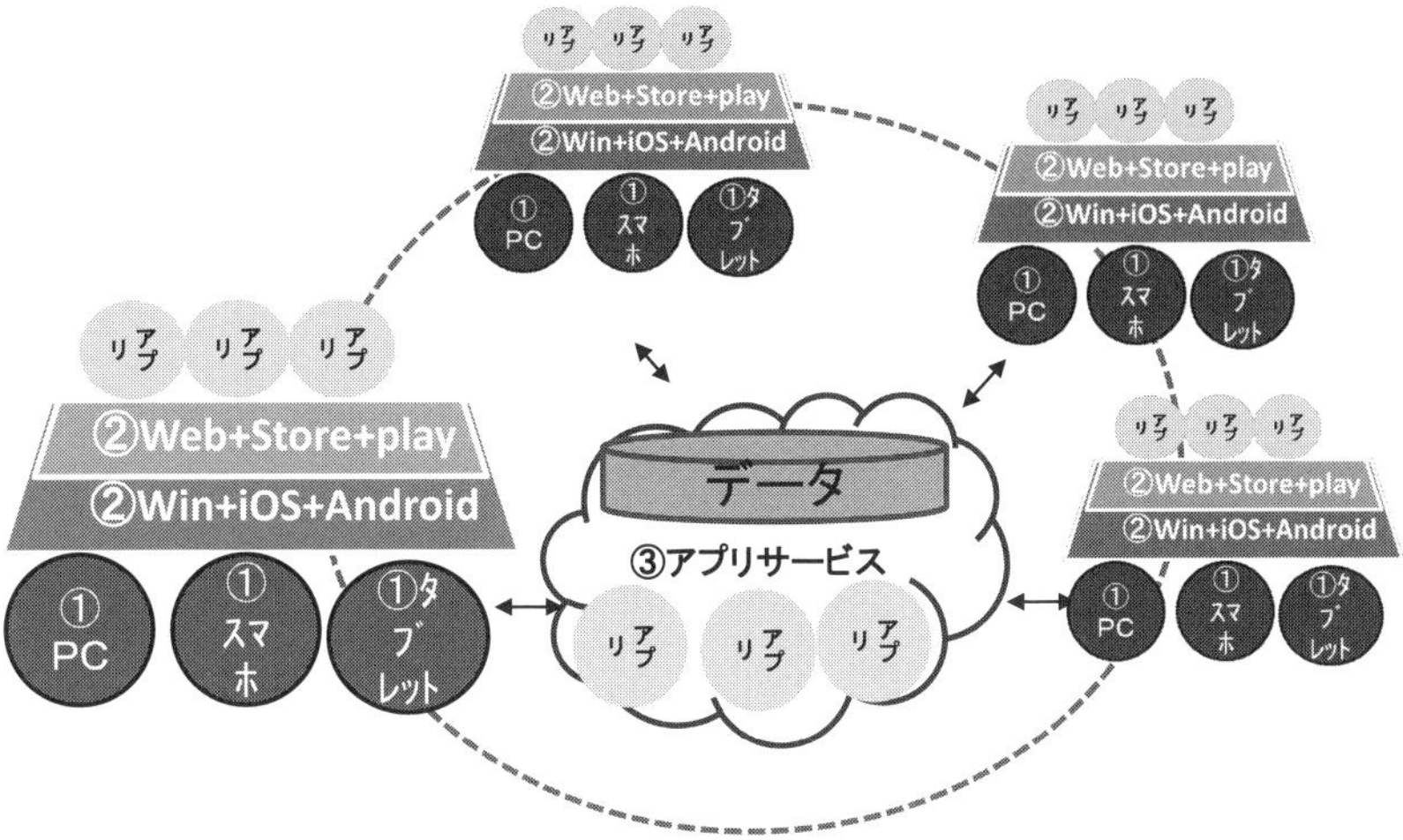

【図３】「Web型サイバー×モバイルリアル空間」化：ｎ×ｎ×ｎ型流通

あまりＰＣにソフトをインストールする必要自体がなくなりました。そして、データは逆流して地球規模でクラウド上にどんどん吸い上げられています。つまり、グローバル化すればするほど③層はスケールメリットが出て、いわゆるプラットフォーム化での寡占となり、圧倒的な力を得ていきます。

なお、Ｗｅｂとは「蜘蛛の巣」を意味し、インターネットでつながっていれば、蜘蛛の巣の網の目状に誰にでもつながる状態を表し、自分も相手も「多対多」で双方無数に働き、情報流通するのでＷｅｂ型「ｎ×ｎ」個のデータ流通と本書で表現しています。技術的には33頁で解説するパケット通信が可能とし、また30頁で解説するＡＰＩによりデータ流通量がさらに莫大になります。

このように①ハード主体の「タテ」垂直統合、②ＯＳ中心の「ヨコ」水平展開及び、③アプリサービス・データ主導のサイバー「空間」爆発という構造変化により力の源泉が変化してきました。２００１年のＩＴ基本法制定の頃は③の爆発が起きていたのですが、わが国は①ハード主体戦略が長く変わらず、失われたＩＴ20年につながると考えられます。

さらに２００７年のiPhone誕生により、世界中の人々の生活様式が一変したのは、図3のように、スマホ等のモバイルデバイスにより日々生活するリアル生活空間にＷｅｂ型サイバー空間が結びついたからです。それまでの働きの主体が「ｎ×ｎ」個による莫大なデータ流通を起こしていたのですが、主体となるＰＣ等は場所固定で、オフィスや自宅居室等で情報処理用の空間内にあり、日常生活とは別世界でした。しかし、スマホの登場で世界中何億人の無数ｎ個の日常生活等の「リアル」な場にＷｅｂ型ｎ×ｎ：サイバー空間がつながることで、「ｎ×ｎ×ｎ」個で働くデータ流通世界が発生しました。この段階から、今までのリアルな日常生活には想像ができない仮想化（サイバー化）が起き、指数関数的にデータ流通が増大していきます。例えば、デジタル通貨による買い物の支払いやＺｏｏｍによるオンライン飲み会など様々なリアルの日常生活空間でのｎ個の場が仮想化されサイバー空間とつながっています。

そして、いわゆるＩｏＴにより、リアル空間である現場にある、ヒト、クルマやイエ（家）などの実在するリアルな「モノ（現物）」がつながりｎに加算され、データ流通展開しています。こうなると、リアル×空間・モノである現場・現物は日本が強いといわれているので、第2章2・12で後述するコマツのＩｏＴ重機のアーキテクチャのようにモノの①ハード層の強みを活かした②ＯＳ的中間層と③アプリ・データ層での力学を働かせることが期待されます。

以上、平成初期に巻き戻して約30年間の情報流通の変化をアーキテクチャと基本構造のモデル化という視点で見ました。データの世紀といわれる今世紀のこれからは「ｎ×ｎ×ｎ」で表され、リアルの現場や現物とバーチャルなＡＩが結びついて天文学的量のデータが飛び交うことになりますが、いわゆるSociety 5・0[一一]という社会システ

一一 「サイバー空間（仮想空間）とフィジカル空間（現実空間）を高度に融合させたシステムにより、経済発展と社会的課題の解決を両立する、人間中心の社会（Society）。狩猟社会（Society 1・0）、農耕社会（Society 2・0）、工業社会（Society 3・0）、情報社会（Society 4・0）に続く、新たな社会を指すもので、第5期科学技術基本計画においてわが国が目指すべき未来社会の姿として初めて提唱されました。」内閣府ＨＰより

ムのデータ流通を数式表記した本来のデジタル化（数値での表現化）です。

ところで「はじめに」で紹介したようにシステムとは、所定の任務を達成するために、「選定され、配列され、互いに連係して動作する」一連のアイテムの組合せです。天文学的なデータ量を扱うシステムで、この基本が確実にできていないと、動かない、もしくはエラーが起きます。

まず、データを扱うために選定する、つまり選びその上で特定するためにはＩＤ化が必須です。次に、それらを配列するために必要なデータ項目を定義・整理して並べるテーブル化が基本です。そして、正しく動作するため、そのテーブル単位を整え相互の連携のためのリレーション作成が重要です。これらデータに対する3つの対応は、いわゆるデータベース設計そのものです。

つまり、当然ではあるのですが、Society 5.0という社会システムなどで語られる未来像はデータベース設計がその根幹で、そのためにはＩＤ化とテーブル定義とその連携の良し悪しが非常に重要です。よって、Society 5.0への到達手法としてのDX（デジタル・トランスフォーメーション）に取り組むにあたり、最重要課題はデータベース設計であるというのが本書の結論です。第4章の**DX**を「**DX**（データ・トランスフォーメーション）」としているのはそのためで、さらに「人事労務シスステム」によりでその具体的イメージをご紹介します。設計のポイントとして「連携して動作する」という点で、システムを（組織）運動としてとらえて、配列のための正規化という手法による項目出し方法等を簡単にご紹介いたします。まさにこの点は「はじめに」にあるように松尾教授が指摘した「データの標準化やアーキテクチャは最も重要な点」を具体化することと考えています。

逆に言うと、これだけ天文学的なデータ連携によるシステム化が進む中で、この基本的なデータベースの設計3要素がアーキテクチャ的に欠けていたため、わが国はますます他国と差が開いていたと考えられます。特にデジタル・ガバメントで、国民を特定・ＩＤ化する仕組みがないのは、システムとしては致命的でした。しかし、

２０１５年に課題はありながらもマイナンバーとして社会システムに実装され、また同時期にｅ-ＧｏｖのＡＰＩ仕様公開では各ベンダーと選定・配列・互いに連携が始まり、労働社会保険分野で様相が変わってきていました。しかし、データ標準化などではまだ課題が多く残っていますが、これもデジタル庁が１００年の計で取り組むとしている「ベース・レジストリ」で解決することを期待し、本書最後にご紹介します。

1・3　転換点：API実装による「データ流通」

ここからは「はじめに」でご紹介したｅ-ＧｏｖのＡＰＩ実装という現場体験を元に、デジタル・ガバメントの20年を振り今後の課題を整理してみます。

前述のＰＣ98では、日本語辞書基本ソフト化やWindowsの出現により技術的転換点を迎えました。電子申請の世界では、ｅ-ＧｏｖのＡＰＩ実装が転換点となりました。

筆者が霞が関や永田町で強く訴えていたのは、お上に対して「上り」だけではなく民への「下り」にもデータを流すと、データ往復による、新しい情報流通の世界が創造されると感じていたからです。実際、ＡＰＩ実装によりデータ往復が開始され、予想通りベンチャー企業等がデータ流通対応ＡＰＩクラウドサービスを展開して、さらには上場等して資金を調達し、データだけではなくマネーの流通を加速させ、海外投資を呼び込む等の金融市場活性化にも寄与していきました。

まずは、ＡＰＩの実装でどれだけデータ流通が変わったかについて、転換点を確認していきます。

図4は２０１４年10月以降の労働保険、社会保険及び労働基準関係（以下、「労働社会保険」といいます）の電子申請件数の推移です。右肩上がりに、急激に増えていることと、その原因が一番下の濃いＡＰＩ申請の増加であ

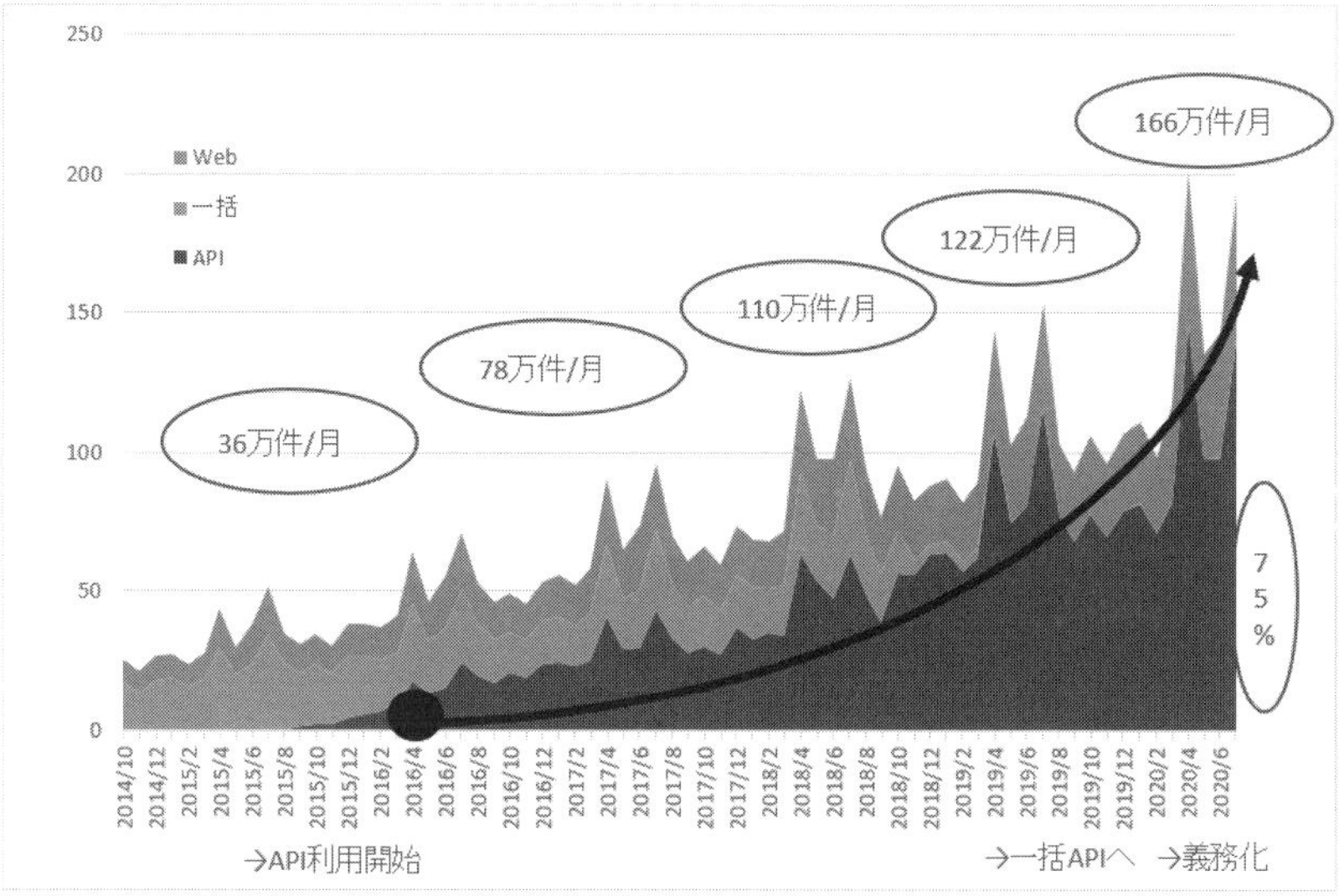

【図４】労働社会保険手続のAPIによる電子申請の伸び（総務省資料より作成）

ることがわかり、２０１６年４月ごろに転換点が現れています。

２０１５年４月からＡＰＩ対応が開始され、半年後ぐらいから実際のＡＰＩ申請が増え始め、２０１５年４月及び５月の山の平均が36万件／月なのに対して、２年～５年後の２０１７年・２０１８年・２０１９年・２０２０年同時期には、約２・２倍78万件／月、３倍・１１０万件／月、３・４倍・１２２万件／月、４・６倍・１６６万件／月となっています。なお、この山は、４月から５月にかけての新入社員への入社手続が増えるためできるものですが、７月から８月に算定基礎届（社会保険の保険料決定届出書類）等でもう１つの山ができており、こちらも同様の伸びです。

このように、一番下にあるＡＰＩが急激に普及して、２０２０年７月時点では全申請の75％を占め、全体の数字を大きく後押ししていることがわかります。

なお、ＡＰＩとはApplication Programming Interfaceの３つの頭文字を取った略です。ＡＰＩの仕様公開しているインターネット上にあるソフトウエアが、他のソフトウエ

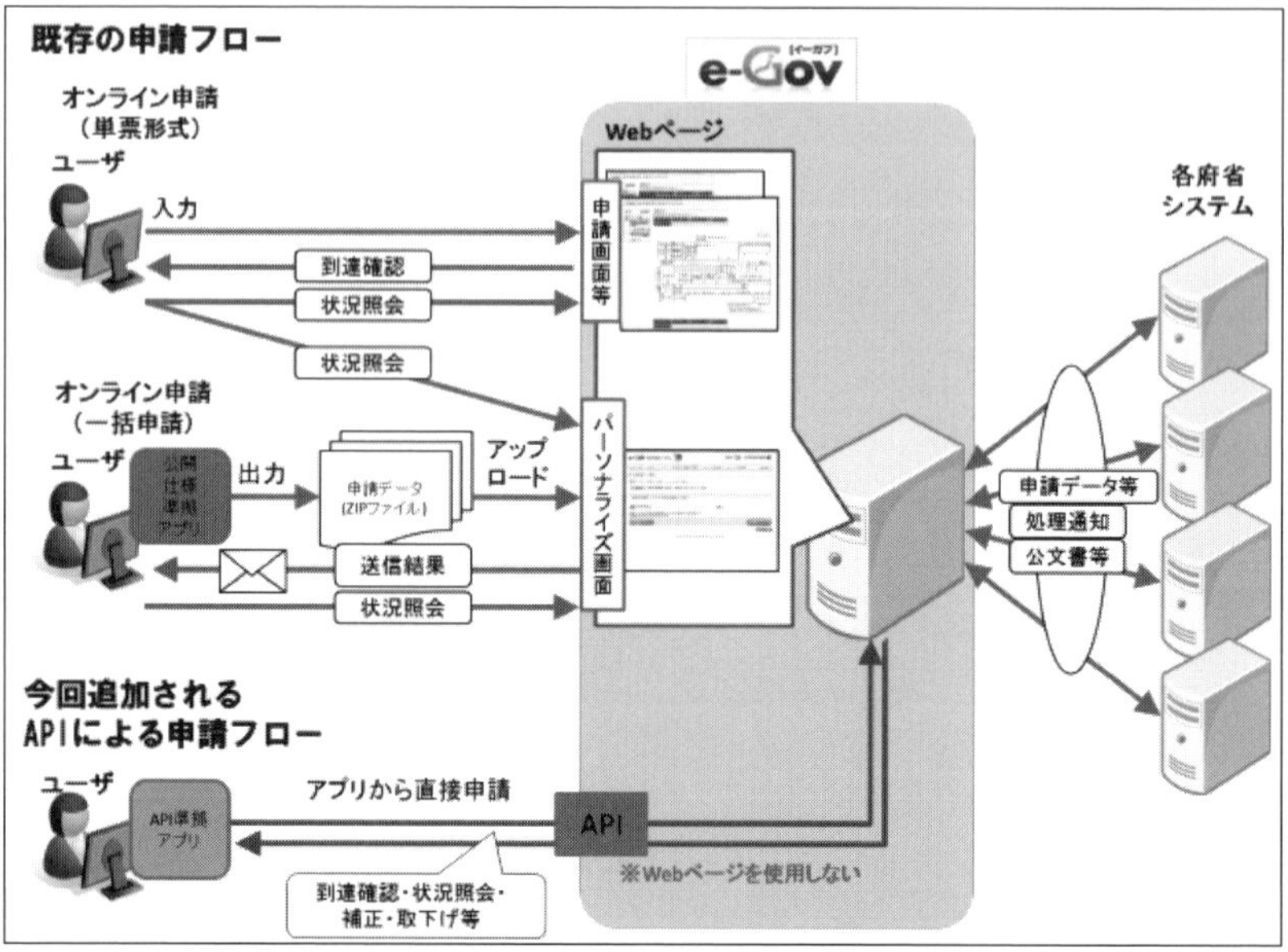

【図５】API手続のイメージ（総務省資料より⑮）

アと仕様を合わせたデータをやり取りするためのインターフェイス機能です。よって、ＡＰＩ仕様公開したｅ-Ｇｏｖに対し、自分の使っているソフトウエアが、その仕様に合わせて直接・自動的にデータを送信し、その結果のフィードバック情報を取得する事ができます。

なお、ｅ-Ｇｏｖの電子申請には３種類の申請方法があります。図５にあるように、上段：単票形式はｅ-ＧｏｖのＷｅｂ画面への直接入力する方式で、当初は使い勝手も含めて、慣れるまで申請にかなり手間がかかりました。その下の中段：一括申請では、市販のアプリケーションソフト等から作成した複数の申請データをＺＩＰファイル形式により一括で送れるようになり、使い勝手が上がりました。

ただし、送信結果がメールで大量にバラバラで送られたり、状況照会はｅ-Ｇｏｖを開いて見に行く必要があったり等で一貫していませんでした。そして、下段のようにＡＰＩが用意されたので、使用している業務ソフトから直接申請をして、その後、到達確認・状

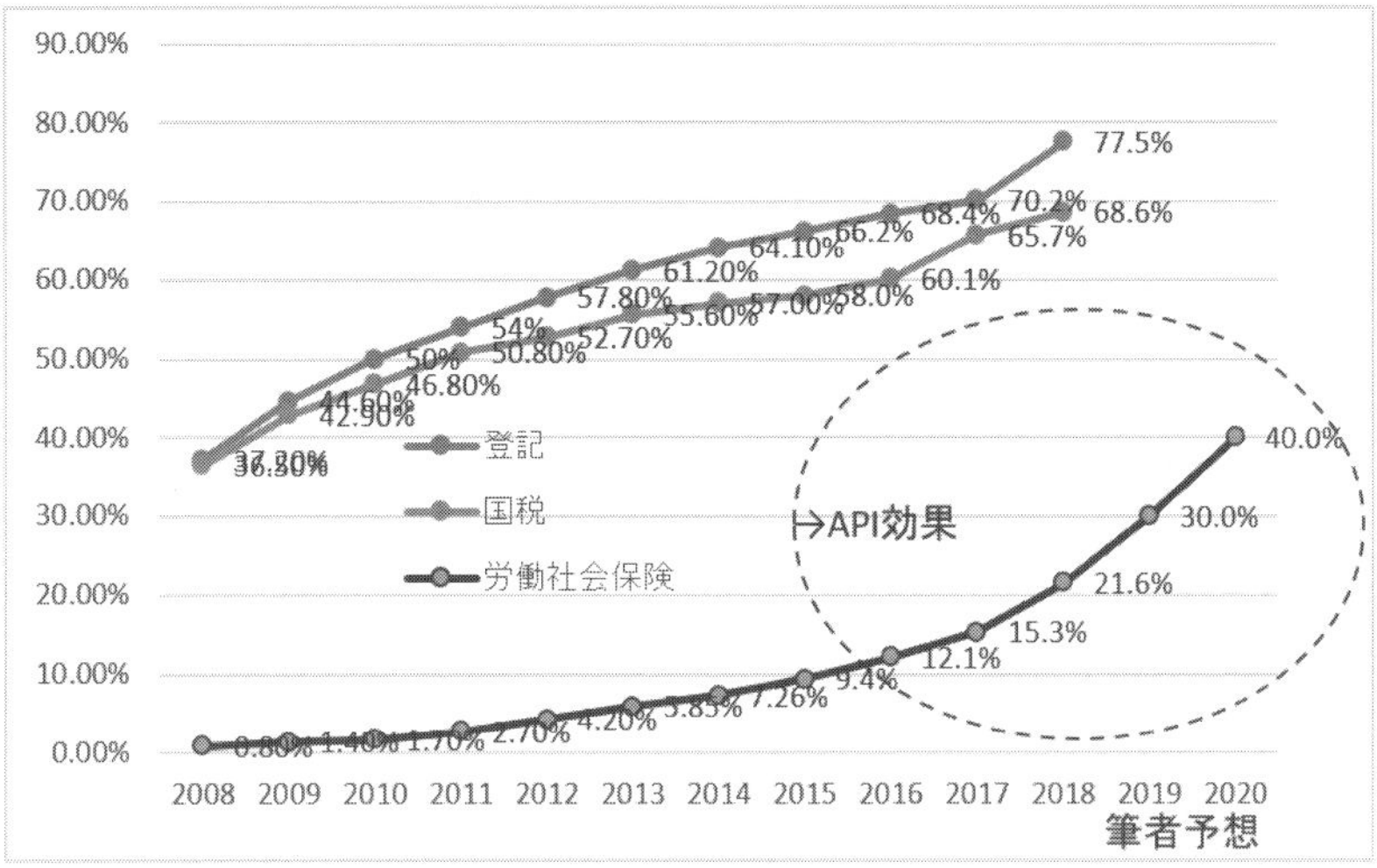

【図6】ヒトとモノ・カネの電子申請現状：内閣官房・行政手続等の棚卸結果等の概要

況照会・補正・取下げ等も業務ソフト上で行うことができて、非常に業務効率が上がって来ています（一括申請はＡＰＩの普及により２０２０年11月の新ｅ‐Ｇｏｖで機能自体が廃止されました）。

1・4　ヒトが地を這うＡＢＣＤ問題

しかしながら、図6のグラフのように、いわゆる経営資源で言うところの「ヒト・モノ・カネ」で見ると、様相が変わります。一番下のヒトの分野でデジタル化対応が遅れているという状態が、ひと目でわかります。3つの経営資源視点で、民間企業が国へ電子政府・電子申請を利用するのは、モノでは不動産登記、カネでは法人税申告などがあります。

２０１８年度オンライン利用率は、登記分野は77・5％、国税分野は68・6％ですが、ヒトに関する労働社会保険は21・6％です。従前から政府が掲げてきたオンライン利用率の目標値70％に対して、ヒトに関する手続がなかなか伸びず、改善促進手続全体では56・4％となっています（二二）。

ただし、オンライン利用率の直近の発表が２０１８年分までしかなく、図4のようにＡＰＩ効果が出てきていることを鑑みると、２０１９年度と２０２０年度は大雑把に30％と40％程度に予想してもよいかと考えております。よって、図5のように、これまでのヒトに関する電子申請対応が地を這う状態であったのが、国税庁等では対応済みのＡＰＩ導入をきっかけに、カーブが立ちつつあり、さらに２０２０年4月の義務化により、急激に進んでいく様相です。(一三)

ところで、図6のグラフのようにヒトが「地を這う」状態で、低調であった原因としてはさまざまな要因があり、単純ではありません。筆者が現場の色々な局面で直面した壁を本書のＡＢＣＤ視点で整理してみます。

1・5　やはり縦割：Ａアーキテクチャ問題

まずは汎用性を阻害する縦割りの壁に直面しました。

電子申請が始まった当初は、ヒトも他のモノ・カネ2分野と同様に独自のオンライン対応をしていました。その後、電子政府の総合窓口としてe-Ｇｏｖが開発され、通信を所管する総務省が用意した横断的なシステムでしたのでヒト・モノ・カネすべての電子申請がe-Ｇｏｖ経由となると思われていました。しかし、行政の縦割りにより、独自の路線の財務省（国税庁）や法務省はそのままで、結果、厚労省だけが参加したことが後からわかり、コンテンツ不足でのスタートに当時言葉を失った覚えがあります。

ここから、ヒトの電子申請の迷走が始まるのですが、e-Ｇｏｖインターフェイスの使い勝手は、受付システム

一二　行政手続等の棚卸結果等の概要（２０２０・７・２内閣官房ＩＴ総合戦略室）より

一三　２０２１年6月、労働社会保険の主要20手続で初めて60・56％とオンライン申請率がほぼ半数に近づきました（総務省・厚労省・社労士会定期協議速報資料より）。

という汎用仕様であるため、特に開始当初は独自仕様と比較するとどうしても劣ってしまいます。結果、最大ユーザーである社労士会の会員の方々から、「今まで通りで良かったのになぜ厚労省だけ梯子を外された状態で参加しているのか？（社労士会）連合会は黙認したのか？」と多くのお叱りを受けることになりました。

これが「はじめに」でご紹介した、2～6回クリック等の使い勝手問題につながるのですが、典型的な縦割り行政の弊害がもたらした結果です。他省庁も参加し、多角的に検証がなされ、コンテンツも質量共に充実していく中で、その分予算も確保され、最初は問題がある汎用仕様も次第にこなれ使いやすくなると考えられていました。さらに、現在政府が開始しているデータ共有によるワンストップ化やセキュリティ面等で集約効果が出ると思われたのですが、そこに到達するまでに多くの時間を要しました。

1・6　紙のほうが早い業務：B業務プロセス問題

業務（ビジネス）プロセス面では実にさまざまな壁に直面しました。

コロナ対応の10万円の定額給付金で、紙の方がオンラインより早いという課題が生じましたが、後述する年金システムのように、到達したデジタルデータを結局印刷する必要がある等、受け側の業務プロセスは複雑怪奇で、改善のハードルは高い状態でした。さらに、カネ・モノの2分野と比較して、ヒトは対象手続の種類が多く、提出先が多岐にわたり、提出方法がバラバラ等の課題もありました。

社会保障費給付が１２０兆円（２０１７年度）を上回るということは、それだけ莫大な量の決済業務が存在することを意味します。金額だけでみると、税収の約58兆円（同年度）に対して倍以上あるので、他と比較しても手続が多いことは、構造的に明らかです。よって、本来は手続を横断的に整理して、統一化できることはしなければいけないのですが、実際は、医療・年金・雇用・労働基準等々でバラバラの提出先・手続・申請様式とそれを電子化しただけのプロセスで業務を行っていました。

また、提出先の1つで、健康保険制度利用者数の約半数を占める健保組合に至っては、法令面で、政府関係機関等でなく「民間」であるという解釈で、電子申請自体に対応していませんでした。よって、全く同じ内容を申請するにも、年金へはデータによりオンライン申請できても、健保組合には紙やＤＶＤ等で提出するしかないなどがあり、非効率な業務プロセスが発生していました。

デジタル・ガバメントでは技術面・業務面だけではなく、このように法令解釈という問題があり、法令解釈の再検討の要望をいくつか行って、業務プロセス改善に地道につなげていきました。そして、大多数が赤字でシステム投資余力がないなどの経済面の問題もありながら、健保組合の法令解釈が整理され、とうとう２０２０年11月に電子申請対応となりました。

1・7　ヒトはアナログで：Ｃカルチャー問題

同様に深刻なのは、文化的（カルチャー）における、民間側も含めた意識の問題でした。

コロナ前における前述の定期協議で国側から話が出たのは、ハローワーク等で紙を持ち込んで申請する、多くの人事労務担当者が口をそろえて言うのは、来所して情報収集や相談することが重要だということでした。つまり、官側だけでなく民側も、特に人事労務担当者は「ヒトに関してはアナログ」の対応が重要として、あまりデジタル化に積極的でないという背景がありました。もちろん生身の人間相手であり、かつ機微な個人情報のセキュリティ対応等のため、人事労務業務はアナログ対応する意味がありますが、それがデジタル化自体を否定する理由にはなりません。

人事労務担関係者は保守的なタイプが多いため、メリットがあるという理由での変化には積極的に対応は難しいようです。よって、逆に変化対応しないと、デメリットが発生する場合に、行動変化が起きやすいようで、まさに2020年4月の電子申請の「義務化」で数字に表れました。お上から義務化とされると、対応しなければ何かしらのペナルティが課せられるというデメリットが生じると考え、[一四]保守的だからこその行動変化が起きて、2021年6月度には単月ですが、前述のように主要20手続の労働社会保険の電子申請利用率が60％を超えるようになりました。

1・8　システム連携；Dデータ問題

図5のように当初は単票形式の手入力でしかデータ入力できませんでしたので、まずはそれを市販ソフトで作成したデータをアップロードできるようお願いし、行政側も協力的で、一括申請方式として実現しました。

次の課題は、人事労務手続で、特に入力項目が多い雇用保険資格喪失における離職票（証明書）の電子申請対応と、返戻手続のデータ化でした。当初、雇用保険の資格喪失手続が電子申請対応でしたので、喪失時にほぼ同時に発行される離職票も電子申請で作成できると思っていたら、そこは除外でした。よって、それができないのであれば喪失手続自体も紙で申請するという方が多く、強く離職票の電子申請対応をお願いしていきました。

一四　厚生労働省では特段のペナルティは課していませんが、同時期に義務化を行った税の電子申請で国税庁は、紙で提出した場合は申告自体が正しく行われていないとみなし、正しく電子で申請するまで延滞として扱い、延滞金が発生します。

その結果、行政側にも理解をしてもらい電子申請対応することになったのはいいのですが、そこからがまた問題で、離職票自体は失業手当給付の根幹をなす必須書類で金券に相当するため、データで返戻はできず、公共職業安定所（以下「職安」）が紙の原本を別途郵送返戻するとのことでした。

職安の受付側窓口では、失業手当の金額算定根拠になる過去の給与額や失業理由等が記載され、かつ内容を確認した発行側職安所長公印が押印された所定規格の離職票現物でしか、給付申請内容の妥当性を担保できないということでした。この理由により金券であるという整理は、当時は説得力のあるものでした。

しかし、実はその少し前にハローワークシステムが改修され、職安間がネットワークでつながるようになっており、どこの職安で失業給付申請手続しても、発行職安のデータを確認できるようになっているはずでした。よって、受付のオペレーションや対応環境は変わるものの、職安発行の離職票現物がなくとも、データで返戻され自ら印刷したペラペラの離職票の持参での簡易確認でも、その内容自体はネットワーク参照できるので問題は生じないと提案しました。さらに、職安が離職票を発行し郵送する場合と、新システムの利点を活かしデータで返戻した場合の年間コストを試算して、費用対効果視点で、それでも紙で返戻する理由を回答するよう強く要望して、結果データ返戻が実現しました。

その他、社労士が、事業主の電子署名なしで、代理で電子申請できる送信代理等、実に数多くの改善を地道に時間をかけて、霞が関の方々の協力を得ながら行ってきました。その中で、行政側は特にセキュリティ面で「万が一のことがないように」という発想が出発点なのは、行政のカルチャー面から理解はできるのですが、結果システムが「選定され、配列され、互いに連係して動作する」状態から遠ざかり、アーキテクチャ・業務プロセス面ではシステム的に相いれていませんでした。しかし、コロナ禍でデジタル化の多くの課題が露呈し国民の認識が変わり、さらに専門機関であるデジタル庁の発足により、今後は、カルチャーの変革も含め、改善のスピードが上がることを期待するところです。

1・9　デジタル・ガバメントのアーキテクチャ

本章のデジタル・ガバメントのまとめとして、筆者の関連する分野で、過去の問題点と今後の可能性を、前述の三層モデルを使ってアーキテクチャ視点で検証していきます。

まず、ＩＴに関する法律・戦略・計画等を「ＩＴポリシー」として、この20年間のわが国の主なＩＴポリシーをまとめたのが図7で、矢印の上部が法律、下部が戦略・計画等の推移です。法律の太枠囲みはＩＴポリシーの根本をなす「基本法」です。

また、各ＩＴポリシーで具体的に実装されたテクノロジーを、システムとして機能検証するために、アーキテクチャ視点で整理したのが図８です。さらに、図7と図８を表にまとめたのが、図９です。

図7左のように21世紀に入り、わが国は２００１年に「高度情報通信ネットワーク社会形成基本法（通称ＩＴ基本法）」を施行（公布は前年）し、政府内にＩＴ戦略本部を設置し、さらに「e-Japan戦略」を発表し「世界最先端のＩＴ国家になる」と宣言する統合ＩＴポリシーを掲げました。さらにe-Japan戦略で「国が提供する実質的にすべての行政手続をインターネット経由で可能とする」とした実行法である行政手続オンライン化関係三法を２００３年に施行し、電子政府化へ大きくかカジを切りました。新世紀に入り、コンピュータが誤作動する可能性があるとされた２０００年問題を乗り切って、政府主導で新しいＩＴ時代に突入すると思い、時代の変化に世の中が期待を高めた記憶があります。

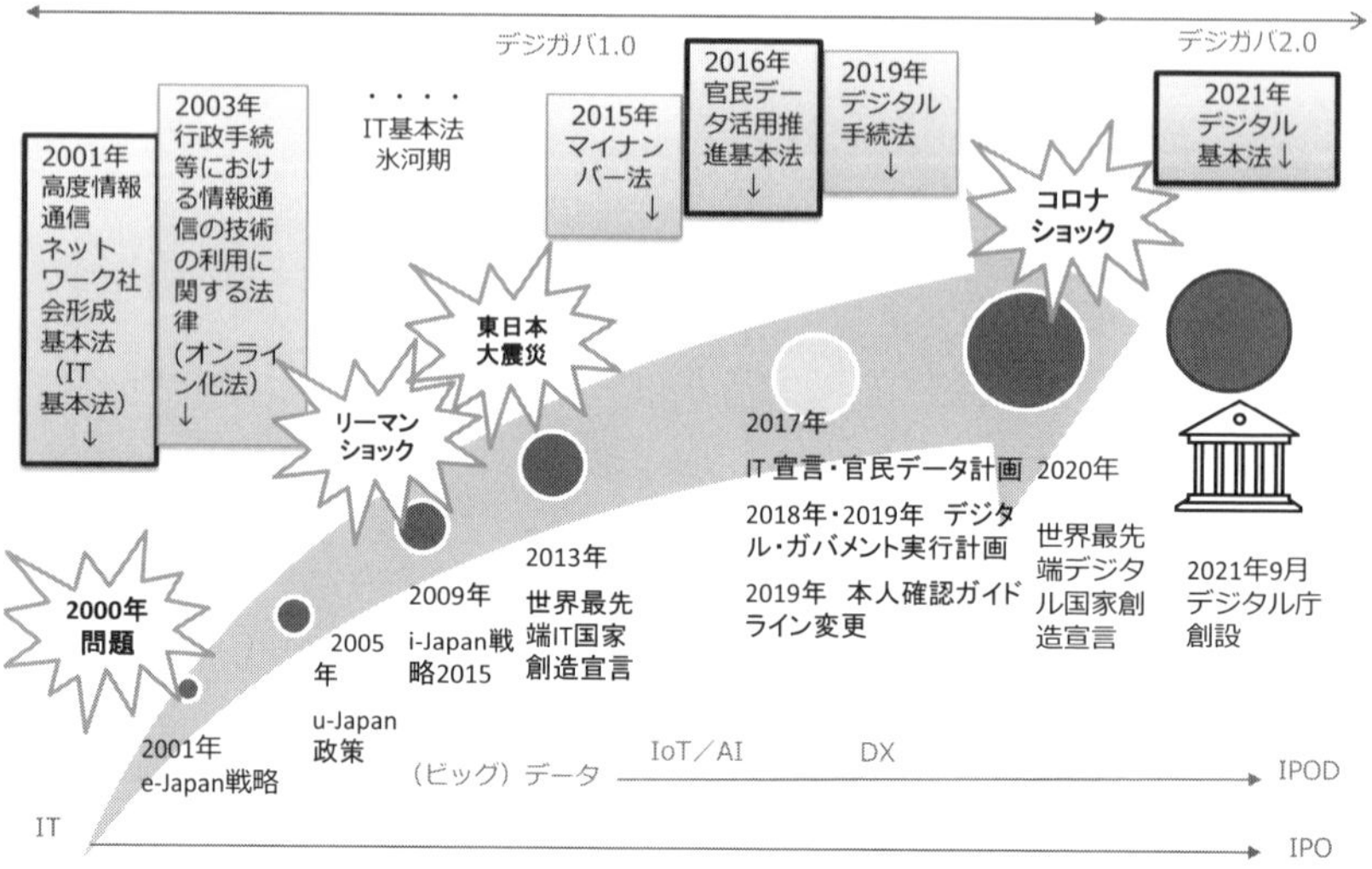

【図７】ITポリシー：ITからDXへの沿革

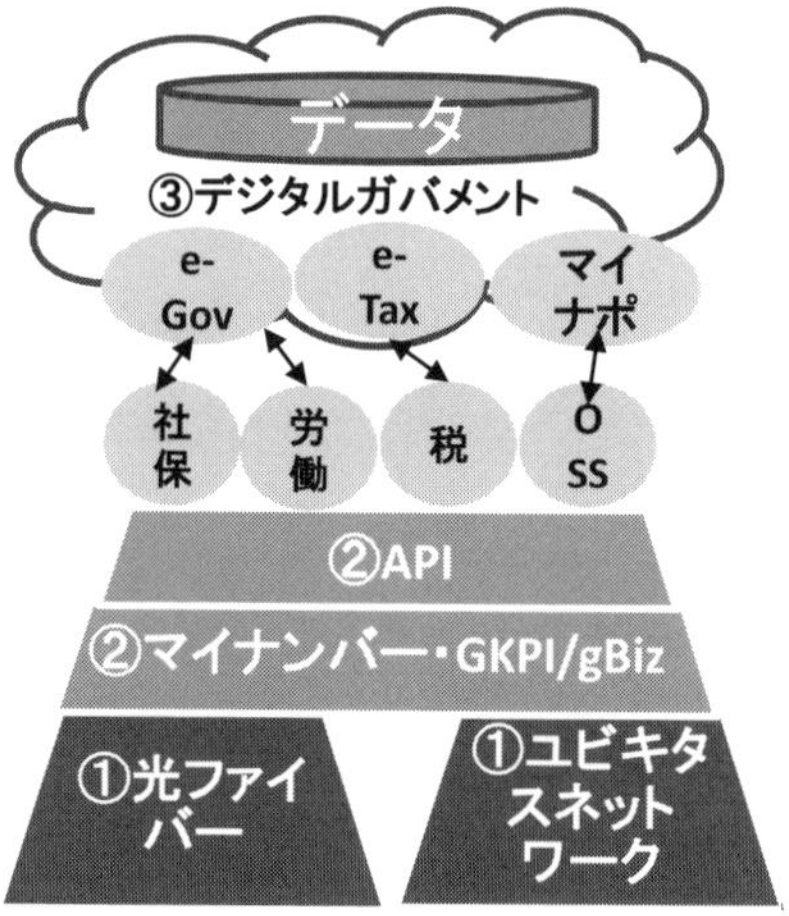

【図８】テクノロジー要素の三層AXモデル

発表年	ポリシー（法律）	ポリシー（方針・戦略）	①ハード層	②中間（データ）層	③ソフト層
2001	IT基本法	e-Japan戦略	光ファイバー		
2003	オンライン化法			GKPI	電子政府
2005		u-Japan政策	ユビキタスネットワーク		
2009		i-Japan戦略			医療健康・教育強化
2013		世界最先端IT国家宣言			オープンデータ・災害等
2015	マイナンバー法			e-GovAPI仕様公開	
2016	官民データ基本法			マイナンバー運用開始	
2017		IT宣言・官民データ計画		マイナポータル開始 官民データ利活用	
2018		デジタルガバメント実行計画※			
2019	デジタル手続法	本人確認ガイドライン改定、※			
2020				gBizID、e-Gov刷新	年金刷新、OOSフェーズ1
2021	新IT基本法	デジタル庁設置			健保証MNC、OOS2

【図９】電子政府からデジタル・ガバメントへの構造変化

ただし、その後2005年に「u-Japan政策」、リーマンショック翌年の2009年に「i-Japan戦略」などを打ち出して行きましたが、結果、期待した成果が現れず、GAFA[一五]といわれるデジタルプラットフォーマーを抱えるアメリカとのIT分野全体での差がますます開きました。そして、東日本大震災の2年後2013年「世界最先端IT国家創造宣言」において「多くの国の後塵を排している状態」と政府はITポリシーの失敗を認め、2020年までに世界最高水準のIT利活用社会の実現を目指すとしたのですが、コロナ禍でその大幅未達が明らかとなり、「デジタル敗戦」宣言につながったと考えています。

わが国のIT戦略を図8の三層モデルによりアーキテクチャ視点で確認します。2001年の「e-Japan戦略」では、主にブロードバンドインフラを構築するとして、光ファイバー網を全土に普及させました。これは、図8のように、通信ネットワークという①ハード層を重点とするポリシー[一六]です。結果、インフラ環境は当時世界最高水準となり、それ自体は大変重要なのですが、これはモノ優先で、他の二層と連動してその環境を利活用できておらず、当初予定した

一五　Google、Apple、Facebook、AmazonのアメリカのIT企業の頭文字
一六　ハードがなければソフトは動かず、AIで後述するようにハードの進化が基礎となりテクノロジーの進化が起きています。よってハードは大変重要ですが、ハード・中間（OS）・ソフトの全体最適設計のアーキテクチャが何より重要です。

世界最先端のＩＴ国家実現がほど遠い状況が続きます。

その後２００５年の「u-Japan政策」で「ユビキタス」というキーワードにより、有線・無線の区別のないシームレスなユビキタスネットワーク環境を構築し「継ぎ目なくつながる」ことを重点としました。これも①のハード層の先行です。さらに、昨今ユビキタスというキーワード自体が使われなくなり、この点でもその成果自体がよくわからなくなってきています。

その後２００９年に「i-Japan戦略２０１５」を打ち出し、「情報通信基盤整備は進んだものの、多くの国民がその成果を実感するまでには至っていない」と総括したうえで、①ハード層優先戦略を修正し、そして、国民視点に立った人間中心のデジタル社会を２０１５年に実現するとして、③のソフト（アプリ）層である、電子政府・電子自治体、医療・健康及び教育の３つを重点分野とする将来像を描きました。

しかしその5年後、２０２０年以降のコロナ禍で、まさにこの3点のオンライン化・デジタル化が問題になりました。このように、目に付きやすい①ハードから③ソフトへ１８０度転換したものの、目に見えにくい②中間層（データ連携）が重視されず、全体最適化されないアーキテクチャが続きました。

なお、民間システム投資とは違い政府・行政の情報システム設計の難しいところは、法律・政省令の改正や閣議決定による政策変更等が必要となり、時間と手間がかかる点です。よって、このＩＴポリシーの決定時に、アーキテクチャ視点で必要なテクノロジーの整理・構築ができていないと、結果システムが最適稼働しません。前述のＡＰＩがその事例でした。また、逆もあり、アーキテクチャ視点で必要なテクノロジーの整理・構築はできても、政治的・社会的にＩＴポリシーを決定できず、不十分なシステムで終わることもあります。マイナンバー制度がなかなか導入されなかったのはその事例です。

この「ポリシー×アーキテクチャ×テクノロジー」の3つは図10のように掛け算の関係で、互いが相互連携して

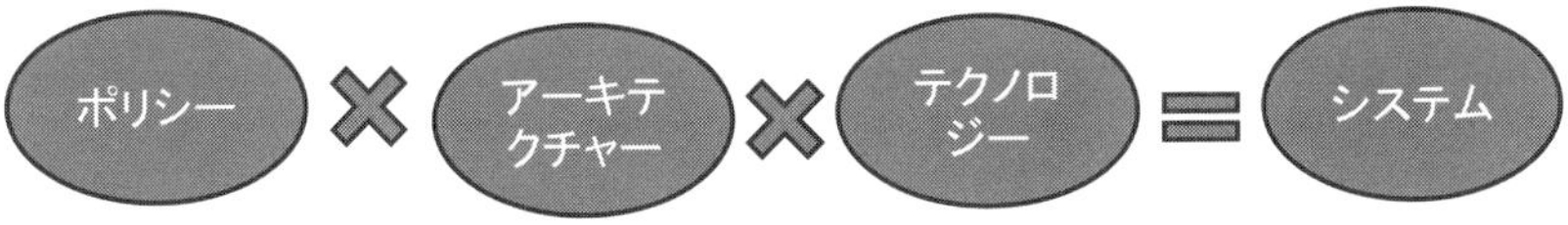

【図10】（政府情報）システムの構成要素

いないと、他が良くてもシステムは動きません。この14年ほど、現場でこの点で色々苦慮しました。

なお、マイナンバーはアーキテクチャ的に②中間層でデータを特定・橋渡するためシステムのキーとなるＩＤですが、国民総背番号制等の批判で長年ポリシーを決定できませんでした。結果、後述の最高裁の訴訟で結論が出て、さらに「年金記録問題」により、さすがに年金の持ち主が特定できない仕組みは問題であると世論が変わり、なんとか導入されるに至りました。

DX発祥国と言われるスウェーデンの在日大使館で、筆者がジェイコブ担当参事官に社労士会会報のDX特集インタビューを行った時に、スウェーデンでは個人番号システムは自分が正しく納税をした証明や、学校での成績・学位等の証明をする「国民を守るためのシステム」という認識で、日本でのアレルギー反応に戸惑っている様子であったことが印象的でした。

このように、②中間層でデータを特定し連携のキーになる国民ＩＤであるマイナンバー法制定は、用途の制限や仕組みが複雑で成果が分かりにくいですが、アーキテクチャ的には大きな前進でした。同様に、ｅ-ＧｏｖにＡＰＩが実装され、データ同士が連携する世界が現れ、２０１５年を契機に図８のようにデータがクラウド上で「空間」展開するアーキテクチャが構築されてきました。

その後、２０１６年末に「官民データ活用推進基本法」とデータに関する基本法が施行され、翌年に「世界最先端ＩＴ国家創造宣言・官民データ活用推進基本計画」として、官民合わせたデータ活用を重点施策として、データ視点で基本法の整備がなされました。

さらに、２０１９年に「行政手続におけるオンラインによる本人確認の手法に関するガイドライン」が制定され、オンラインでの本人確認に対する考え方及び手法が約10年ぶりに見直されました。内容を大雑把に説明すると、オンライン申請時のリスク影響度と認証保障レベルを再評価して3段階に分けて、①マイナンバーカード等電子署名方式だけでなく、②GビズＩＤ等の本人確認の上での2段階認証（多要素認証）式ＩＤ・パスワード方式及び③グーグルアカウント等の本人確認なしの簡単なＩＤ・パスワード方式の3つとしました。つまり、２００1年から（部分的）稼動した政府認証基盤による電子署名方式の厳格な身元確認や当人認証保証レベル認証がなくても、リスクが低い手続は簡易な方法で良しとする、考えてみれば当たり前の見直しです。

さらに２００3年のオンライン化法を改正した「デジタル手続法」（２０１9年5月31日公布）の制定により、自治体は努力義務とするものの、それ以外の行政手続はデジタルを原則義務化としました。また、同法の情報システム整備計画としてデジタル・ガバメント実行計画を２０１8年に続き２０１9年及び２０２0年末に策定しました。

このようにみると、２０１5年以降は「ＩＤ化・ＡＰＩ化→データ重視→認証多様化→義務化」と「データを起点」にした実効性のあるＩＴポリシーと、それに対応するテクノロジーがアーキテクチャ視点で基礎が揃ってきつつあり、デジタル・ガバメントの可能性・実行性が高まってきたと考えています。

ところで、日本ではデータと情報の違いに関し公的機関の定義が見当たりません。本書では海外の事例を参考にして「データとは（生の）事実」とし、「情報はデータを人間にとって意味のある状態にしたもの」としています。データですが、人間にとって意味のない事実で、かつ生なので鮮度が高いということになります。英語の「データ」定義を色々調べると、単なる「ｆａｃｔ」であるだけでなく「ｒａｗ（生）」であることが強調されていますが、ここにデータ流通世界の本質があると思います。

というのは、人間にとって意味がなく、かつ鮮度が高ければそうである程、機械のアルゴリズム処理により、莫大なデータから、人間では想像できないような新しいリアルタイム価値を生み出すことができるからです。後述するように、ＡＩは言語の意味理解が最後の課題ということで、機械はＡＩですら意味を理解できないので、データを人間の意味のある状態にした「情報」の処理よりも、意味のない「データ」のほうが大量高速処理できることになります。データとしてできるだけ小さな事実の単位で、かつ鮮度よく処理した方が機械の可能性を最大に引き出すことになり、ここがデジタル化の本質と考えられます。

今回のコロナショックを経て、２０２１年に20年ぶりにＩＴ基本法が廃止・再定義され、さらに実行部隊として独立機関である後述する「デジタル庁」が自治体や各省庁の縦割りという行政アーキテクチャの抜本的な再構築等をする予定です。これらは情報からデータ視点でのアーキテクチャの変更、つまりＩＴからDXへの対応として、図7に２０２１年以降をデジタル・ガバメント２・０（それ以前をデジタル・ガバメント１・０）と、本書で期待を込めて区分するものです。

1・10　ＩＰＯ：情報を処理する「働き」

これまでは、筆者の現場体験を元に、技術的転換による情報・データ流通構造の変遷をモデル化した上で、アーキテクチャ視点でデジタル・ガバメントの失敗原因と今後の可能性を説明しました。

ここからは情報・データ流通構造を技術的転換させるＡＰＩをはじめ、ＩｏＴやＡＩなどの機械の「働き」自体を、同様にモデルを使った簡易的方法で説明します。特にＡＩは「仕事の消失論」の主役であるため、人事労務関係者や社労士等のヒトを扱う職業ではその基礎的な構造理解は必須です。

２０１６年に碁の世界チャンピオンを人工知能（ＡＩ）「アルファ碁」が破って、一躍ＡＩが世界的に注目され

【図11】IPOモデル概念図

5年が経過しました。これを実現したのは深層学習（ディープラーニング）というアプローチです。人工知能ブームが、3度目の正直で、今回こそは本格的実用段階に入ったといわれる所以は、この深層学習の存在です。なお、深層学習は機械学習という人工知能の手法の一部です。さらに、機械学習の「学習」の分類では、「教師なし学習」及び「教師あり学習」、さらに「強化学習」があります。

しかし、これらの類似言葉の存在や言葉の解釈が広いため、よくわからない面があります。特に、日頃、技術的な世界に縁遠い、人事関係者・社労士などの方々は敷居が高く感じるようです。よって本書では、技術的アプローチではなく、AIを身近な「働き」をモデル化して解説します。なお本書で働きとは「存在を介して価値を提供する」と定義し、存在とは「人間」「機械」の2つとし、価値にはプラス・マイナス両面があるとします。

1・11　IPOと働き

まずは、情報処理での「働き」を考えます。情報処理の基礎用語として「I／O」というものがあります。I＝INPUTで入力、O＝OUTPUTで出力、両方で「入出力」を意味します。そして、I：入力したものを、O：出力するためにP＝PROCESS（処理＝計算）が存在します。基本的に情報処理という働きは図11のように、このI→P→Oの組合せで「人間か機械」どちらかを介して行われます。よって、コンピュータ（機械）の働きである「コンピュータという存在を介し価値を提供する」の内容は「情報を入力し、計算処理をして、新しい価値を持つ情報を出力

Ｉ：入力　２と４をキーボードで入力
Ｐ：計算　人間が作成した「キーボードから入力された２つの数字ａとｂを加算して、その結果ｃをモニタに表示する」というプログラムが実行される
Ｏ：出力　６がモニタに表示される

【図12―１】

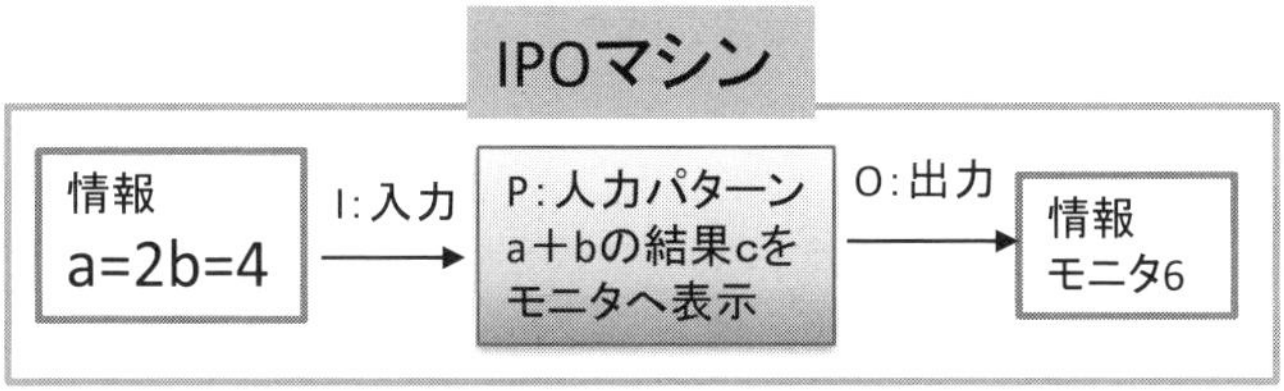

【図12―２】IPOマシン図（１×１型情報流通）

①　人間か機械が働いた結果はＯ：出力された内容で、いわゆる仕事の成果
②　仕事の成果に問題があるのはＩ：入力かＰ：処理に問題がある
③　②より成果の改善はＩ：入力かＰ：処理を改善する以外方法はない

【図12―３】

する」と言い換えることができます。このＩＰＯ活動が情報処理という働きです。

では、人間という実在を通した情報処理の働きを、単純化して、足し算の問題を解く場合を考えてみます。問題用紙に「２と４を足しなさい」と書いてあれば、まずその問題を読みます（Ｉ：入力）。次に、頭の中で足し算して（Ｐ：処理・計算）、最後に、回答用紙に答えの６を書きます（Ｏ：出力）。これもＩＰＯ活動です。これをコンピュータで情報処理させると、図12―１のような流れになります。

これを図解すると図12―２のようになります。入力だけは人間が行いますが、それ以外はプログラムが実行します。なお、本書ではこのようにＩＰＯ活動の一部又は全部を自動化する実体をＩＰＯマシンとします。

この事例は大変単純なのですが、ＡＩや

ＩｏＴ、ＡＰＩもすべてこのＩＰＯマシンが進化した中で、簡単にですが説明ができます。さらには、このＩＰＯ活動の「情報」を「ヒト」や「モノ」に変え、人間か機械のどちらかが介することで、世の中のすべての「働き」を表すことができます。本書ではこれを「働きのモデル１：ＩＰＯ」とします。詳細は第2章で後述しますが、本書でこの単純なモデルが繰り返し出てくる具体的意味を、この段階で図12―3として説明します。

いわゆる因果関係をＩＰＯ分解しただけの、当たり前の内容ですが、②の仕事の成果に問題があるのはＩかＰに問題があり、③のその改善にはＩかＰを変える以外方法はないという事実は、筆者も含めて多くの方が理解してもなかなか実行できていないものです。分かりやすい例が「切り取り」問題がなくならない理由と、その構造です。

例えば他人の発言を切り取る人の傾向として、自分の考えにこだわりすぎて変えられない場合が多いです。つまり、主張したい結論であるＯ：出力が決まっているために、かつ主義の元であるＰ：処理方法を変えられないため、入力：Ｉを全部でなく一部切り取り入力し、一部でもそれは事実と主張して、Ｐを変えずとも自然と結論Ｏが出てくるようにする構造です。なお、切り取りの具体例は差し控えますが、高齢者がＰやＯが変わらないゆえの活躍法を、後述のＡＩの学習・利用構造により説明できます。

このように、本書ではＩＰＯモデルと後述のＩＰＯＤモデルを「働き」自体を変革する考えとして活用し、以下ＡＰＩ・ＩｏＴ及びＡＩを同モデルで解説します。

情報処理が複雑になり、大量かつ高速に行われるように出現してきたのが、複数台のコンピュータを接続するネットワークシステムです。図12のような1個の情報処理から、図13のように社内で複数個のＩＰＯマシンが接続され、大量の情報を流通させる情報処理になっていきました。ホストコンピュータ時代の汎用機と端末との接続や、クライアント・サーバー型の社内ＬＡＮなどですが、基本的には自己管理内というクローズな世界の働きです。

このクローズな世界での働きの実在数は、１台のマシンで処理していた場合は１つで、汎用機やサーバー１つに

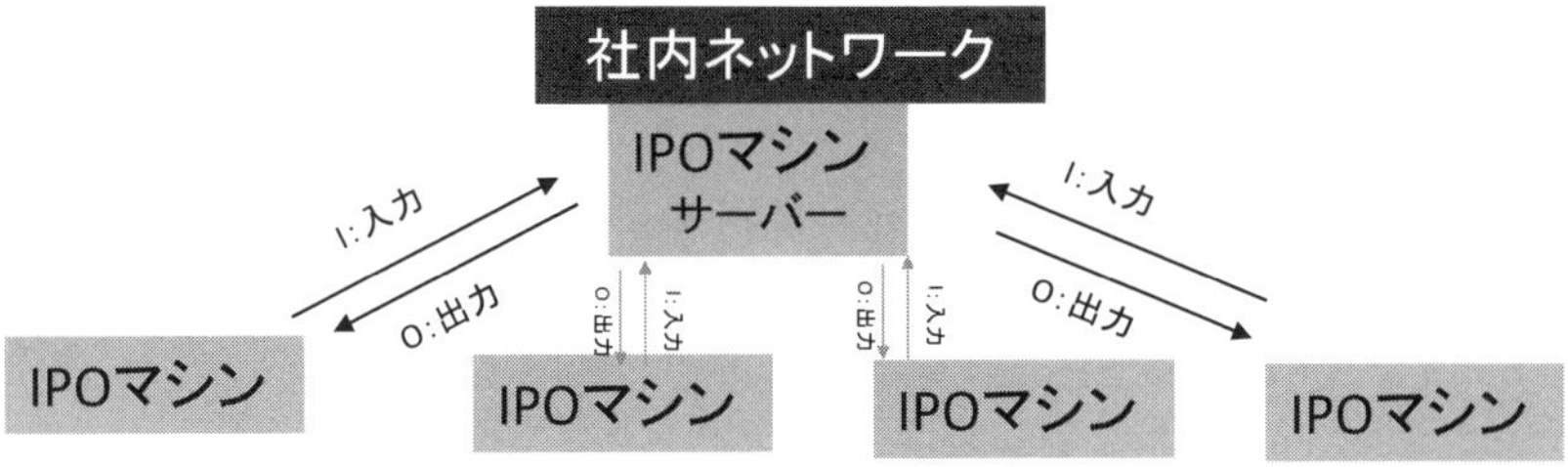

【図13】 1×a型情報流通IPOマシン

複数（a個）の端末を接続するネットワーク型では「1×a」個になります。汎用機やサーバーの数が増えると、「a×a＝n」個です[一七]。

1・12　IPOD　頭脳(P)を借りる割り切り特化型

これに対してAPIでは、ユーザーのIPOマシンが仕様公開され様式（ルール）に合致する情報を送り、相手のPを借りて処理した結果を返してもらうことになります。

社内ネットワークもAPIも見た目には、IPOマシン同士で、同様の行為を行っています。しかし、APIと社内ネットワークの決定的な違いは、APIは社外マシンのPがどんな処理・計算を行い、どうやって結果Oを出力しているかが、わからない・関知しない点です。社内のネットワークシステム開発では、処理・計算するプログラムを開発することが、価値や資産となります。しかし、APIは、プログラム同士が結びつき、他者の頭脳を借りて、結果だけ返してもらうという割り切った考え方です。

つまり、自分は得意なP開発に特化して、それ以外は他者の力を借りることにより、得意分野に特化したPが、APIネットワークにより無数：n個につながり、今まで

一七　本書ではnは無数を意味し、それに対しての有数という意味でaを利用します。

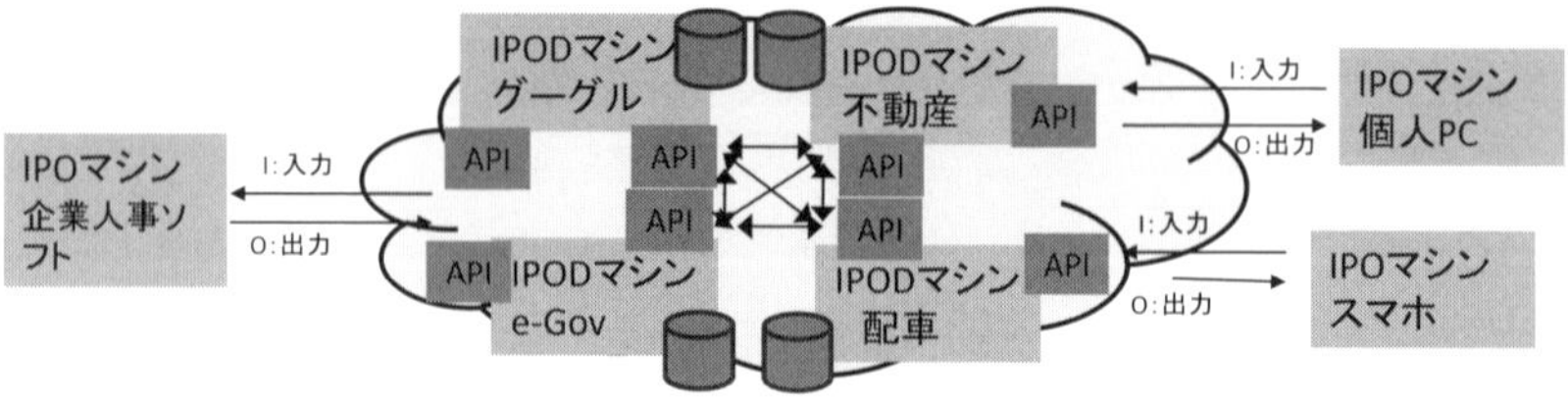

【図14】APIによるIPOD型ｎ×ｎデータ流通

になかった、オープンなｎ×ｎ型情報創造が起きます。わかりやすい例は、グーグルマップを使ったタクシー配車や不動産物件検索等のさまざまなサービスです。自社のＰ開発は配車や物件検索などに専念して、グーグルマップのＰを借りて地図のデータをＩ：取り込んで、自社ＰからＯ：出力されるデータと併せて、新たなサービス展開するということです。

なお、一般的なインターネットを利用したショッピングサイトでの買い物や、旅行サイトでの予約なども、表面的には自分のユーザーＩＰＯマシンがＷｅｂサービスのＩＰＯマシンと情報をやり取りしていて同じ働きに見えます。しかし、その場合は「ヒト対プログラム」でのヒトの操作によるやり取りが介在し、ＡＰＩは「プログラム対プログラム」の決まったルールでの外部とのプログラム共有による、機械同士の直接やり取りです。前者が「ａ×ｎ」型データ処理で、ＡＰＩにより完全な「ｎ×ｎ」型データ流通になったイメージです。

そして図14のように、その結果としてＡＰＩ仕様公開し外部にプログラム共有するＩＰＯマシンには、大量のＩ／Ｏデータが流通され保存されます。本書では、このマシンはデータを元に駆動する「データ駆動型」として、単なる情報処理のＩＰＯマシンと区別し、データによる力の源泉を表すため、図15のようにＩＰＯＤマシンとます（本書ではＤ:データを意味します）。

さらにデータ：Ｄを重視し活用する、これからの「データ駆動の働き方」をＩＰＯと区別して「働きのモデル２：ＩＰＯＤ」として本書で多用していきます。モデル２はＩ

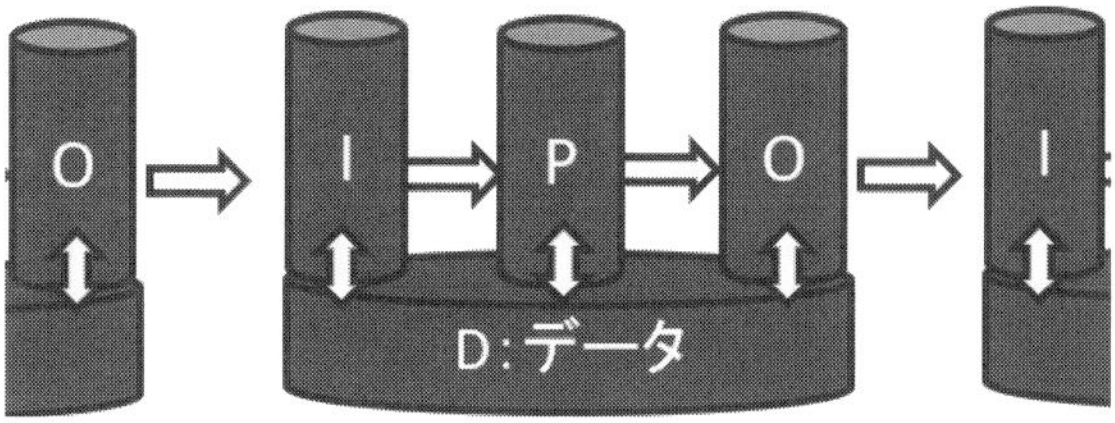

【図15】IPODマシンの構造

ＰＯＤマシンのようにビッグデータを取り扱うかどうかは別として、図15のようにＩＰＯの各活動に対してＤ：データが基盤能力となる、つまりＤは働く能力を示します。第2章で人間の能力向上は、その源泉が「記憶：Ｄ」となる構造により詳しく説明します。ここでは、「Ｏ＝Ｉ×Ｐ×Ｄ」という関係、つまり、「働いた結果＝（人間が介在して）入力した内容×それに対する処理×それぞれの能力」と定義することを理解してください。

1・13　Ｉ／Ｏ変革　ＩｏＴ　森羅万象のＩＰアドレス付番

ＩｏＴとは「Internet of Things」の略で、直訳すれば「モノのインターネット」です。図16のようにＩ／Ｏ相手がＩＰＯ（Ｄ）マシンに限らず、インターネットであらゆるリアル＆バーチャルなモノにつながる（ＩＰアドレス[一八]を付番する：ＩＰ化する）ことを意味します。そして、ＩＰ化したモノに対してデータで状態把握をするだけなく、モノに制御機能が装着されていれば、そのモノ自体を働かせることが可能となっていきます。なお、第5世代移動通信システム：5Gでは、従来比でデータの100倍の伝送速度、1000倍の大容量化が可能になりＩｏＴによる爆発的なＤがＩ／Ｏできる環境が整い

一八　Internet Protocol（インターネット・プロトコル）のアドレスを指し、インターネットにつながるすべてのモノは特定の番地が附番されます。

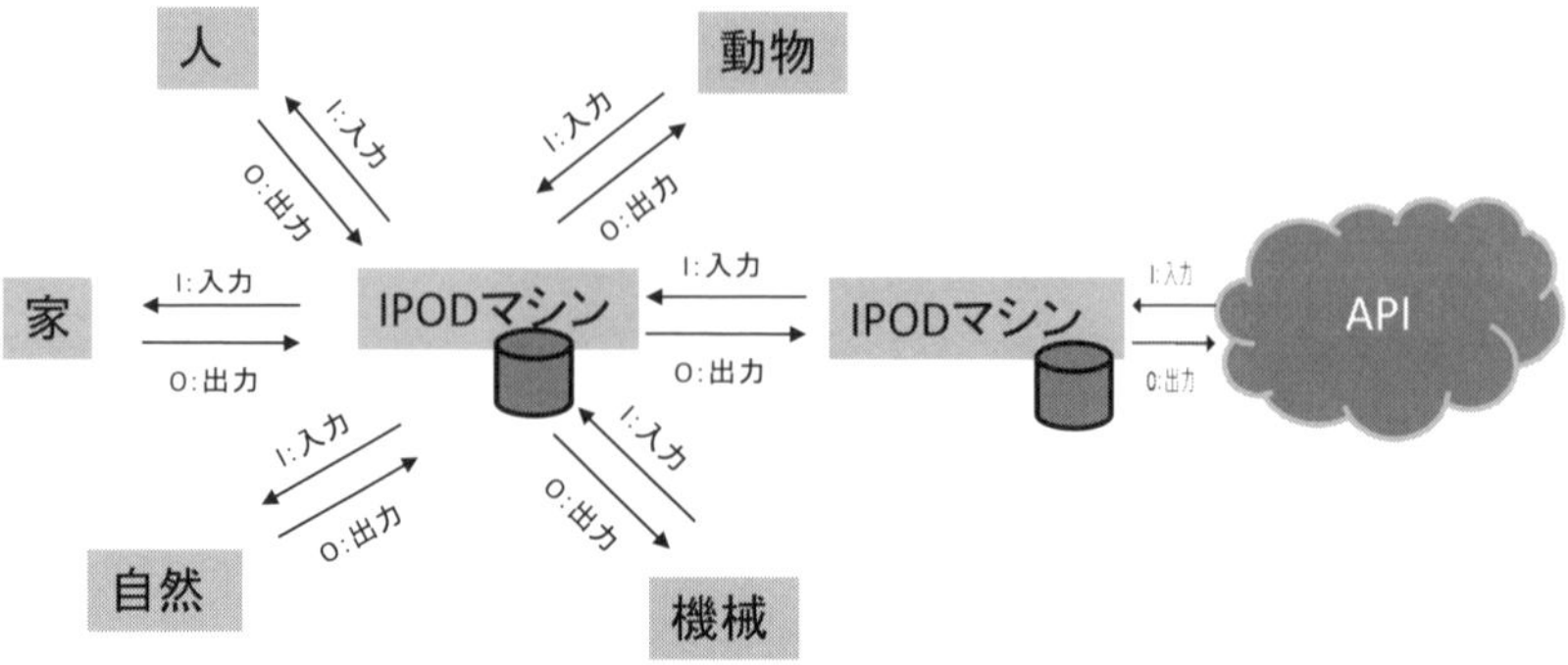

【図16】森羅万象IP化I/O革命：n×n×n×n型データ流通

ます。

よって、図16のようにIPO（D）マシンの他に家、動物、自然、機械、人など今までI／Oの入出力先とは考えられていなかったモノにもつながることにより、莫大な数の相手と莫大なI／Oデータのやり取りが生まれ、IPODに大量のデータが蓄えられます。それを次に説明する人工知能：AIでさらに活用し、逆流してモノ自体の制御等に使っていくことが考えられます。（一九）

このように、IoTは莫大なI／Oデータ流通変革を起こし、Web：n×nでリアル×モノにつながるので、図3で説明した「n×n×n×n」型データ流通は図16のようなイメージになります。

ところで、Web型が「n×n」のデータ流通という意味は重要なので、インターネットの構造と仕組みを使って簡単に説明します。

そもそも通信というのは、糸電話のような「1対1」から始まりました。それがインターネットの出現により「n対n」に変わり、通信の概念を根本から変え、爆発的にデータ流通が増えているのは前述のとおりです。

電話での通信は、図17の左のように、お互いが自分の電話回線を占有して

一九　IoTの種別で実用的にエッジコンピューティングとクラウドコンピューティングの2つがあり、前者がIPO処理を末端（エッジ）で負荷を分散して行い、後者がクラウドまで持ち帰って集中して行うということで、その処理速度が違ってくるという考え方です。

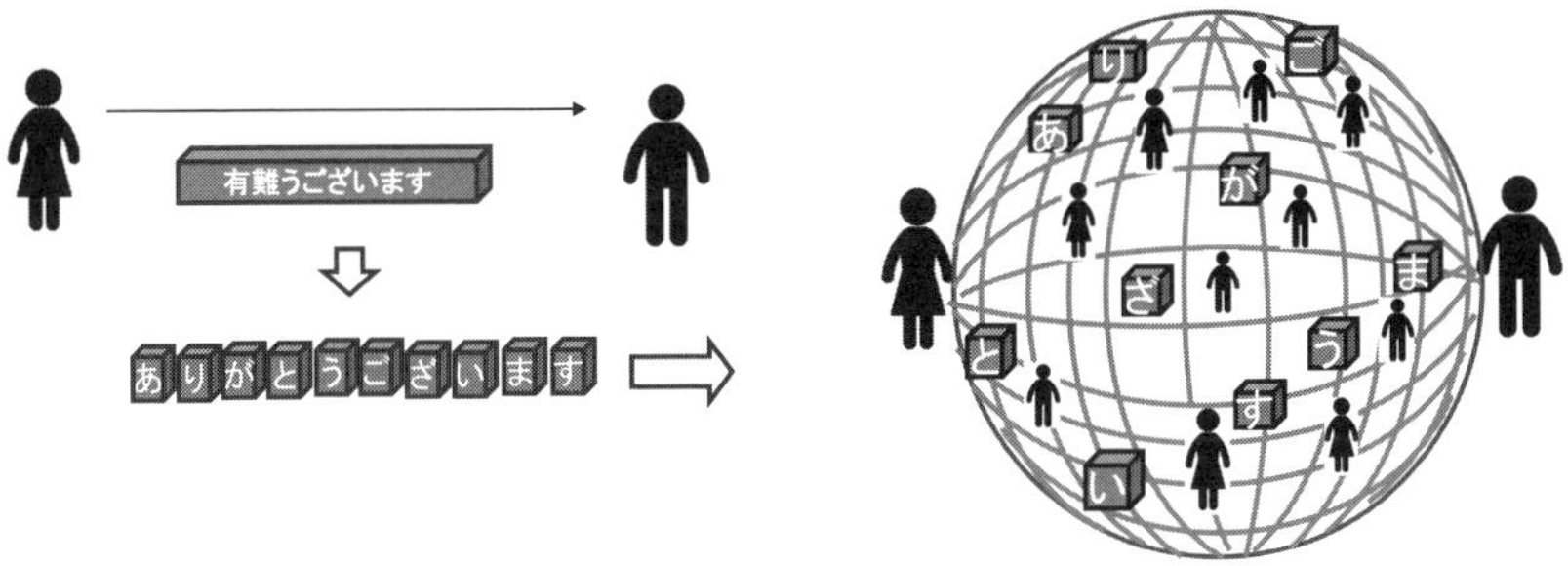

【図17】電話からパケット通信：１対１とWeb型n×n

２人の会話だけができるようになり、例えば「有難うございます」と伝えるとします。それに対して、インターネットでは、回線を占有して通信するのではなく、この音声を「パケット（小包）」という単位に小分け（例えば「あ・り・が・と・う・ご・ざ・い・ま・す」）してバラバラにして、隙間が空いている回線を探して送り込みます。このパケット（小包）に宛先ＩＰアドレスやデータの順番等の記された札がついているので、これをバケツリレーのように世界中の空いている隙間を使い、様々なＩＰアドレスを経由して、送りたい相手ＩＰアドレスにバラバラに届けます。そして届いたパケット（小包）の札の順番通り組み立て直すと「有難うございます」と復元されます。近くの相手にスカイプ等で話している音声が、実は隣の国のＩＰアドレス経由で瞬間に送信し、復元している可能性も理論上あり得ます。

インターネットはアメリカが軍事利用のために開発した技術：ARPANET(Advanced Research Agency Network)が元になっており、敵に攻撃されても、どこか生きている通信網を経由して通信を確保するという目的で開発されました。結果、現在は世界中の人が、図7右の網の目（＝Ｗｅｂ：蜘蛛の巣）のようにつながり、ｎ×ｎの無数のＷｅｂ型データ流通ができています。

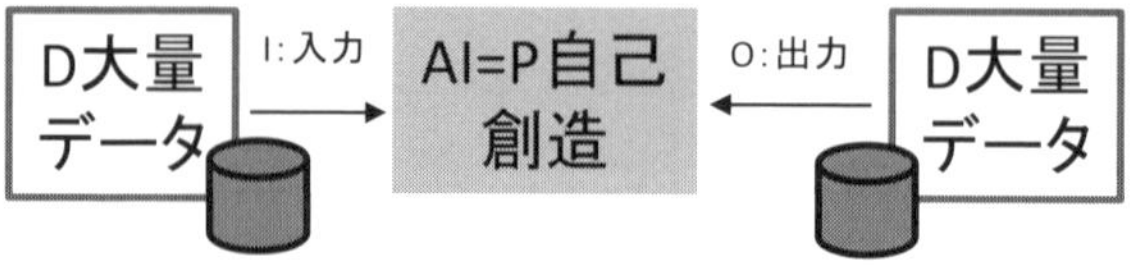

【図18】AIのP自己創造イメージ

1・14　P変革1　IPODモデルを使ったAIの基礎解説

以上のように、IoTはIPODモデルでいうI／O変革＝入出力変革であり、これによりビッグデータ化がどんどん進むD変革でもあります。これに対してAIはP変革＝処理・計算変革で、「P＝パターン自己創造」変革となります。そして、それを可能にするのが、I／O変革等によるビッグデータの存在と、その前提となる莫大なデータ処理を可能にするGPU（二〇）などのハードの進化です。さらに、後述する深層学習（ディープラーニング）というアルゴリズムの深化により、今回は、人工知能が実用化に入ったといわれています。

AI（人工知能）の概念は広いのですが、IPODマシンのような機械によるP自己創造を「機械学習」と言い、IPODモデルを使って説明すると図18のようになります。つまり、IやOに大量のDを用意して、PがIとOの因果関係・相関関係のパターンやモデルを自分で創造していくことです（二一）。簡単に表現すると、今までのPはプログラムを演繹的に人間が開発していたものが、AIではIPOマシンが、自ら帰納的にPを自己創造するというものです。なお、DのIとOのへの与え方で「教師なし学習・教師あり学習・強化

二〇　Graphics Processing Unitの略。3次元（3D）グラフィックスなどの画像を作成・処理する際の演算を行う半導体プロセッサを指し、PC等で使う1つずつ処理をするCPUと違い、画像を構成する各画素の値などの同時並列計算を得意とします。

学習」の３つの方法があります。さらにPの構造を深層化するディープラーニングにより、機械学習が異次元に発展していきます。以下、機械学習によりAI：人工知能が賢くなる仕組みをIPODモデルで説明します。

機械学習の学習では、入り口で「教師なし学習」「教師あり学習」を学びますが、IPODモデルで考えると、大雑把ですが、比較的簡単に理解できます。

AIが世間で俄然注目されはじめたのが、前述の２０１６年「グーグルのアルファ碁」の囲碁世界チャンピオンへの勝利からですが、専門家の間で衝撃が走ったのは、２０１２年の「グーグルの猫」というもののようです。これはYouTubeにある動画から１０００万枚の人も猫も含まれる画像抜き出し、それをグーグル１０００台のコンピュータに対して、図18左のI：入力に入れて、ひたすら学習させるというプロジェクトです。その結果Pが自己創造した結果が、図19で、猫に見えますが、あくまでも「概念」（のようなもの）です。つまり、機械が自動的に、大量の画像の中から、特徴を見出し、１つの概念を自分で創造したということです。このように、図18左のI：入力だけにデータを大量に入れて学習させることを「教師なし学習」と言います。

つまり「グーグルの猫」が衝撃的なのは、「これは猫の映像です！」と正解をOに用意して、覚えさせたわけではないということです。勝手に人工知能が「こんな概念の画像があるなあ」と識別したということです。

さらには、教師なし学習で人工知能が創造したPを利用して「その概念が猫」と紐づけ、次にIに犬と猫の画像

二一　人工知能の定義は様々で漠然としているため、本書では、IPODモデルを使ってIPODマシンによる学習によるPの開発・創造である機械学習を狭義の人工知能（AI）として説明します。よって、一般的な説明とは毛色が違いますが、IPODという「働き」というモデルで考える事が人事領域では重要と考えています。なお、国が明確に定義しているものとして官民データ活用推進法第2条に『「人工知能関連技術」とは、人工的な方法による学習、推論、判断等の知的な機能の実現及び人工的な方法により実現した当該機能の活用に関する技術』とし、少し難しい表現です。

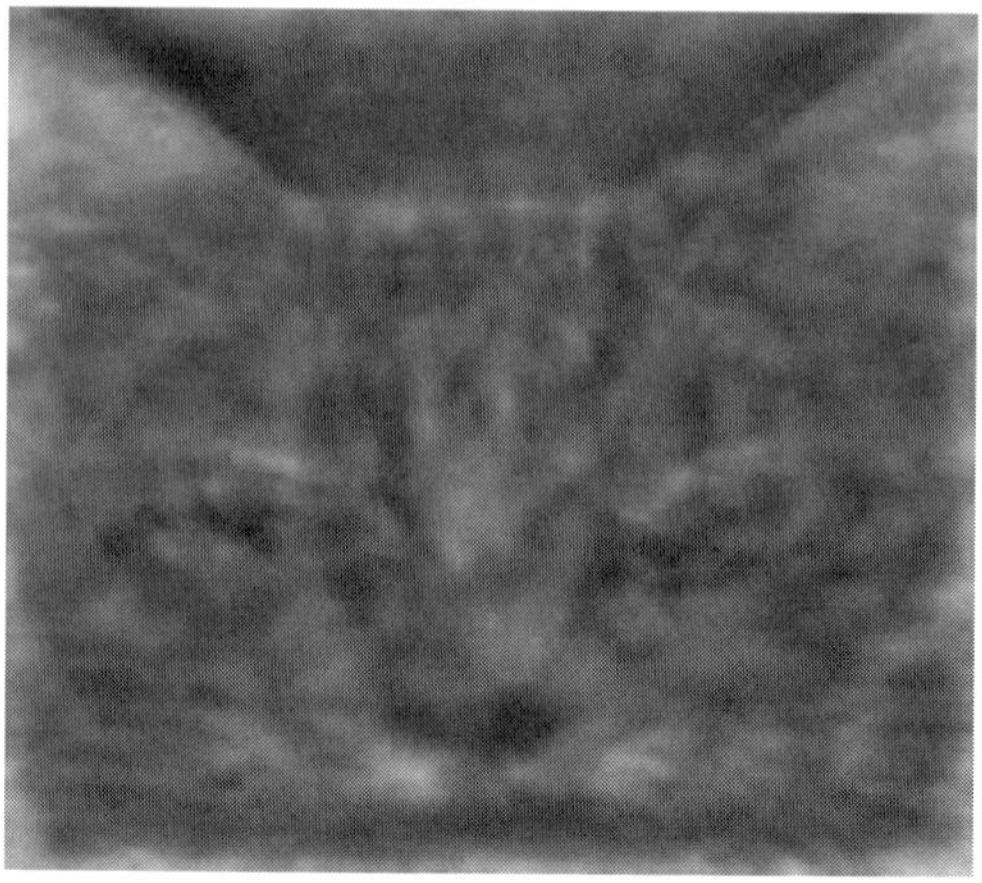

【図19】AIが生み出した概念＝グーグルの猫

を入れると、正しく「これは猫です」「これは猫ではありません」とPが認識・識別した結果をOに出力できるようになります。そして、その認識率は人間を上回る（つまり人間が猫か犬か迷うような画像でも、AIは猫と判断できる）ということで、AIが本格的実用段階に入ったといわれる所以です。その主役が、人間の脳を模した「ニューラルネットワーク[二二]」による「ディープラーニング」というアプローチです。

1・15 P変革2 ディープラーニング

まずは、図20のように手書き数字を認識させる事例を使って、「ニューラルネットワーク」により機械学習するプロセスを、IPODモデルで説明いたします。

大量のDとしてMNISTという機械学習で有名なデータセットがあり「手書き数字画像とその正解ラベルの数字」が6万枚用意されています[二三]。手書き数字画像をI：インプットして、正解である数

二二 人間の脳はニューロンという神経細胞同士が無数に接続しており、各ニューロンが一定の刺激を受けると発火して電気信号を他のニューロンに送ることで、脳が働くことを模しています。

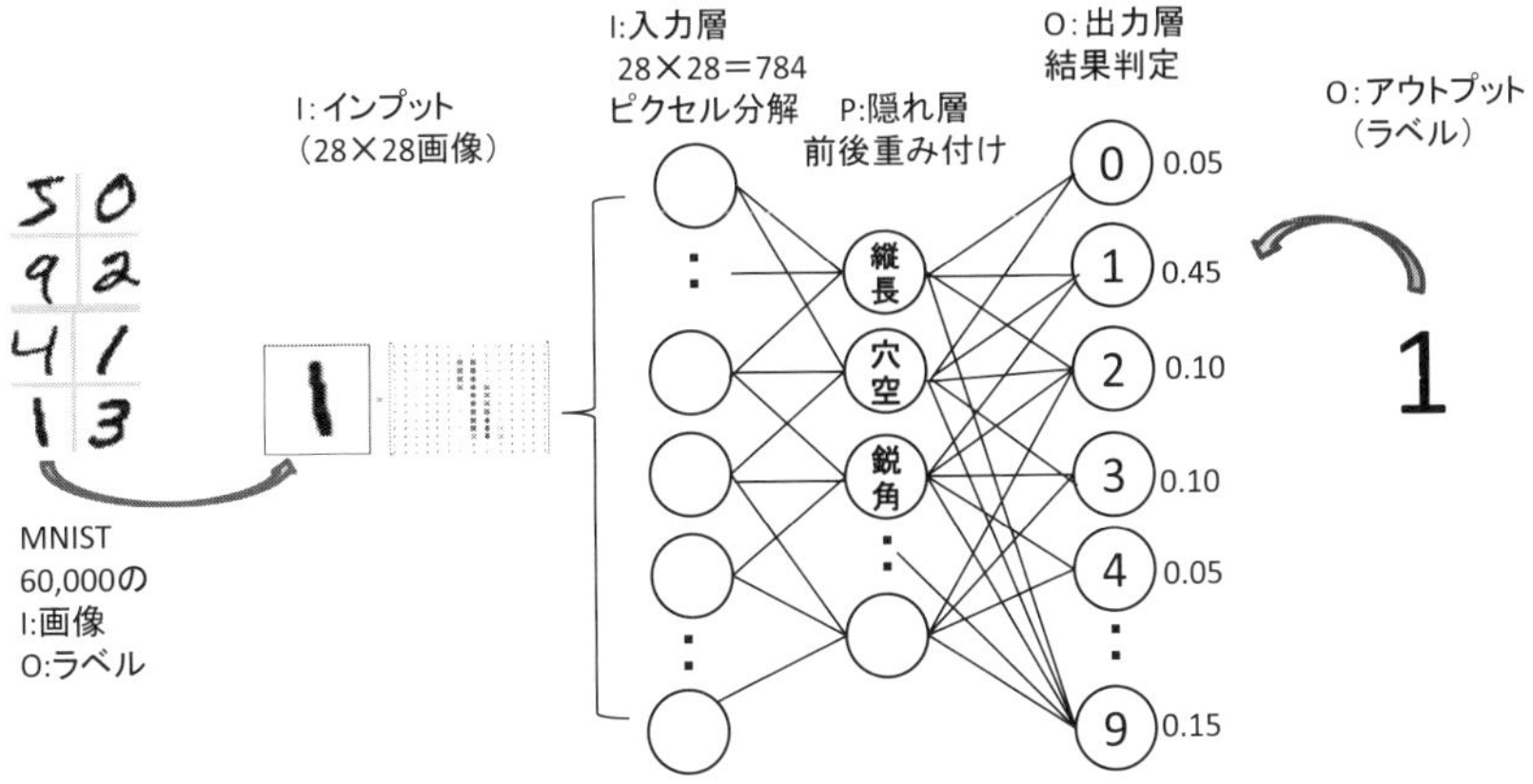

【図20】機械学習　手書き数字認識

字をO：アウトプットにセットして、正解率が高くなるように真ん中のP（と前後の線の太さ）を調整しています（この例では「1（いち）」）。なお、このように、DとしてI：入力とO：出力に与える学習方法を、教師あり学習といいます。

なお、手書きの画像は28ピクセル×28ピクセル[二四]＝784の数値で構成され、これを図20のようにI：入力層に読みこませ、出力層：Oに0から9までの数字に対して正解率が計算されますます。ソフトマックス関数というものを使っており、それぞれの確率を合計すると1（つまり100％）になり、図20は1が0・45で一番高くなり、ラベルの「1」と合致します。これが合致しなければ、Pの重み付けの調整がさらに必要です。このようにトライアンドエラーで、どんどんDを送り込み学習させます。

二三　斎藤康毅『ゼロから作るDeepLearning』（オライリー・ジャパン、2016年）72頁を参考。なお、後述のシグモイド関数等でe：ネイピア数が使われており、理系から文系に転身し久しく忘れていた数Ⅲを思い出しながら、デジタル庁で後述するようにデジタル対応の深化に数学的理解は有用と痛感しました。

二四　画素とも呼ばれ、コンピュータで画像を扱う場合の色情報を持つ最小単位。よくデジカメで何万画素と言っているのはピクセルのことで、その数字が大きいほど細かくきれいに写真が撮れます。

Ｐには外から見えないため「隠れ層」といわれる中間層が存在しており、Ｉ：入力された７８４数値ベクトルを、それより少ない情報に集約する、つまり特徴を抽出する＝抽象化する作業をします。あえてわかりやすく例えると、「縦長」「穴が空いている」「鋭角あり」等の特徴を隠れ層に抽出し、その前後の線にその重み付けをするというイメージです。動きとしては、その前後の入力層：７８４個と出力層：10個を結ぶ大量の回線が存在し、その回線の太さを調整して、Ｏ：出力層の高正解率がラベルの数字の正解になるようにチューンナップします。実際はコンピュータ上なので、線の部分は重みづけという計算式でつながっています[二五]。

松尾教授の組織の例えが非常にわかりやすい説明ですが、上司が部下からの情報を元に判断を下したときに、判断が正しい時に、その判断元の情報を上げた部下との関係を強め、逆の場合は弱めるというものです。その強弱がまさに回線の太さというものです[二六]。

続いてはディープラーニングですが、「深層学習」といわれるのは、ニューラルネットワークにおけるＰである隠れ層が何層に深くもなっているということを意味します。つまり、何層にもかけて抽象化を行っていくことで、最後には人間の脳のように「概念」のようなものを創造することができます。

図21では何層にもからなるＰ（Ｐｎ）を通じて、右下のように「猫の概念」を教師なしで創造している例です。この猫概念による画像認識・識別の正解率は人間を上回っていると前述しましたが、ディープラーニングにより人

二五　隠れ層の計算式として、入力層のデータを変数Ｘｎに入力し重み変数Ｗｎを乗じて（ｎは1から７８４）その合計にｂ：バイアス値と呼ばれる定数を加えて活性化関数としてシグモイド関数を使い計算します。その後同様な重みを付けた計算を行い最後にソフトマックス関数を使って出力層へ確率として出力しています。回線は計算式を意味し、線の太さは重み変数Ｗｎの大きさを意味します。

二六　松尾豊『人工知能は人間を超えるか　ディープラーニングの先にあるもの（角川EPUB選書）』（２０１５年）１３１頁より要約。

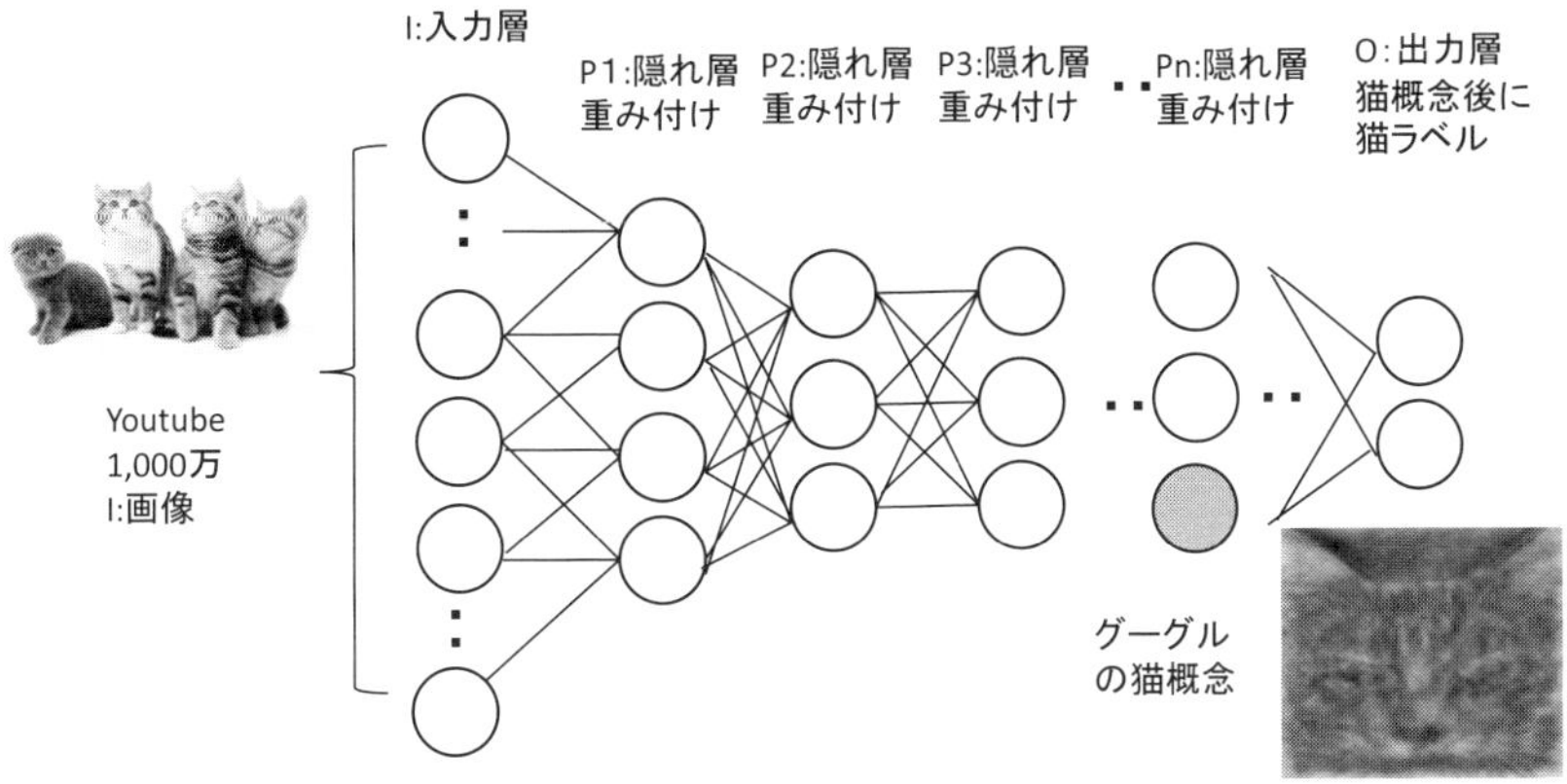

【図21】多層ニューラルネットワーク深層学習：猫の概念と認識・識別

間と同等以上の画像認識が行えることが、人工知能：AIが3度目の正直で本格化するといわれる所以のようです。背景には、この計算ができるだけのコンピュータ処理能力（1000台の16000個のプロセッサ）が用意でき、IoTやAPIのI／O変革等で大量データ（1000万枚の画像）を収集可能になり、ディープラーニングの巨大なニューラルネットワーク（100億個）の構築ができる等の条件が整ってきたからということです。

1・16　P変革3　Dなしで学習する強化学習へ

最後に、強化学習という手法をIPODモデルで簡単に説明します。これは今まで説明した機械学習と違って、自らがDを作って自己増殖し、それにより学習して、P（プロセス）を創造・強化するというものです。

専門家が驚いた、AIの爆発的進化は前述の「グーグルの猫」でしたが、世間が驚いたのは「グーグルのアルファ碁」が碁の世界チャンピオンを圧倒したことです。アルファ碁が強くなった構造は、過去のプロ棋士の対局データを読み込ませるという、教師あり学習を行い、その後強化学習により、自らが自らと対局して、勝敗結果と打った手

【図22】アルファ碁　強化学習イメージ

のＤを作り出して、強くなっていくと説明できます。なお、強化学習は従前からある手法でしたが、図21の深層学習（ディープ・ラーニング）を取り入れた深層強化学習といわれる手法により、アルファ碁が強くなっていったとのことです。

（深層）強化学習のイメージが図22ですが、強化学習では、囲碁の対戦のような場面を「環境」といい、碁盤での一手を打つ時の局面を、その「状態」といいます（碁盤には19本の線がタテ・ヨコで３６１交差する状態があり、つまり先手は３６１通りの打ち方があり、これに対してチェスは20通りで、碁が難しいと言われる所以です）。また、プレイヤー（専門用語でエージェント）がその状態の元で、打つ手を、その「行動」といいます。そして、その行動の結果、与えられる「報酬」を設定します。よって、大変大雑把にＩＰＯＤモデルで当てはめると、各局面の「状態」がＩ：入力に該当し、そのＩに対して、最大の価値を生むであろう行動Ｐ：処理をさせて、その一連の結果が「報酬」のＯ：結果として得られるとなります。そして、この報酬であるＯを長期的に最大化させるため、一連の状況からの行動の結果で得た報酬（例えば勝ち負けで得た点数）から逆算し、深層学習でＰ：行動の各層の重み付けを行い、さらに対局を再開していきます。アルファ碁は、強化学習で対局を数千万回行い、学習をして強くなりました。

なお、２０１７年10月に「アルファ碁ゼロ」が登場して、３日で旧タイプのアルファ碁に１００戦１００勝と負けなしとなりました。アルファ碁ゼロは、プロの棋士の対局のデータを読み込ませず、つまり教師データは無しで、自己対戦のみで強くなったという点が画期的です。つまり、基本、人間の過去の知恵（Ｄ）がなくとも、機械が自分で

勝手に強くなっていくということで、ＡＩの今後のさらなる発展を予想させる象徴的な事例でもあります。(二七)

本章では、冒頭の平成初期からの情報流通の構造変化を、ＩＰＯＤにおける働きの主体の個数により現してきました。ＰＣ98の１つから社内クローズネットワークでｎ個となり、インターネットからＡＰＩによりｎ×ｎ個となり、最後スマホやＩｏＴのリアル空間・モノと結んでｎ×ｎ×ｎ個としました。デジタルとは数値での表現と説明しましたが、無限変数ｎの表現よりこの間のデータ流通が指数関数的に増えている状況を表しました。そして、ＡＩとは、このｎ×ｎ×ｎ個を動かすＰを機械が創造するということを意味し、この無限性を現実社会で想像するのが難しいので、最後に専門家のＡＩの発展と社会への影響に関する考察を紹介して本章の終わりとします。

１・17　ＡＩによる将来予想と現実の深堀

松尾教授が示されている図23「人工知能技術の発展と社会への影響」が大変分かりやすいので、引用させて頂きます。「認識→運動の習熟→言語の意味理解」の３段階の技術発展により、大きく社会が変わっていく姿が想像できます。

まず前述した「グーグルの猫」では、第１段階の「(画像)認識」という課題をディープラーニングという技術で実現している説明をしました。これが画期的であるということを、松尾教授は「ＡＩが目を持った」と表現しています。というのは、地球の歴史上、生物が目を持って爆発的に増えたのがカンブリア紀ですが、ＡＩが目を持つ

二七　その後、数カ月後に碁に限らずチェス・将棋でも無敵の「アルファゼロ」が現れ、２０２１年にはゲームルールの知識も与えずともどんなデジタルゲームでも無敵の「ミューゼロ」が出現・・・というように書籍として事例取り上げるにはキリがないため、本書の目的としては、基本構造をＩＰＯＤという簡易的手法にて説明することで十分とします。

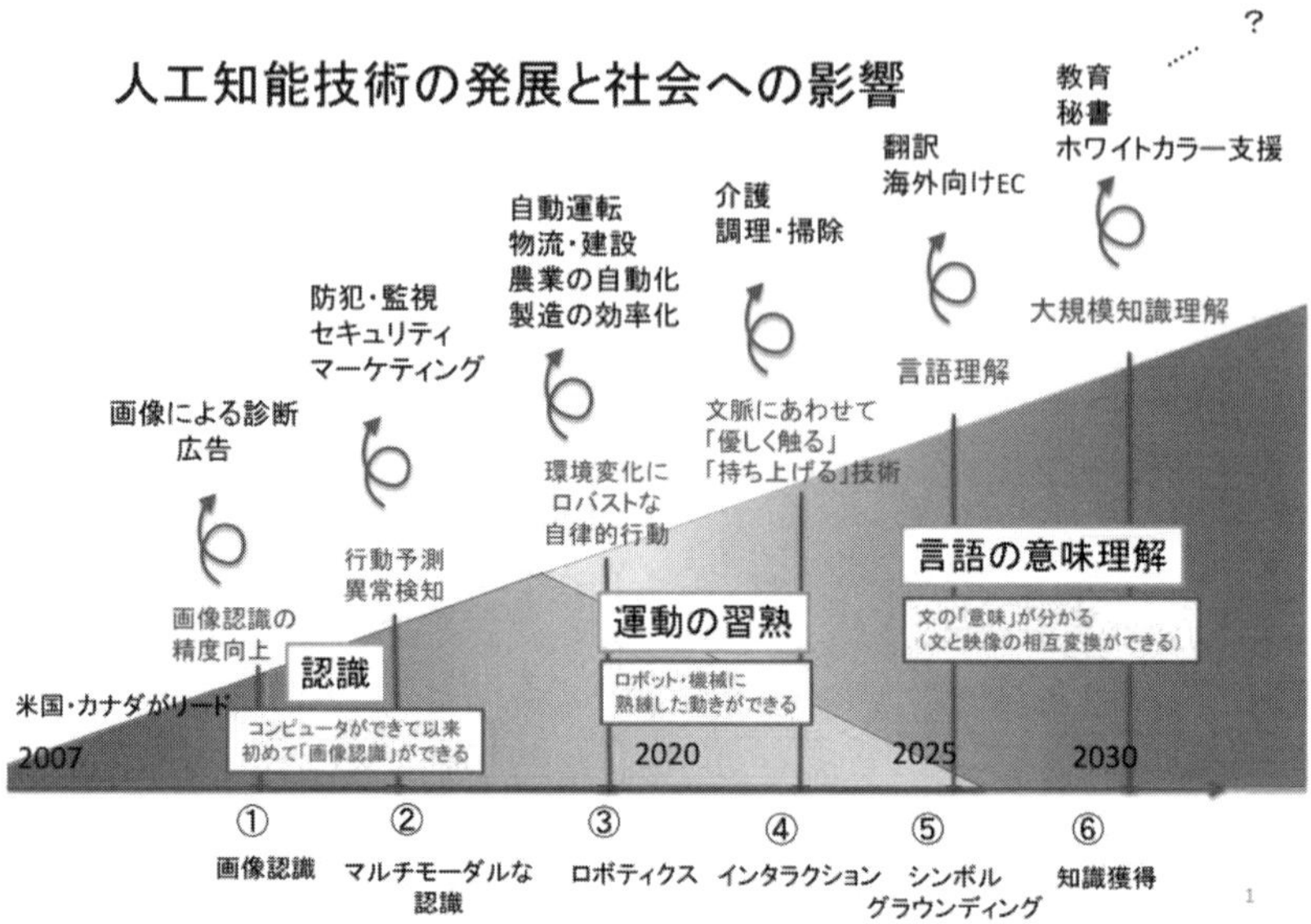

【図23】 AI発展と社会への影響：松尾豊東大大学院教授：内閣府懇談会資料

ことにより、同様に爆発的な技術革新による新たな製品・サービスやその利用が増えるという見方です。なお、「認識」の段階での新たな製品・サービスや利用としては、画像認識の精度向上による医療での画像診断や、行動予測・異常検知による防犯・監視等のサービスへの利用であり、実際に活用がされています。

さらに、アルファ碁で説明したように、強化学習などの技術により、自動運転等の機械と結びつき「運動の習熟」課題を解決する段階が次に展開されます。環境変化にロバスト（≒頑健な）な自律的行動が行えるようになり、自動運転の他、物流・建設・農業の自動化や製造の効率化が可能になるとされており、第2章でコマツ社の例を紹介します。

そして最後が「言語の意味理解」の段階になるということです。ここに来ると、文脈に合わせて「優しく触る」「持ち上げる」技術を持った介護・調理・掃除等の身の回りサービスが、運動の習熟と相まって可能とされています。また、言語理解による翻訳・海外向けEC等の専門サービスへ展開し、最後には大規模知識理解による教育・秘書・ホワイトカラー支援に発展していくと考えられています。

松尾教授が著書「人工知能は人間を超えるか」での指摘で、特に社労士として興味深い何点かを引用して、本章の終わりとします。先ず、「これまでの人工知能の技術予想がいつの時代も間違っていた（早く見積もりすぎた）ことも頭に入れてほしい」という点です。ＡＩの驚異的な出来事を目の当たりにすると、いつ自分の身近にそれが起こるかが関心毎になりがちです。もちろん影響の時期を知るのは重要ですが、それ以上に重要なのはＡＩを通して自らの認知・学習行動を再確認して、物事の普遍的な本質を違う角度で見直すことだと考えます。同書は２０１５年3月発刊ですが、激しく進化する同分野で、現在でも放つその普遍性はより深いヒントを与えてくれます。

さらに、「機械学習はニューラルネットワークをつくる『学習フェーズ』と、できあがったニューラルネットワークを使って正解を出す『予測フェーズ』の２つに分かれる」との指摘があります。手書き数字認識の学習フェーズは１００万件程までの大量の学習データを入力し、答え合わせをして、間違うたびに図20で説明した重みを適切な値に修正するという作業をひたすら繰り返すため、とても時間がかかるとしています。しかし、予測フェーズで使う時は簡単で、準備も少なく一瞬で終わる（1秒もかからない）ということです。

ここからが興味深いのですが（余談としてあるのですが）、高齢者も学習フェーズと同じで、長い年月をかけて培った判断・識別する能力があり、使う時は予測フェーズのように簡単に早く使えるので、うまく役立てることが重要としています。「『こういうやつは将来伸びる』とか『組織がこうなると悪い傾向だ』などの、人間や組織などの時代を経ても変わらないものを見る役割として、高齢者の方が企業の会長や相談役にいるのはよくわかる」との指摘は、筆者は各種相談を受け、役員会等に出席しているので経験上実感します。

高齢者は年齢的にこれから新たに時間をかけて学習フェーズを経ることは難しいです。しかし、「過去の経験や勘」という感覚ではなく、それが学習フェーズにより獲得した判断・識別能力という保有資産と評価し、貴重な戦力として、予測フェーズ場面で活用するのが、これからわが国の社会的課題解決に役立つと考えられます。

なお、高齢者は学習フェーズを経るのが難しいというのは、逆の見方をすると、図12のＩＰＯモデルで説明した、Ｐ：処理方法を変えることが難しいということです。さらには予測フェーズが早いということは、Ｐの判断・識別能力で、一瞬でＯ：出力されるということです。よって、Ｉ：入力が前述の「人を見抜く」や「組織傾向評価」という普遍的で自尊心を保つようなお題であれば問題ないです。しかし、一度Ｉ：入力でお題を間違えてしまうと、昭和型のＰの判断・識別能力で、一瞬でＯ：出力が大量に出ると、手が付けられないのが、昨今、様々な場面で男性老人のクレームが多い原因とも言えます。DXで後述する高年齢者雇用安定法の70歳までの雇用努力義務の必要性と注意点を、ＡＩの構造から逆張りで見られることが興味深いです。

本章のまとめ

① 情報・データ流通の構造が技術的転換により劇的に変わっていくのをモデル化し、その上でアーキテクチャのありかたを検討し、再構築することがＤＸの入り口で重要。

② わが国がデジタル敗戦した原因の一つはアーキテクチャの再構築を20年行えなかったこと。しかし、それが変わりつつある。

③ データの世紀と呼ばれる21世紀これからの働きはＩＰＯＤモデルで構造を表現できるので、Ｄを基盤とした働き方の再設計が必要。

④ ＡＰＩ、ＩｏＴ及びＡＩの働きをＩＰＯＤモデルで構造と意味を理解すると今後の人間の働き方の整理につながる（第2章以降で解説）

2

BX：ビジネスプロセス・トランスフォーメーション

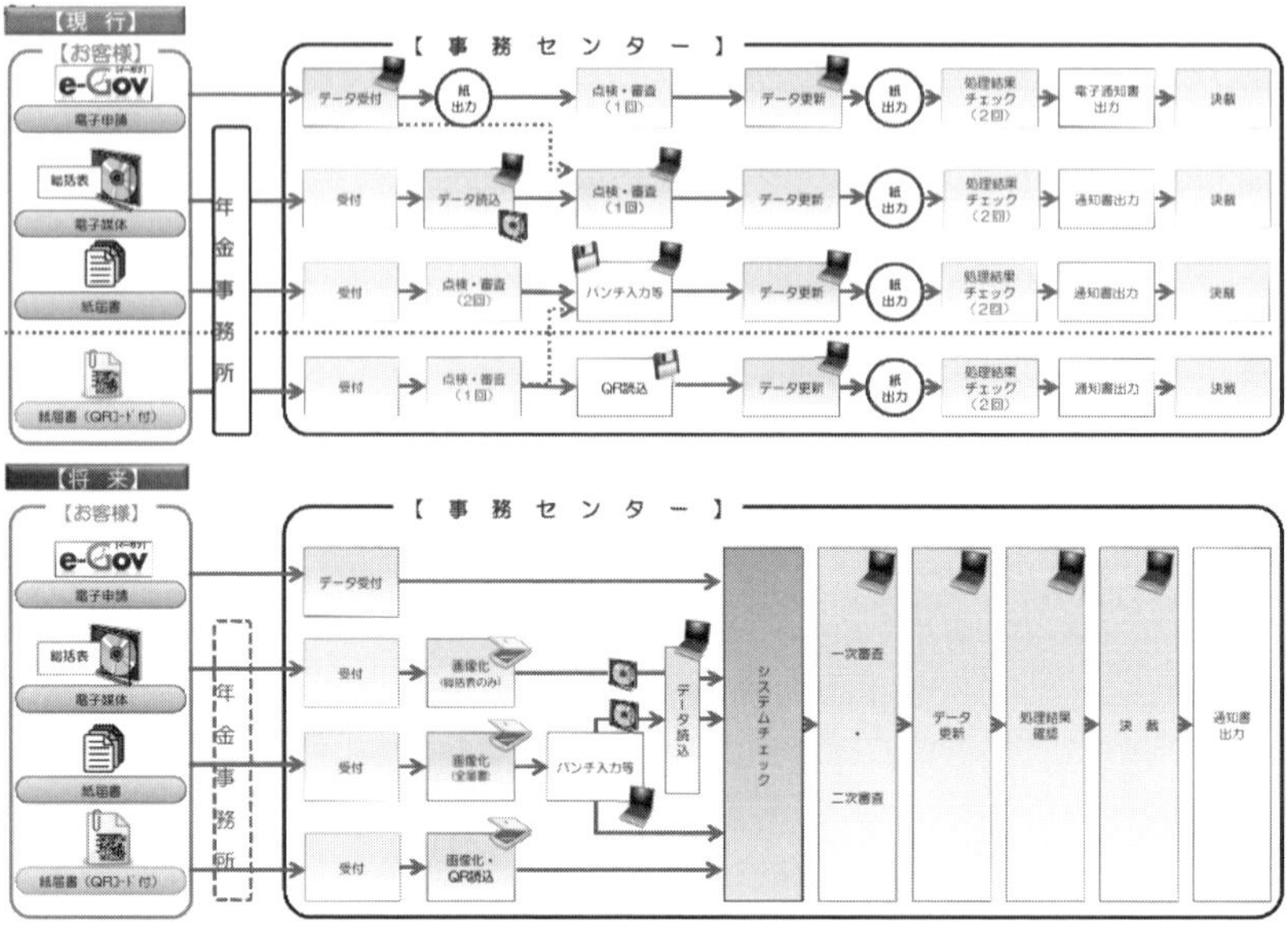

【図24】年金システム刷新　事務処理方法の新旧比較（年金機構資料）

2・1　意外と頑張った「年金システム刷新」

デジタル・ガバメントの労働社会保険分野でe-GovのAPI実装と並んで大きな効果を上げているのが、2020年3月から始まった「年金システム刷新」です。象徴的なのは、日本年金機構から全国健康保険協会経由の健康保険証の発行で、それまでは平均10日ぐらいで郵送されていたのが、システム刷新後は3日程度と、1／3以下に短縮されている点です。e-Gov APIはデジタル・ガバメントをアーキテクチャ的に②中間層のデータ連携機能実装で変革したのですが、年金システム刷新は現場オペレーション見直を中心とする、業務プロセスの変革で効果が上がりました。

家のリフォームで例えると、間取り・天井高・外壁・採光・排水等の構造物（アーキテクチャ系）を変更しても、快適な生活を送るためには、それに合わせたカーテン・カーペット等の内装系や家具・家電等の動線系の居住用備品を充実させ、さらに日常生活での整理整頓、掃除等の生活態様を改める必要があるのと同じ関係です。

ところで、年金のマイナンバー制度対応が２０１７年となり、２０１６年開始の雇用保険や健康保険等他の制度より1年遅れだったのは、図24の年金システム刷新を行う予定が元々あったからです。マイナンバー対応のシステム改修を同時に行うことにより、開発の二度手間を避け、コストを削減するためでした。

しかし、当時年金の個人情報漏洩もあり、マイナンバー接続が1年遅れたこともごっちゃになり、強くメディアで批判されていました。そこで、筆者は、個人情報漏洩は真摯に反省すべきですが、マイナンバー対応を1年遅らせたのは大変意味のあることで、実はこうなっているのでもう少し我慢してくださいと、全国の社労士会会員の皆さんに行脚してご説明した覚えがあります。結果、現在の保険証発行のスピードに驚く方が多いのですが、論より証拠を実感されていると思います。以下、6年ほど前（２０１５年ごろ）に、業務プロセスを大きく変えているので暫しお待ちくださいと、お願い行脚してご説明していた内容を、改めてご紹介します。

年金システム刷新は図24上段の内容を下段に変更するものです。「電子申請すると、逆に健康保険証の発行が遅くなる」という問題がビフォー・アフターで大きく改善されているプロセスがわかります

まずは、図24上段「現行」でビフォーを見てみます。一番上にｅ-Ｇｏｖ「電子申請」があり、「お客様」がデジタルな電子申請した後に、行政のバックオフィス側の業務フローは以下のアナログ過な状態であったことがわかります。

現行の電子申請処理
① 人がe-Govから送られた電子データを画面上でデータ受付
② 人が①を**紙書面**出力して
③ 人が②**紙書面**を見て1回目の点検・審査
④ 人が画面で③の点検・審査の結果を元にデータ更新作業
⑤ 人が④の更新内容を**紙書面**出力して
⑥ 人が⑤の**紙書面**で処理結果2回目のチェック
⑦ 人が⑥を電子通知書出力作業し（凡例はその他作業で紙書面かは不明）
⑧ 人が**紙書面**により決裁を行う

第1章1・11で定義した「働き」ですが、ここでは**人**が8回介在して各プロセスでの情報処理をしています。また、①データ受付してから、少なくとも3回**紙書面**に出力して、3回**紙書面**を使った業務をしています。つまり、デジタルで入ってきた情報に対して、最後決済するまで、「紙」と「人」というアナログな存在が14回介在しています。

申請側はＡＰＩの浸透で業務効率が上がり窓口受付システムのｅ-Ｇｏｖにオンライン申請が激増しているのは図4で前述しました。しかし、ｅ-Ｇｏｖ受付後工程の受理側がこのような業務フローであれば、現場で作業する人たちが、ますます増える電子申請に対して、「本当は紙で出してほしい」と言うのも、年金事務センターの現場を実際見て仕方ないと思いました。中には、データ受付後、紙で印刷し、その内容を人が入力して初めてデータが確定する工程もありました。

次に、アフターである図24下段にある「将来」を見てみます。この時点で「将来」と言っていた現在、この通りに稼働し、非常に効果を上げています。

①　人がe-Govから送られた電子データを画面上でデータ受付
②　機械が①の電子データをシステムがチェック
③　人が画面で②のチェックの結果を上で審査（1次・2次）
④　人が画面で③の審査結果でデータ更新
⑤　人が画面で④後の処理結果確認
⑥　人が画面で⑤の結果を決済
⑦　人が通知書出力（凡例はその他作業で紙書面かは不明）

このように①から⑦までの7つのステップで人が介在するのは、6回だけになります（1つは機械です）。デジタル送信されたデータに対する、「ヒト」や「カミ」というアナログの介在が「14→6」と43％になり、約6割アナログ介在削減で、迅速性だけでなく正確性を増すことになります。さらに、紙出力がないため、物理的移動や保管及び廃棄等の作業がゼロになり、マイナンバーも含めた紙媒体の個人情報の安全管理措置に関わる特別対応が不要になります。よって、所用処理時間の大幅な短縮につながっています。

今まで、電子申請が普及しきれない理由に、申請側も「紙で出したほうが早い」という指摘が多く、実はビフォーの状態であたったため、それは事実ではありました。しかし、システム刷新により、受理側の業務プロセス改善で、その点がこのように解消しています。これにより、今では「紙より電子が早い」と認識されはじめ、今後さらに電子申請が進む循環に入ってきております。

なお、当該システム刷新で、図25のように、今まで何十年もＡ４横であった届出書がＡ４縦に変わった理由は、ソフトウエアだけではなく、ハードウエアとしての作業環境を、ゼロベースで見直したためです。図25のように操作するディスプレイが24インチ等横型に変わることで、Ａ４縦の様式が画面半分にそのまま表示され、かつ並列表

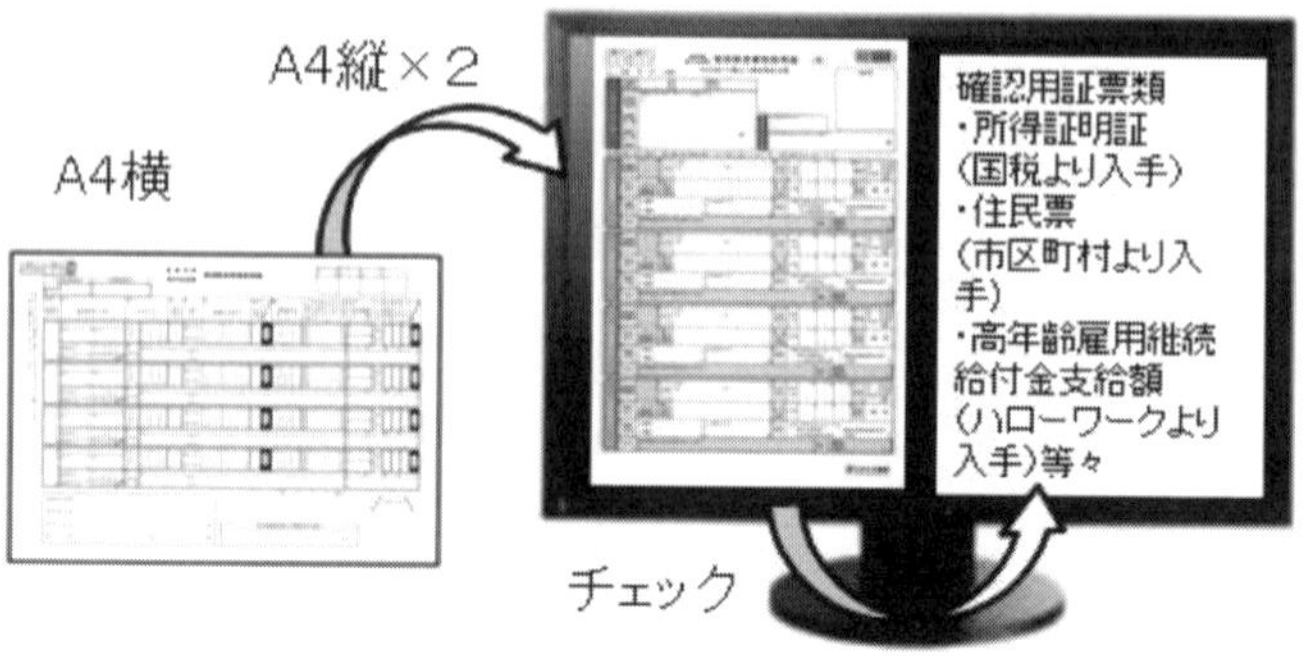

【図25】年金機構BXイメージ

示で、確認用証憑書類を表示することができます。画面上に申請データと確認データを同時表示して簡単に目で追えるようにして、印刷物での確認等により確認作業が効率化されています。

民間では、1人の作業者が、2台どころか何台ものディスプレイを活用し業務を行ったり、DXで後述するRPAを活用し業務の一部をロボットに行わせたる等のテクノロジー環境整備がされています。しかし、行政での難しさは、書式一枚変えようとしても、関連する法令の改正等が必要な場合があるためです。図10で政府情報システムの構成要素を「ポリシー×アーキテクチャ×テクノロジー」がそろってはじめて稼働するとしましたが、図10左の要素に行くほど調整に長い時間が必要となります。

民間と比較すると、まだこれからの段階ですが、さまざまな制約のある中、行政の効率化が着実に進んでいる事例で、内部縦割り傾向の強い厚労省内で、参考にして頂きたいと事あるごと訴えてきた貴重な成功例です。

2・2 業務プロセス変革後：韓国のマネジメント

このように、年金の業務プロセス変革は、「はじめに」で前述した人間と機械の働きを再設計する「役人の働き方改革」の具体例です。さらに、この改革を進めるために、変革した業務プロセスを回しながら、改善・改良を行うために組織ＰＤＣＡサイクルを回すことが重要です。そして、その組織ＰＤＣＡサイクルは「働き方」を変革しているので、必然的に人事評価制度の活用は合理的となります。

前述のリフォームの例で、快適な生活を送るためには、リフォームに合わせた家の中の家具や家電等の居住用備品を充実するだけでなく、整理整頓や掃除等の生活態様を改めることが重要としたような関係です。本章では業務プロセスを変革し、組織的にそのメンテナンスをするＰＤＣＡを回すこと両方を合わせて、ビジネスプロセス・トランスフォメーション：ＢＸとします。

組織ＰＤＣＡサイクルの重要さを痛感したのが、国連の電子政府ランキングＮｏ・１を２０１４年まで３期連続獲得していた韓国の取組みを現場で体験したことです。学べるものは謙虚に学ぶべきと思って、その取組みを当時現地で確認するため、韓国の電子政府対応の中心にいる大学教授を頼りに単独訪韓しました。働き方の設計をする社労士としては、韓国の取組みで一番目から鱗だったのはシステム面[二八]よりも、マネジメント面でした。

１９９７年のアジア通貨危機で財政破綻寸前の韓国はＩＭＦの資金支援下に入ったのですが、資金提供の条件としてさまざまな改革を要求されました。その中で、大幅な公務員の人員削減要求があり、それが結果として韓国の電子政府世界一に貢献したというものです。つまり、大幅に削減された人員で行政サービスを提供するためには、ＩＴ化が必須で、そのために、大胆な行政システムの再編を行いました。さらに、システムが効率よく回るように、機械を使った人間の働き方を人事評価制度によりＰＤＣＡサイクル化するというのです。

Ｐ：計画で行政手続の目標標準時間等のＭＢＯを設定して、Ｄ:実行をし、Ｃ：評価としてその達成度で厳密に

二八　電子政府ポータルサービスで３６５日・24時間住民票等の３２００種類証明書がダウンロードでき、政府が証明書の提出を要求する場合は逆に理由を説明する必要があります。また、中央省庁と地方自治体のシステムが統合されており、サイバー空間上に場所の概念がありません。

測り、Ａ：結果を報酬として給与等に反映するということでした。ＩＴ化するとより早く正確にＤ：実行としての業務処理が行えるので、ＩＴに積極的対応をする人はＣの評価とＡの報酬が上がり、さらにＩＴ化するという循環ができて、２割ヒトが削減されたことを逆手に業務を大変革し、結果、国連評価１位につながったと考えられます。当然、できる人・できない人が出てきましたが、財政破綻寸前の有事では、そのような諸事情に配慮する余裕はなく、結果、雪だるま式に進んでいったということです。

一般的なＢＰＲ（ビジネスプロセス・リエンジニアリング）が、「既存の組織・業務を根本的に見直し、プロセスの視点で職務、業務フロー、管理機構、情報システムを再設計すること」と定義されています。（二九）本書でいうＢＸはさらに「ＩＰＯＤ活動、データ中心、ＰＤＣＡサイクル、マネジメント重視」の４つの具体的手法が必要と考えています。

第１章１・９で述べたように、２０１３年に「世界最先端ＩＴ国家創造宣言」で「多くの国の後塵を排している状態」と敗北を認めてＣ：評価をし、２０２０年に期限を切って「世界最高水準のＩＴ利活用社会の実現を目指す」と宣言したＡ：改善行動に対して、期限が過ぎたので再度ＰＤＣＡサイクルを最後まで回し、再度Ｃ：評価しＡ：改善行動をするマネジメント（ガバナンス）は必須と考えます。

政府の会議の場で繰り返し依頼しているのは、定点観測できる網羅性のある数値の提供です。例えば、労働局は47都道府県に存在するので、全国における都道府県別の電子申請利用率等の数値の提供です。これらにより全国もれなくＣ：評価結果が数字で表れるので、実際厚労省内で横の競争原理が働き、各労働局の取組みとしてＡ：行動が変わることがありました。ただし、筆者のような暑苦しい個人の働きかけで数値が出てくるのではなく、組織サ

二九　「リエンジニアリング革命」1993年マイケル・ハマー及びジェイムズ・チャンピー著

イクルという仕組みとして回すことが重要です。そのために、回さないと当人が困る、つまり、何かしら人事評価制度に組み込むことが有効です。DXでテクニカルな面が注目されますが、役人の働き方を変えているので、ＰＤＣＡサイクルの人間の「働き」の評価システムとして人事制度も含めて、マネジメントの課題は重要です。

2・3　マネジメントシステムとしてのデジタル庁

業務プロセスを変革し、そのマネジメントを行うためには、マネジメント能力だけではなく、ヒト・モノ・カネと権限がある程度必要になります。過去わが国がＩＴポリシーを実行するにあたり、このマネジメント力の源泉が各省庁でバラバラに分散し、わが国が本来持っている力を出し切れなかったと考えています。この約14年間その現状を目のあたりにしていましたが、これを解決し国のデジタル化推進のマネジメント機能の発揮が期待される新組織が「デジタル庁」で、この４つの力の源泉を集約し、調整していく予定です。

図26は「デジタル庁のビフォー・アフター」をアーキテクチャ視点で構造と力学の変化を表わしています。中央「ヒト・モノ」としての「システム構成と人員（定員）」のように、上図のビフォーでは、モノとしてのシステムは一部共通が存在しているものの、基本的に各府省の縦割り・バラバラでシステムが組まれていました。また実際の運用をするヒトも各府省の担当者がそれぞれ行う構造でした。左側のカネとしての「予算」は基本的に各府省にねん出され、それと同時に右側の権限も各省庁に帰属してきました。

この構造が生み出したわかりやすい例が、第1章1・5で言葉を失ったと説明した厚労省・国税・法務省の汎用受付システムとしてのe-Ｇｏｖバラバラ対応でした。総務省の取組みに応えたのは厚労省のみで、他は独自の予算と権限で独自のシステムを構築しました。これは良い悪いということではなく、各府省がそれぞれのルールに

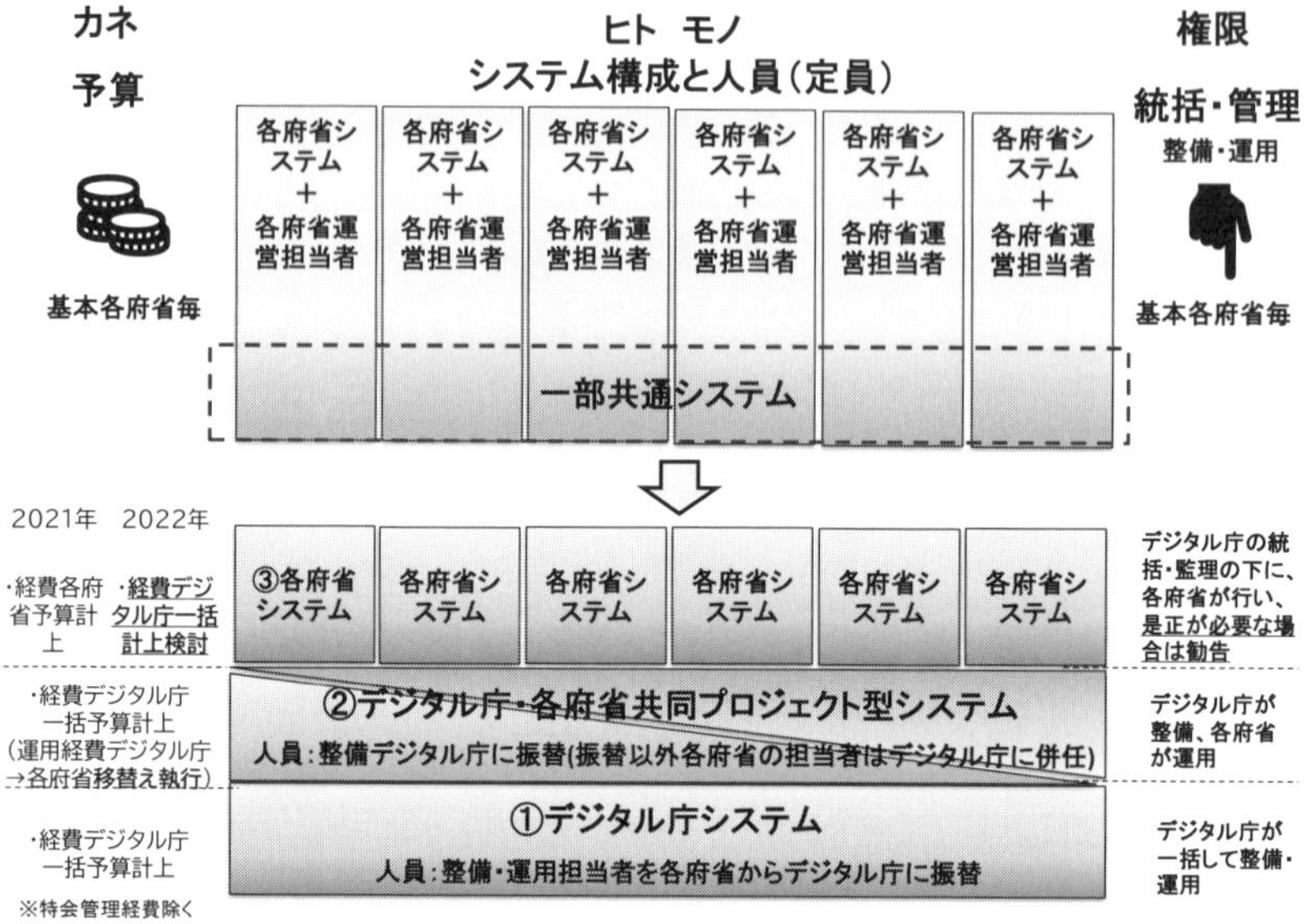

【図26】三層アーキテクチャ：デジタル庁の力の源泉：人員・予算・権限集約

従って行うと結果バラバラになるというアーキテクチャであったということです。そして、デジタル庁構想で図26下図のように変わり、力学変化が生じる予定です。

図26下図はデジタル改革関連法案ワーキンググループ作業部会資料から筆者がイメージ化し、モノとしてのシステム構成を三層モデル化しています。つまり、①層をデジタル庁システム、②層をデジタル庁・各省共同プロジェクト型システム、そして③層を各省庁システムとしています。この三層構造のシステムに対して、以下のヒト・モノ・カネと権限の集約・総合調整が行われる予定です。

①層「デジタル庁システム」は右の権限「整備運用」にあるように、デジタル庁が一括して整備・運用をすることになっています。よって、当然左側のカネ「予算」は経費デジタル庁一括予算計上となっています。ヒトは真ん中の「人員」として整備・運用担当者を各府省からデジタル庁に振替えとしてあります。また、システムは「各府省が共通で利用する／各府省がシステム構築する上で基盤となる／他のシステムとの連携によりセキュリ

ティ面や業務効率性に効果がある（見込み含む）」の3種類で構成されます。なお、マイナンバー・マイナンバーカード・公的個人認証・電子署名といった個人ＩＤと認証制度及び法人番号・ＧビズＩＤという法人向けのＩＤや簡易認証制度は、各府省庁がシステム構築するうえで基盤となるため、デジタル庁に移管されます。

②層の「デジタル庁・各府省共同プロジェクト型システム」は、同様に右：権限はデジタル庁が整備、各府省が運用し、左：経費はデジタル庁が一括予算計上するが、整備分はデジタル庁が執行、運用分は各府省に移替えし、各府省が執行となっています。中：ヒトは整備分人員をデジタル庁に振り替えて、それ以外は必要に応じて各府省の担当者を併任させます。なお、このシステムは「デジタル庁の技術的知見や共通基盤を活かした整備を要する／各府省が共通で利用するシステム等のうち、制度所管府省が責任をもって固有事務と密接不可分に運用している／一定の規模（運用経費、開発経費等から総合的に判断）がある」の3種類で構成されます。

最後③層の「各府省システム」は、権限としてはデジタル庁による統括・監理の下に各府省が整備、運用し、是正が必要な場合デジタル庁が勧告を行い、予算は整備、運用に係る経費を各府省へ計上しますが、２０２２年度からデジタル庁一括計上とすることが今後の検討となっています。なお、毎年約８０００億円の国のシステム関連予算は、初年度の２０２１年度に関しては、約３０００億円をデジタル庁へ一括計上し、各府省へ配分される予定です。

なお、「はじめに」で紹介した対談で、大臣が「８０００億円もかかっているシステム予算のほとんどは、維持管理に使われています。その構造を変えてしまおうと思っています。そういう意味ではもの凄く抵抗される」と指摘をしていました。筆者がその構造のベンダー側にいたことがありますが、アーキテクチャ的「いびつ」になれば、第1章1・1で述べたように抵抗は続かず、さらに、デジタル庁のマネジメント力の発揮如何で変わっていくと考えられます。

このように、最後の③層の三層モデルのアプリソフト部分までもが、ヒトは各省庁の人員が整備・運用で働くが、デジタル庁が勧告権を持って統括・監理で口を出し、初年度以降はカネも財布も握り必要な分を渡す予定ということです。この点は同対談に続くインタビューで浅岡デジタル大臣室長が「ただし、デジタル改革関連法の中では、年金や雇用保険等の特別会計で取り扱うシステムは対象となりませんでした。来年にも法改正をして特別会計によるシステムもデジタル庁で管理・監督ができるようにしていきたいと思っています。」という方向を示されたことからも伺い知れます。

デジタル庁は、内閣直下の組織で首相が長官で、デジタル大臣がその元で運営し、副大臣・政務官各1名の他に「デジタル監」という内閣任免特別職を創設する、過去類を見ない特別な要員構成から、いわゆるガバナンス本気度(三〇)が伺えます。このような組織は東日本大震災後の「復興庁」のみで、デジタル敗戦の戦後「復興」への取り組みとも言えます。

ところで、各府省庁のＩＴ政策担当者は、行政の人事異動でほぼ2～3年で交代します。さらには、２０２０年経済財政白書によると日本の行政機関におけるＩＴ人材は全産業の0・5％を占めるのみで、アメリカの5％と比べ10分の1で圧倒的に人材不足です。図10で政府情報システムの構成要素を「ポリシー×アーキテクチャ×テクノロジー」がそろってはじめて稼働するとしました。よって、官側のＩＴ政策担当者にはこの3つを理解して、少ないＩＴ人材の専門性をうまく活用するプロジェクトマネジメント力が非常に重要です。その意味でも、人事異動から根本的に見直した中核人事育成が必須で、これは長期の仕事です。

三〇　デジタル庁ではガバナンスとマネジメントを別の用語で分けて使っていますが、本書ではドラッカー博士と同様にまとめて組織運営としてマネジメントとまとめています。

「はじめに」の冒頭で、コロナ対応における雇調金システムダウンの一件で、納期・内容・予算等を一目見て、その行き詰まりを予感したことを紹介しました。しかし、これは有事だから発生したのではなく、そもそも国側にシステムのプロジェクトマネジメントができる人材が決定的に足りず、目利き機能が機能していないためでした。ベンダーに丸投げすると、自ら要件定義・仕様決定・開発進捗管理・テスト確認等のマネジメントができる人材が育たず足りなくなります。それを防ぐためにも、デジタル庁の役割をまとめた図27一番下の「人材」で予定している、横断的に官民が「回転ドア方式」で往来し、異なる現場経験で育成することは極めて重要です。

2・4　マネジメント範囲が広大なデジタル庁

これまではデジタル庁の大変な苦労が想像される霞が関システムの大変革について説明しましたが、実はこれは氷山の一角です。図27は、政府資料から、多岐にわたるデジタル庁の役割を筆者がまとめた全体像のマトリックスですが、それは、図26は一番左上にある一番やりやすい仕事であることが分かります。

デジタル庁が及ぼす影響範囲は、横軸にあるように国や地方公共団体はもちろんのこと、医療・教育・防災という準公共部門や、さらに民間に及びます。第1章で取り上げた健保組合電子申請対応はまさに民間団体を準公共団体として法令解釈し取り扱う例でした。この件は筆者も10年以上政府に要望をして、彼らも相当苦労して民間から準公共団体へと左移動が実現しましたが、民間までの右に行けば行くほど、政府の影響力学が及ぶのは小さく・難しくなります。また、具体的な政策は縦軸にあるメニューが主ですが、成果が反映するには下に行くほど時間がかかり、「人材」は前述のＩＴ政策担当の中核人材育成のように長期です。[三一]

その上の「標準化」「ＩＤ化」は、第４章ＤＸで詳しく後述しますが、ここでは特徴的な点を紹介します。ＩＤ

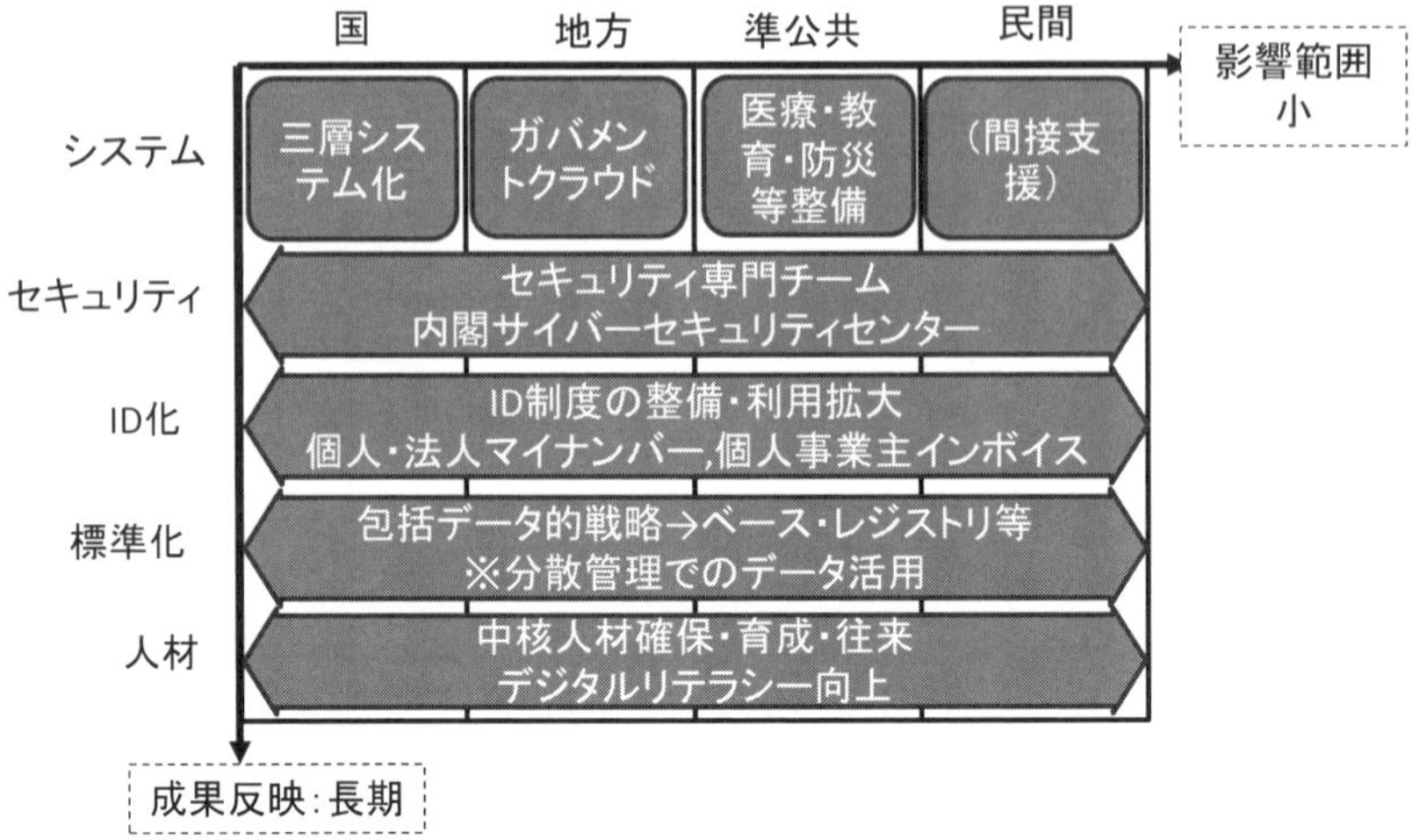

【図27】デジタル庁の「影響範囲×成果反映」役割マトリックス

整備として、２０２３年開始のインボイス制度で「法人番号と同じように使える、法人番号の体系で付番される番号が個人事業主にも付与されますので、必要であればこれを使用することができます」と、前述の浅岡デジタル大臣室長が同インタビューで答えられました。「個人ではあるが法人のようでもある」個人事業主という微妙な存在を識別するＩＤが、他制度の利活用により整備される可能性があります。また、２０２２年末までにマイナンバーカードをほぼ全国民が取得すると予定され、それによりデータの所有者の真正性が特定できる全国民規模のＩＤインフラが整う予定です。

さらには、ＩＤが整っても、その下のデータが「標準化」していなければデータの利活用ができません。後述するベース・レジストリをはじめデータの標準化はわが国の歴史的・文化的難題です。例えば日本には戸籍制度がありますが、戸籍には漢字しか存在しません。任意で読み仮名をふることができますが、筆者の読み仮名を「キムラタクヤ」としても、戸籍上照合するのは漢字なので、それで通ってしまいます。パスポートも同じ

三一　本書で指摘するように、デジタル化と数学は表裏一体なので、数学は中核人材必須の基礎教育となります。

で「Leonardo DiCaprio（レオナルド・ディカプリオ）」としたければできてしまいます（ただし一旦設定した変更は簡単にはできません）。また、「渡邊、渡邉、渡辺・・・」等の漢字は人間でも正確な識別は難しく、読み仮名という単純なデータ標準化からの整備が必要です（氏名の読み仮名を戸籍の記載事項とする戸籍法改正：２０２３年法案提出予定）。

なお、第1章1・2でSociety 5・0実現には「ｎ×ｎ×ｎ」のデータ流通が前提で、そのためにＩＤ化、項目の定義・整理及びリレーション作成が重要と指摘しました。つまり、ＩＤが整備され、データ標準化で項目の定義・整備がされると、ＩＤをキーにして紐づけすることで爆発的にデータが流通します。よって、心情的に抵抗が予想されますが、システム的にアーキテクチャとして観ると、マイナンバー法改正による利用範囲拡大は必須です。

また、その上にある「セキュリティ」の重要さは言うに及びませんが、システム整備と表裏一体で進めていくことになります。そして、一番上の「システム」ですが、その中でも左上の「国×システム」が、このようにたどるとデジタル庁の一番影響力があり成果反映も早い領域となります。これは「三層システム化」としているように、前述の霞が関の縦割りアーキテクチャ三層変革を意味します。しかし、これだけでも、今までにないような大仕事なので、デジタル庁の他の領域の困難さがわかります。

2・5　「2000個問題」と地方自治の独立

その隣の「地方×システム」がデジタル庁の次の大きな課題です。(三二) これは今回のコロナ禍における市町村での定

三二　そもそも論で、例えばですが、税ではe-taxとeLTAXで分かれていますが、「クラウド上で国（G）と地方（L）で分ける必要があるのか？」という根本的なアーキテクチャ視点の疑問が海外から指摘されています。

額給付金の給付や保健所との感染情報等の共有で問題になった地方公共団体システムのバラバラ開発等の問題が起因しています。

この「システム×地方」の領域として、今までは地方自治の独立を前提に各自治体でそれぞれ独自のシステムを開発してきましたが[三三]、自治体システム標準化法を制定して２０２５年度までを期限として国が定めた自治体システムのデータやアプリケーションの標準仕様へのシステムの移行を義務付ける予定です。また、システムを実際に運用するクラウド基盤として政府が用意する「Gov-Cloud」への移行を努力義務としていく予定です。現在はシステムが①市区町村、②都道府県、③全国システム、④全国電子申請サイトの4種類があり、ネットワークもＬＧＷＡＮ（総合行政ネットワーク）や個別専用ネットワーク（住基ネット、霞が関ＬＡＮ等）に分離しています。これを２０２５年全国システム（クラウドベース）にするという内容です。

ところでこの「標準化」という課題ですが、図27の縦軸にあるように、システム以上にデータの標準化は長期的な難題であります。ここにあるようにデータ利活用のために、アメリカやオランダ等の欧米諸国が行っている「ベース・レジストリ」という方法があります。わが国では、データ連携を阻む構造的な問題である、個人、法人（登記）、不動産（登記）等の情報は、国・自治体でバラバラに管理がされ、これに対して、データの標準化（データの様式を統一すること）やデータクレンジング（定められた様式にデータを変換すること）をする予定です。

そして、国・自治体のバラバラ度合いを象徴するのが「２０００個問題」といわれる、個人データの取扱いを定める個人情報保護法・条例がわが国にバラバラに２０００個存在するという驚きの実態です。

三三　憲法第92条「地方自治の本旨」を根拠として、総務省の「地方自治体における業務の標準化・効率化に関する研究会」などで推進すべしとしている「標準化」に、行政法解釈に異が唱えられ立ち止まっている問題等があります。

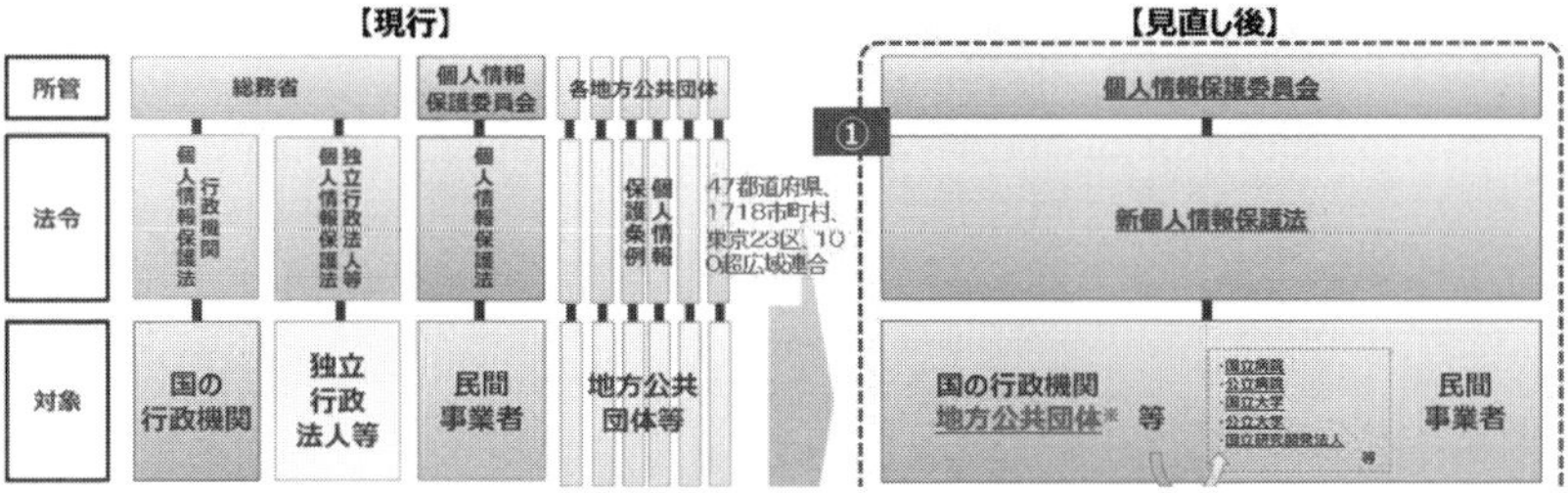

【図28】個人情報保護「2000個問題」の解決の新アーキテクチャ

図28は政府の個人情報保護制度見直しに関する最終報告（概要）の抜粋ですが、左「現行」の「対象」にある国・独立行政法人等・民間事業者・地方公共団体等に対し、その上に各々それぞれの「法令」として個人情報保護法・条例があります。地方だけでも47都道府県、１７１８市町村、東京23区、１００超広域連合等で約１９００存在し、その他も合計して２０００個問題といわれるルールが存在します。これが東日本大震災やコロナ禍対応で、自治体の現場で情報共有の足を大きく引っ張りました。今から思えば、あたり前ではありますが、右の「見直し後」のように１つの新個人情報保護法にまとめ、「所管」も個人情報保護委員会に一本化するアーキテクチャとなります。

以上のように図27のデジタル庁のマネジメント機能が果たす内容を役割マトリックスで確認しましたが、最後にデジタル庁活動の根拠法を確認します。

20年ぶりのＩＴ基本法改正（結果的には廃止）及びデジタル庁設置は図26で触れましたが、前述の自治体のシステム標準化や個人情報保護法改正等も含め、２０２１年度通常国会において、非常に大きな法律改正・制定である「デジタル改革関連法」が実現しました。

全体像が図29ですが、「デジタル社会形成基本法」ではデジタル社会形成の基本を法制化して「誰一人取り残さないデジタル化」等の理念によりデジタル化を進めるとしています。「ＩＴからデジタル」へ基本法が変わり、デジタルのベースは「データ」であるとして観ると、他の法令につながりやすいと考えます。なお、図

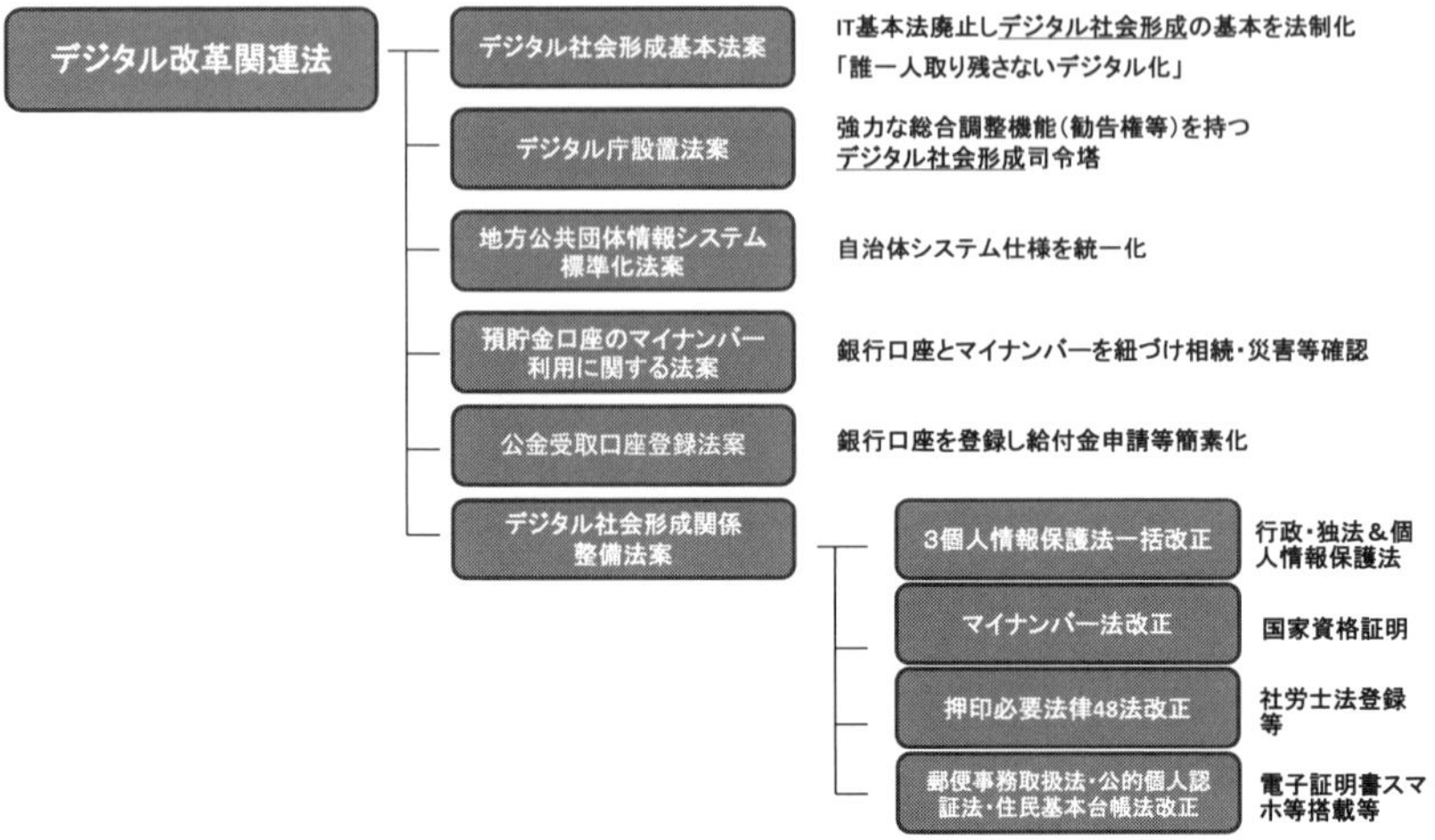

【図29】デジタル改革関連法：「ITからデジタルへ」

28で影響範囲を準公共団体や民間に及ぼすために、基本法として「事業者は、自ら積極的にデジタル社会の形成の推進に努め、国又は地方公共団体が実施する、デジタル社会の形成に関する施策に協力するよう努める」と、事業者の努力義務が規定されています。

　前述の大臣対談の中で、確かにそうだと思ったのは、図29の公金受取口座登録法成立により「困った人を助けるということが初めてできるようになりました。子育て世代で世帯収入が少ない方には児童扶養手当等の口座登録があれば、プッシュ型でお金を振り込むことができるようになったのです。誰が本当に困っているか、誰が子育てをしているかというデータを連携させてもらいます。」という画期的さです。その上の「預貯金口座のマイナンバー利用に関する法律」も併せて同様のプッシュ型給付等が広がるのですが、コロナの定額給付金が何もせずとも自分の口座にすぐに振り込まれるという、諸外国では当たり前のようにできていることがようやくわが国で可能となります。

　その他、マイナンバー法改正で利用拡大の洗例として国家資格のマイナンバーへの紐づけによる資格確認が２０２４年から開始されます。またスマホへのマイナンバーカード搭載の個別政策用法改正等がありますが、これらはマイナンバー関連として本書の最後で説明いたします。

この「〇〇改革関連法案、何十年ぶり法改正、整備法案一括改正」という同じような大幅な法律制定・改正がありました。まさしく２０１８年に成立した「働き方改革関連法」であり「70年ぶり労基法大幅改正」や「働き方改革関連整備法案一括改正」がありました。つまり、わが国が、国家をアーキテクチャとして見ると、②ＯＳ的中間機能である主要法律を大幅に入れ替えようとしてるのが「デジタル改革×働き方改革」関連法であり、「働き方」を設計する社労士がデジタル化対応をすることで、その中心的役割として、現場で先導する改革の担い手となります。

2・6　コロナ禍のテレワーク問題と生産性

これまでは、業務プロセスを変革して、それを回すために必要なマネジメントの意味合いを、年金機構と韓国の例で取り上げ、さらにデジタル庁のマネジメント機能紹介に繋げて解説しました。年金機構と韓国等でこれだけ効果が上がるのは、対象がホワイトカラー業務でデジタル化が生産性向上に繋がりやすかったのが主因です。公務員の仕事でも、消防、警察、福祉、保健衛生、治水などは、デジタル化による生産性向上効果はまだ限定的で、さらに国が働きかけるテレワークは、足元の彼らが自宅等でできる仕事は現状では限られます。

コロナ対策で課題となったテレワークですが、そもそも取り組めない、もしくは取り組んでも生産性が上がらない仕事がありますので、毎日のようにテレワークの相談を受けていた社労士としては、その議論が核心に迫らず大変残念に思っています。というのは、第3章ＣＸで解説しますが、テレワークこそが硬直化した社会・組織に遠心力と求心力を利かせ柔軟にする有効策で、これだけ全国的にテレワーク対応をした経験は貴重で、議論を深めて、今後に活かすべきだからです。

テレワーク（在宅）では、まさに日常の生活空間に仮想化が起き「リアル空間ｎ」×「Ｗｅｂ型ｎ×ｎ」のデータ流通で世界観が変わりつつあります。コロナ後において、新幹線や飛行機による移動需要が元に戻らないと考えられているのは、日常空間の仮想化体験で後述する「ヒト×移動」という生産モデルの必要性が問われ、この産業に対する世界観が変わっているからです。その他後述の採用面接など、多数リアル空間がＷｅｂ空間と結びついて「元に戻らない現象」が拡大すると考えられます。そして、その本質は、「ヒト×移動」しなくても「情報・データ×移動」すればよいことに気が付いたことです。詳しくは後述の３×３生産モデルを使って後述します。

テレワークは81頁で後述の「ヒト×移動」という業務プロセスを削減することによる、ＢＸ手法でもあります。そこで本章では、第一回緊急事態宣言によりわが国で初めて一斉に試みたテレワークに関して、生産性調査研究のシンクタンク公益財団法人日本生産性本部の調査結果[三四]を元に、テレワークの阻害要因と生産性の関係をモデル化して、「働き」自体の世界観を変える方法を検証します。

日本生産性本部発表のテレワークの実施率ですが、第１回緊急事態宣言発出直後の２０２０年５月調査時では31・５％、解除後の７月では20・２％と下がり、第２回目２０２１年１月８日発出直後２０２１年１月の調査では22・０％と若干増えています。

図30左の職種別での実施率の動きをみると、上からホワイトカラーの管理的な仕事が５月49・５％→７月35・２％→１月43・２％、専門的・技術的な仕事同51・９％→34・６％→36・３％及び事務的な仕事42・１％→

三四　２０２１年１月22日実施「第４回　働く人の意識調査」。対象は20歳以上のわが国の雇用者（就業者から自営業者、家族従業者等を除く）１１００名。その後の第５回・６回は職種別テレワーク実施率が削除されていたので、このデータが最新なため使用。

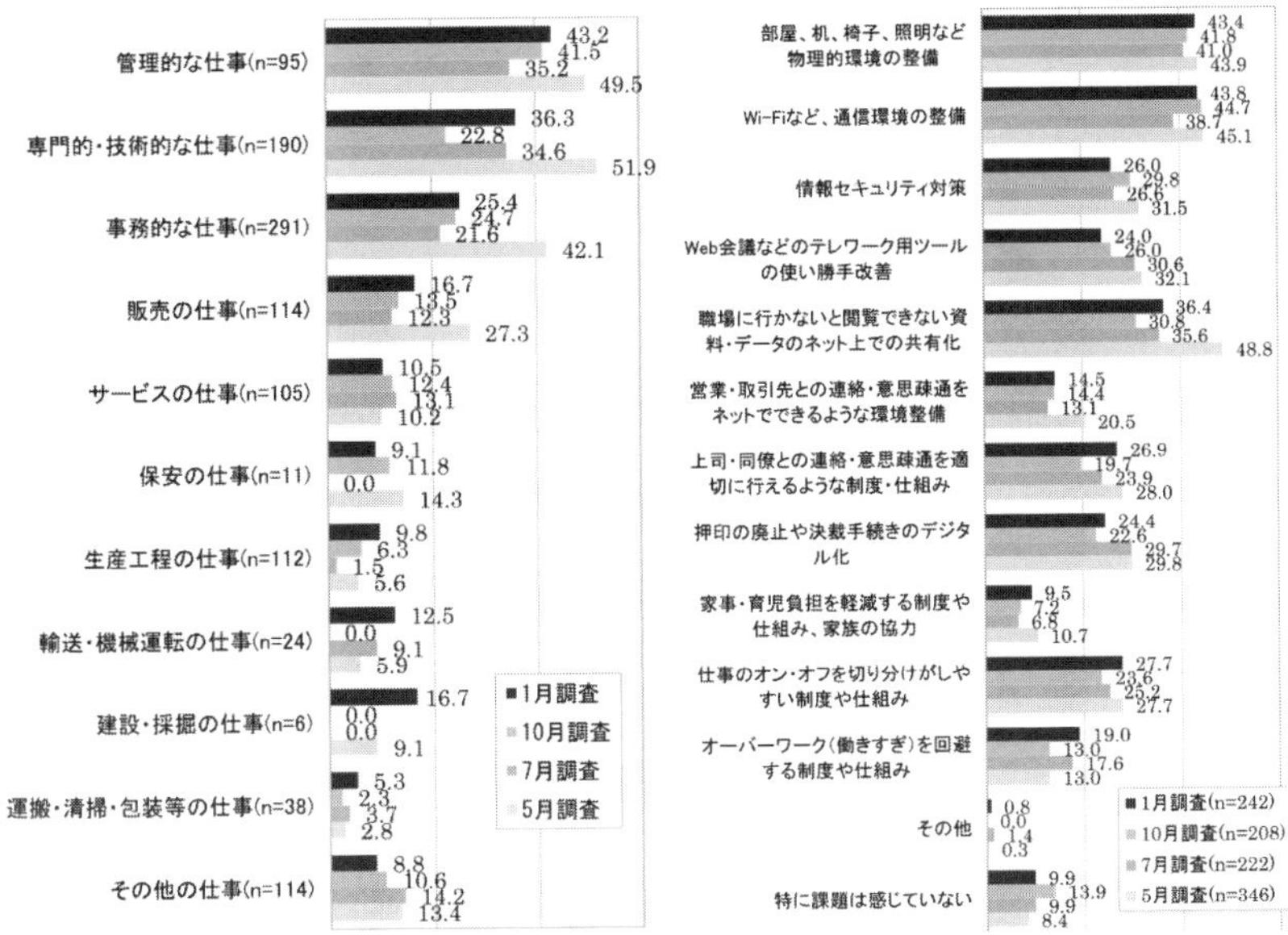

【図30】日本生産性本部職種別テレワーク実施率と課題

21・6％→25・4％となっています。これに対し、現場系の保安の仕事が5月14・3％から、建設・採掘の仕事が同9・1％から、共に7月ではゼロになって、翌年1月に保安は9・1％に戻り、10月もゼロの建設も16・7％となっています。初めての緊急事態宣言で先ずはやってはみたものの、保安や建設・採掘は現場での仕事なので、テレワークが難しく結局ゼロになって、その後第2回目緊急事態宣言を受け、できるところはやってみたと考えられます。

よく見ると5月に40％を超えていたホワイトカラーで管理や専門・技術的な仕事が、翌年1月に13％減及び30％減で、それほど減っていないのですが、事務的な仕事が7月にほぼ49％減と半減し、翌年1月も40％減のままで、それほど増えていないのは注目に値します。

右図のテレワーク実施の課題で一番上の「部屋、椅子、照明など物理的環境の整備」「Ｗi-Ｆiなど、通信環境の整備」は5月の43・9％・45・1％から43・4％・43・8％と同比1％・3％減しか改善していません。これは、個人生活が目的である自宅の物理的環境はなかなか変えにくいことと理解でき、納得感があります。しかし、7月時点で一番改善率が低かったのが、5月29・8％で7月29・7％と0・1ポイントと同0・3％減の「押印の廃止や決済手続のデジタル化」です。事務的な仕事は、その特性からテレワークになじみやすいので5月に42・1％と多くが挑戦してみたが、実際は「押印の廃止や決済手続のデジタル化」の業務プロセスはすぐには変えられず、7月に半減するように、出社の必要性があったということが考えられます。翌年1月に24・4％と18％改善されており、これは11月発表の行政手続き押印の廃止で99％の手続押印廃止された外的影響が大きく、内的な業務プロセスを根本に変革するまでたどりついていないことも考えられます。

13頁で説明したように労働社会保険のオンライン申請は、改善したもののまだ半分にも届かない状態です。紙による押印の問題をはじめ、アナログな事務の発生は、同じく日本生産性本部が毎年「先進国で一番労働生産性が低い」と発表している一因となっているので、DXとしてのテレワーク普及促進と労働生産性向上のためにさらに検証してみます。

2・7　50年間最低生産性アーキテクチャのモデル化

２０２０年12月、日本生産性本部が毎年恒例の「労働生産性の国際比較」の２０２０年版を発表しています。毎年恒例の「先進国で最下位・日本の労働生産性は低い」となっており、49年間連続です。時間あたり労働生産性は日本が47・9ドル、先進国で次に低いカナダは58・7ドルで、低いといっても日本の1・23倍あります。これから1年で23％と1／4倍近くの生産性を上げる、つまり、今年4人でしている仕事を来年3人でこなすのは至難の業なので、２０２１年はとうとう半世紀・50年連続となりそうです（編注：２０２１年12月の同発表においても同様

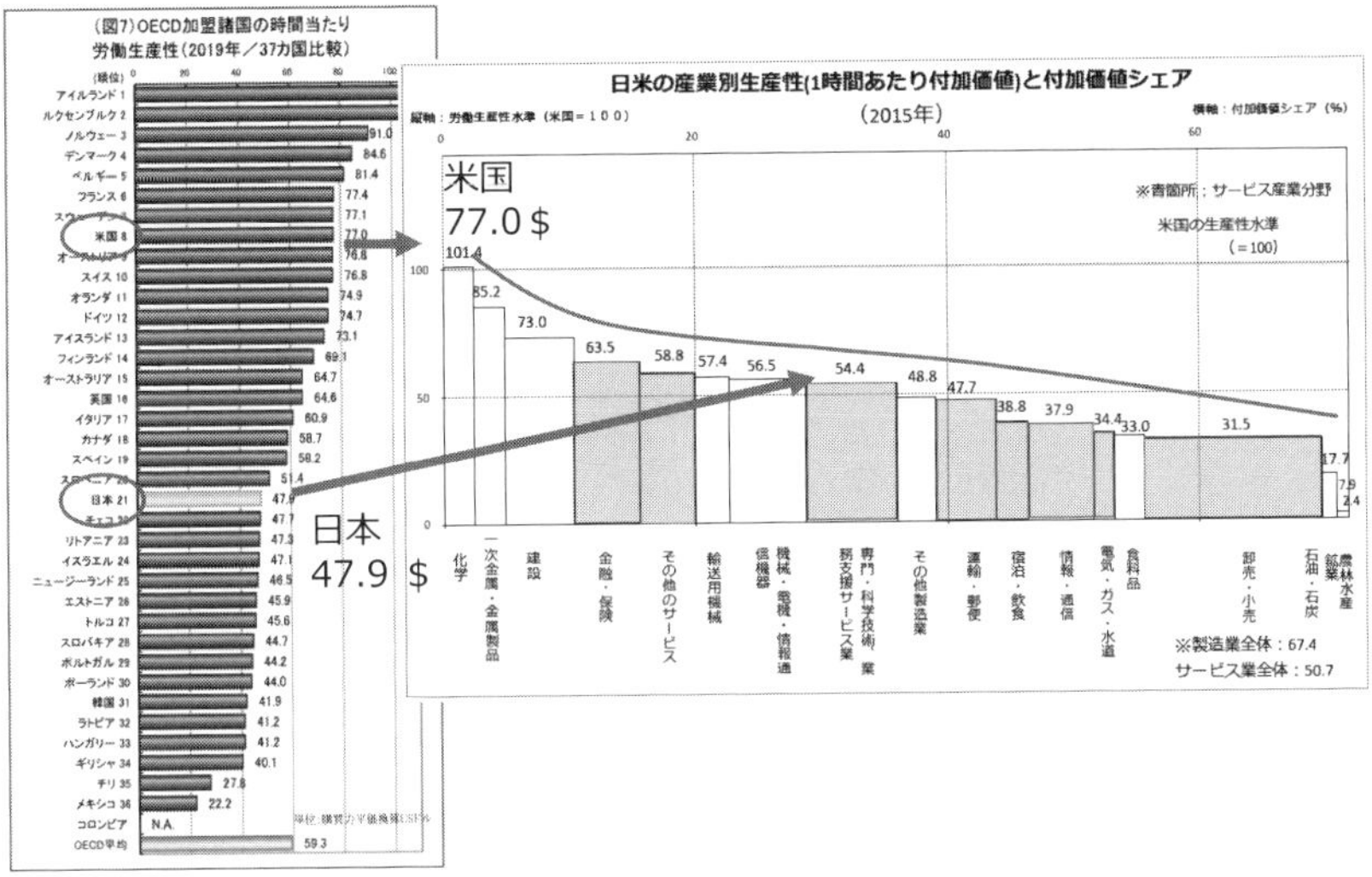

【図31】生産性国際比較及び産業別生産性比較　日本生産性本部資料より

の結果に。50年連続）。よって、ほぼ同じ50年の歴史を持つ、「労働」の専門家国家資格で、生産性の分母である労働時間等「働き方」の設計をしている社労士という立場（三五）で、この問題の本質をモデル化して結論づけていきます（三六）。

図31左図のように、日本の1時間あたりの労働生産性は、ＯＥＣＤ加盟36カ国中21位・先進７カ国中最下位となっています。特に先進７カ国中最高位の米国77・０ドル／時に対し62％と、アメリカの３分の２も付加価値を生んでいない状況です。つまり、日本人３人で働いても、アメリカ人２人分の付加価値も生んでいないという状況となります（と考えると何かおかしいように感じます）。

なお右図は、縦軸で米国を１００とした場合の各産業の生産性比較で、横軸は各産業が日本国内で全付加価値（≒ＧＤ

三五　社労士は現場での問題解決が仕事なので、大まかな検証であっても問題解決に繋がればそれで良しとするという立場です。よって、統計数字の使い方や組み立て方は専門調査機関等のものとはかなり異なる点をご了承ください。

三六　両図とも生産性本部による発表内容ですが、左図は２０１９年、右図は２０１５年のデータに基づく分析です。現在では２０１５年の産業別はさらに差が開いていると考えられます。

$$a(\text{労働生産性}) = \frac{Y(\text{生産量・付加価値})}{Xn(\text{労働者人数}) \times Xj(\text{労働時間：平均})}$$

P）に占める大きさを表しています。一番左の化学のみかろうじて101・4とアメリカの労働生産性を超えていますが、それ以外の産業はすべて下回っています。わが国で最大の付加価値シェアを占めている卸売・小売に至っては、31・5と約7割減の生産性です。そして、卸売・小売も含めたサービス産業は右図の網掛け部分で、全体の付加価値シェア7割を超えていますが、アメリカと比較してほとんどが5割以上低い生産性となっていま。よって、これらサービス産業が問題であり、サービス産業の労働生産性向上が最大の課題とされてきました。

ところが、実際のところ「日本の生産性を牽引する重要な役割を担っていた(三七)」製造業までが、化学を除いて100を切っている状況です。よって、本書では社労士として「産業別」という視点から離れて、労働生産性を「労働」視点の「労働者人数」と「労働時間」で構造化して検証してみます。なお、労働生産性とは「インプットに対してどれだけアウトプットを出したか」という数値（金額）で、簡単な数式で計算されます。

この式のように、労働生産性：aは「労働者人数：Xnと（1人あたり平均）労働時間：Xjというインプットをしてどれだけアウトプットの生産量：Yを出したか」という指数と表せます。

図31右側の産業別のGDP（付加価値）は分子であるY生産量（付加価値）で見た分析ですが、50年最低とされる労働生産性問題を少しでも解決するために、分母のXn労働者人数とXj労働時間で労

三七「また、重要な点として、幾つかの製造業（例：化学、一次金属・金属製品、輸送用機械、機械・電機・情報通信機器製造業）において、対米の労働生産性格差が10ポイントを超える水準で拡大していることが分かる。これらの業種の多くは、1997年時点における米国との生産性格差が最大でも10ポイント程度に留まっていた業種であり、日本全体の生産性をけん引する重要な役割を担っていた。」生産性本部2018レポート4頁より。

順位	職業	人数	割合	順位	職業	人数	割合
1	C 事務従事者	1,151	20%	21	40 接客・給仕職業従事者	159	3%
2	B 専門的・技術的職業従事者	942	16%	22	L 分類不能の職業	157	3%
3	25 一般事務従事者	789	14%	23	36 介護サービス職業従事者:訪問介護従事者等	157	3%
4	H 生産工程従事者	778	13%	24	A 管理的職業従事者	155	3%
5	D 販売従事者	741	13%	25	61 自動車運転従事者	149	3%
6	E サービス職業従事者	702	12%	26	19 教員	137	2%
7	32 商品販売従事者	409	7%	27	51 機械組立従事者	128	2%
8	K 運搬・清掃・包装等従事者	396	7%	28	02 法人・団体役員	120	2%
9	50 製品製造・加工処理従事者（金属製品を除く）	311	5%	29	49 製品製造・加工処理従事者（金属製品）	117	2%
10	34 営業職業従事者	291	5%	30	F 保安職業従事者	109	2%
11	12 保健医療従事者	280	5%	31	43 保安職業従事者	109	2%
12	J 建設・採掘従事者	257	4%	32	71 清掃従事者	108	2%
13	06 技術者	243	4%	33	16 社会福祉専門職業従事者	103	2%
14	G 農林漁業従事者	224	4%	34	73 その他の運搬・清掃・包装等従事者	100	2%
15	46 農業従事者	205	4%	35	55 機械整備・修理従事者	98	2%
16	65 建設・土木作業従事者	204	4%	36	38 生活衛生サービス職業従事者：理美容師等	81	1%
17	I 輸送・機械運転従事者	203	3%	37	28 営業・販売事務従事者	81	1%
18	39 飲食物調理従事者：調理人等	188	3%	38	24 その他の専門的職業従事者:個人教師等	79	1%
19	26 会計事務従事者	164	3%	39	59 生産関連・生産類似作業従事者	58	1%
20	70 運搬従事者	161	3%	40	42 その他のサービス職業従事者:旅行案内人等	56	1%

【図32】わが国の職業構造：人数上位40位までの職業（人数：万人）

働生産性を検証してみます。

2・8　職業別のXn：労働者数

Xn労働者人数を「職業別」に見ると、大変興味深い結果となります。

図32は、2015年国勢調査[三八]の15歳以上就業者数を、大分類（A管理的職業従事者からL分類不能の職業までの12分類）とその内訳である中分類（01管理的公務員から73その他の運搬・清掃・包装等従事者までの73分類）を分けずに人数が多い順に並べたものです。

日本で一番多い職業は大分類の「C事務従事者」、二番目は同じく大分類の「B専門的・技術的職業従事者」で三番目が中分類の「25一般事務従事者」であることがわかります。つまり、大分類12の職業の中で一番多いのが事務従事者であり、さらにその内訳の中分類である一般事務従事者が他の10の大分類より多い職業構造になっていることを意味します。わが国は「技術立国」を標榜しながら、圧倒的に多い

三八　5年ごと実施されている国勢調査が2020年9月から行われましたが、結果発表は約例年1年後なので、2021年10月以降となる予定です。よって、現時点では2015年のデータを使っています。

のが技術系でなく事務系の職業です。同様に「モノづくり大国」で現場改善が付加価値の源泉であるとされるわが国で、中分類の一般事務職が大分類「H生産工程従事者」を上回っています。つまり、主に事務所の中で一般的な事務をする人が、現場で直接生産活動をする人の全体の人数より多いということです。

ただし、事務職が多いのを批判している訳ではなく、多い理由が問題であると考えています。それこそが、わが国の労働生産性が低い1つの要因だと考えているからです。基本的に、事務という仕事の成果は、マクロで見ると直接消費の対象でなく、生産の効率化という補助的行為であるため、その割合が効率化の分岐点を超えると、生産量Yが変わらず、全体のａ生産性が低下します。

筆者の事務所でも当然ですが、日本人は事務作業を大変真面目にコツコツこなしています。それでもこれだけ大量の人が働いている理由の1つは、不要な事務仕事が大量に存在し、かつ自動化に課題があり人力が必要だからです。図24の年金機構のビフォーがその最たる例で、業務プロセス変革不足なためです。それと同等に問題なのは、前述の事務職のテレワークが半減した原因である「タテ」型組織維持のために押印を黙認する等組織マネジメントの問題により、不要な事務仕事が再生産されるからです。

ところで、数の面で見ると、中分類の一般事務職は789万人に上り、名古屋市を擁する愛知県の人口750万人を凌駕します。大分類の事務職全体では1151万人となり、愛知県と隣の岐阜県、三重県を合計した日本の製造業の中心である中京地区の人口1134万人を上回り、全就業人口の20％の5人に1人が事務職です。「技術立国」を支え直接的に高付加価値を生むであろう「06技術者」は13位の4％で事務職全体の5分の1にしか満たない状況です。

アメリカ職業別人口	人数	比率	年収:ドル	人数比	擬似GDP	GDP比	質量比	日本区分	日本	日米比
Management	7,091	5.1%	118,020	5.1%	837	12.0%	2.38	A 管理的職業従事者	3%	0.53
Business and Financial Operations	7,281	5.2%	75,070		547			B 専門的・技術的職業従事者		
Computer and Mathematical	4,165	3.0%	87,880		366			B 専門的・技術的職業従事者		
Architecture and Engineering	2,499	1.8%	84,300		211			B 専門的・技術的職業従事者		
Life, Physical, and Social Science	1,153	0.8%	72,930		84			B 専門的・技術的職業従事者		
Community and Social Service	2,019	1.4%	47,200	26.4%	95	38.1%	1.45	B 専門的・技術的職業従事者	16%	0.61
Legal	1,076	0.8%	105,980		114			B 専門的・技術的職業従事者		
Education, Training, and Library	8,636	6.2%	54,520		471			B 専門的・技術的職業従事者		
Arts, Design, Entertainment, Sports, and Media	1,903	1.4%	58,390		111			B 専門的・技術的職業従事者		
Healthcare Practitioners and Technical	8,319	5.9%	79,160		658			B 専門的・技術的職業従事者		
Office and Administrative Support	22,026	15.7%	37,260	15.7%	821	11.8%	0.75	C 事務従事者	20%	1.26
Sales and Related	14,537	10.4%	40,560	10.4%	590	8.5%	0.82	D 販売従事者	13%	1.22
Healthcare Support	4,043	2.9%	30,470		123			E サービス職業従事者		
Food Preparation and Serving Related	12,982	9.2%	23,850	19.2%	310	11.6%	0.60	E サービス職業従事者	12%	0.60
Installation, Maintenance, and Repair	5,457	3.9%	46,690		255			E サービス職業従事者		
Personal Care and Service	4,515	3.2%	26,510		120			E サービス職業従事者		
Protective Service	3,386	2.4%	45,810	2.4%	155	2.2%	0.92	F 保安職業従事者	2%	0.78
Farming, Fishing, and Forestry	464	0.3%	27,810	0.3%	13	0.2%	0.56	G 農林漁業従事者	4%	11.68
Production	9,106	6.5%	37,190	6.5%	339	4.9%	0.75	H 生産工程従事者	13%	2.06
Transportation and Material Moving	9,732	6.9%	36,070	6.9%	351	5.0%	0.73	I 輸送・機械運転従事者	3%	0.50
Construction and Extraction	5,585	4.0%	48,900	4.0%	273	3.9%	0.99	J 建設・採掘従事者	4%	1.11
Building and Grounds Cleaning and Maintenance	4,426	3.2%	28,010	3.2%	124	1.8%	0.56	K 運搬・清掃・包装等従事者	7%	2.16
Total	140,400	100.0%	49,618	100.0%	6,966	100.0%	1.00			

出典：米国 2016 OES Estimates　Bureau of Labor Statistics, Department of Labor

【図33】日米生産性比較資料：職業分類別人数及び付加価値比較

2・9　日米職業別Ｘｎ労働者数の比較

ここで、日米の労働生産性比較に戻ります。「職業別」に比較すると更に興味深い状況がわかります。

図33は、筆者がアメリカ労働省の職業分類別の人数と平均給与のデータを加工し、さらに、日本の職業大分類に紐付けたものです[三九]。

前述の通り日本の時間あたり労働生産性は対米比較で62％ですが、年平均労働時間（２０１５年）は日本１７１９時間でアメリカ１７８６時間に対し96％とほぼ同じです。よって、労働生産性ａが約40％近く低いとは、労働生産性分母のＸｊ労働時間がほぼ同じであれば、労働生産性分母のＸｎ労働者人数が多いか、Ｙ生産量（付加価値）が低いということです。現在、労働力不足が深刻なわが国でＸｎ全労働者人数多いとは考えられず、となると単純にＹ生産量が低いことになります。するとその原因が、製造業以外の低い「産業」に偏ってＹが少ないだけではなく、

三九　「日本区分」欄にある「Ａ管理的職業」にアメリカで入っている役員が入らない、もしくはアメリカの専門職に事務職的要素が多少なりとも入っている可能性など、アメリカの職業区分内容との差異はありますが、大まかな日米比較論を展開するには十分な情報と考えます。

Yへの直接生産ではなく補助的行為をする「職業」へ偏っているからと図33での日米比較でも推測されます。

なお、図33の職業分類の「GDP比」は、各職業の擬似付加価値（職業GDP）が占める全擬似付加価値（全職業GDP）に占める割合です。ここで職業GDPとは、各職業の平均年収に人数を掛けた総報酬としています。それぞれの職業が生み出す生産量・付加価値の比較を、それぞれの賃金の総額の比較により導くことは、大まかな検証では妥当であろうという考えによります。

職業分類でBusiness and Financial OperationsからHealthcare Practitioners and Technicalまでが日本のB：専門的・技術的職業とほぼ同じ内容ですが、職業GDP比で38・1％と4割近くを占め、第1位の付加価値を生み出しています。また「価値比」とは当該職種の付加価値の大きさを全職業平均1・0と比較する倍率で、職業GDP割合を人数割合で割った数（つまり年収比）です。アメリカの専門的・技術的職業は全職種平均に対して1・45倍付加価値の高さを示し、26・4％と一番多くの人が働いていることを意味しています[四〇]。

これに対して、日本の専門的・技術的職業の人数割合は16％で、アメリカの人数割合26・4％に対して0・61倍で生産性比率0・62倍とほぼ同じ低さです。日米比較でも「技術立国」と標榜しながら専門的・技術的職業割合が非常に低く、それにより全体の生産性低下が起きていることが推測されます。

ますます人手不足が深刻である介護や医療等を含むサービス職の就業割合はアメリカ19・2％に対し日本は12％

四〇　この結論の出し方はアメリカの全平均に対しての比較なので、他国と比較しなければ意味がありません。年収≒付加価値という前提での議論なので、表右側の日本区分「年収」専門的・技術的職業は544万円で、アメリカ区分「年収$」が71716ドルなので、1ドル＝110円で計算して1・45倍になります。日米の全職業平均比較が1・31倍なためこの職業に人数が多いことが全体の付加価値向上と結論づけて良いと考えます。なお、労働時間が同じであれば付加価値の仮置きである年収は、日米全体平均で1・5倍（1÷0・66）の年収倍率となるべきですが、現場での問題解決レベルの仮説とデータ借用という大まかな検証では問題のない範囲と考えます。

で0・60倍と同様に4割低い割合です。「超高齢化社会」で深刻な人手不足といわれていますが、そもそもアメリカよりもサービス産業自体の従事者が4割も少ない状況です。サービスに対する相当な対価が払われないから給与が安く労働者数が少なくなると、この原因を逆にYの生産（付加価値）に求める指摘がよくあります。ただし、年収比でアメリカのサービス職の給与は平均と比較すると60％程度で、日本では83％となり、日本のほうが高くなっていますので[四二]、一概にそうは言いきれません（逆に、わが国は全般的に、専門技術的職業も含めて、職業別の所得格差が少ないことがわかります）。

今回のコロナ禍で、事務的な仕事が、テレワークできず事務所へ出社する必要がある理由の1つが押印問題でした。今後、行政手続は押印廃止の方向が加速しますが、本質的には「紙へ押印」が問題で、そもそも紙がなくなれば押印の問題は解決します。よって、電子決済等の社会全体でのデジタル変革が益々必要ですが、実際につくる側である専門的技術的職業類のＩＴ従事者は全体の1・5％しかおらず圧倒的な人員不足です。

ところで、第1章1・1で説明したようにデジタル化の本質は「0か1」のパターン化で、ＩＴ化とはそれにより自動化することです。そして「定型」的な情報処理業務をしている事務従事者の方は、細かい作業も対応できることも併せて、パターン化対応の素地があります。さらに、ＰＣの操作を日頃難なくこなしているので、ＰＣ操作から踏み込んである程度の情報技術的な能力を習得することにより、自動化対応の担い手になれます。

この「ある程度」が重要で、正規化等の思考法も併せて第4章ＤＸで後述しますが「ノーコード・ＲＰＡ」とい

四一　最低賃金を上げた場合に分子Yの付加価値が上がるので日本の全労働生産性が上がるという考えもあります。海外比較すると日本のサービス業の品質の高さと、価格とのアンバランスを痛感します。横並び市場原理の効きすぎの終止符として、最低賃金を上げ、結果的に価格を上げることは、国際競争力的な観点で妥当と考えます。そのためにデフレ対策財政支出で中小企業への対応も重要です。

う「パターン化ツール」を使ったりすることで、この事務従事者をツールのオペレーターだけではなくソフト作成もする「準ＩＴ従事者」に無理のない範疇で育成できると考えています。

ところで、サービス業の中で現在人手不足の象徴である介護職従事者の有効求人倍率はコロナ禍でも３・88倍です。厚労省は「２０２５年に向けた介護人材にかかる需給推計」を発表し、その中で「超高齢化社会」ピーク時の２０２５年には38万人の介護職従事者が不足するとしています。デジタル化による職業構造の変革の影響により、飽和状態の事務従事者のわずか20人に１人の５％が「事務→現場」への変化が起きるだけでも、58万人の人材が発生し、介護人材不足分35万人を20万人も上回ることになります。前述の準ＩＴ従事者は「事務→半事務」の範疇での移動でやりやすいですが、「事務→現場」は実際には難しい面が多々あります。よって、現場仕事がキツイ・キタナイ・キケンの３Ｋから少しでも改善されるように、デジタル化・自動化の補助技術が必要で、「モノ×リアル」が強い日本産業の強みを活かすべく、デジタル庁が図27「システム・人材×準公共」で厚労省を先導をする等役割発揮が期待されます。

2・10　X-j労働時間「3×3生産モデル」での傾向把握

ここまでは、わが国のテレワークが進まない理由と、それに関連する労働生産性が低くなる構造を、数式とモデルを使って説明し、事務的業務のＢＸの必要性を確認しました。続いて、テレワークと労働生産性を改善する方法を、同様に数式とモデルを使って検証し変革の進め方を確認していきます。

ところで、生産性の計算式ａ＝Ｙ／ＸでＹはアウトプット、Ｘはインプットと説明しました。ということは、ＩＰＯＤモデルの数式「Ｏ＝Ｉ×Ｐ×Ｄ」を変形した、Ｏ／Ｉ＝Ｐ×Ｄと同じことになります。すなわち生産性ａと

ＤＸｊ＝従来型労働時間Ｘｊ－（稼働代替時間↑＋移動減少時間↑）

はＰとＤの乗ということになります。よって、業務プロセス：Ｐとその基盤となるデータ：Ｄを高める働き方により生産性は向上することになります。

なお、第1章1・11で、「働く（働き）」とは「存在を介すことで何かしらの価値を提供する」ことで、その存在は人間か機械によると定義しました。よって、働く存在が人間の場合に労働時間Ｘ・ｊが発生し、デジタル化等により機械化した場合は、労働時間は発生せず「稼働時間」となり、労働時間Ｘ・ｊがその相当分減少します。これを稼働代替時間とします。また、テレワークの最大の利点としては「移動時間」なしで生産ができることで、移動相当時間分の労働時間Ｘ・ｊが減ります。これを「移動減少時間」とします。つまり、このようにDX効果による労働時間Ｘ・ｊをＤＸ・ｊとして上記のように計算します。

しかし、無理やり機械の稼働代替時間を上げ、テレワークによる移動減少時間を増やすと生産量（付加価値）Ｙが下がる職種もあります。つまり本来のDXとはＹを↑高めＸ（Ｘｎ×ＤＸ・ｊ）を↓下げ生産性ａを↑上げるデジタル変革に他なりません。ＩＰＯＤモデルでは、すなわちＩを減らしてＰとＤを高める働き方を再設計することになります。

そこで、「働く」ことを、働く存在を介して「生産対象」に対しての「生産方法」による価値提供と再定義し、図34左図のように対象と方法をマトリックス化し、価値生産を分解し検証します。その後事例により機械代替時間と移動削減時間を増加する方法を深耕します。なお、生産対象の「情報・データ」のデータに対する働きを右図「情報処理：ＩＰＯＤモデル」として切り出して説明します。

図34で左図「３×３生産モデル」は、働きを「生産対象（何を）」は「ヒト」「モノ」「情報・データ（カネ）」の３つの対象に、さらに「生産方法（どう）」は「変化」「変形」「移動」の３つの方法に分類しています。つまり「何を・どう」生産するかを表すマトリックスです。また、実際の働きは組み合わ

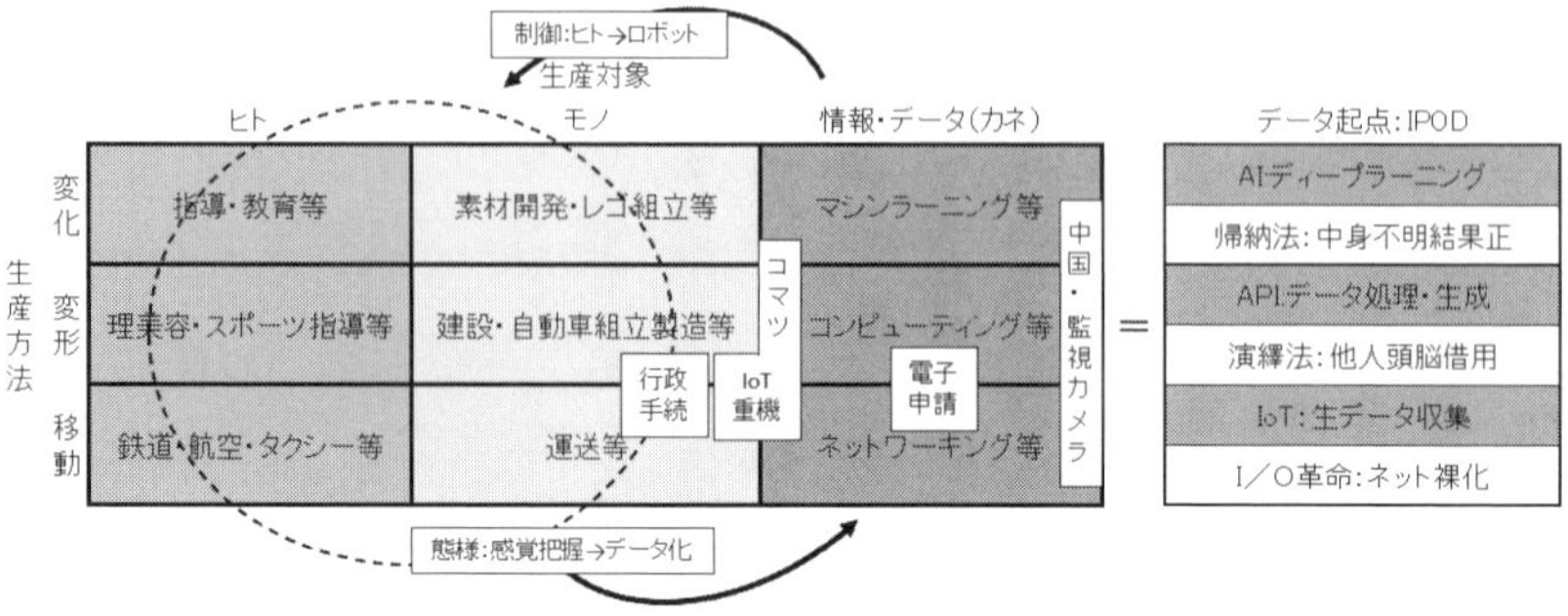

【図34】 3×3生産モデルと対応データ処理：IPOD

せが多いですが、必ずどこかに存在するというモデルです。結果、「左×上」方向に行けば行くほどＡＩ・ロボット等での機械代替が難しいという傾向分析ができます。

横軸を左から見ると、生産対象の「ヒト」は、人間に対して「変化・変形・移動」の３つの生産方法で「働く」ことを意味します。それにより最終消費者である人間に直接的に価値を提供します。中央の「モノ」は人間以外の物理的存在に対して、３つの生産方法による当該モノを介して間接的に、人間に価値を提供します。右の「情報・データ」は物理的に存在しないもの、もしくは存在しても電気信号等で表現される極めて質量の僅少なものに対し、同様な間接的価値提供をします。

次に縦軸ですが、生産方法で下段の「移動」とは生産対象自体は変わらず、存在する場所が変わることを意味します。中段と上段は生産対象物自体を変えることで、変える方法と結果により便宜的に変形・変化と区分しています。中段の「変形」は組立・加工等により外形が変わること、上段の「変化」は融合・伝播等により、中身自体が変わり新しく生まれる等を意味します。[四二]

図34左図「生産対象×生産方法」の各マスに事例を示しています。左からヒ

四二　このモデルはマトリックスであることに意味があり、定義の厳密性より、度合いによる分析の納得性を重視している点にご注意ください。

トを例にとると、その変形である「ヒト×変化」の指導の働きは、詳しく後述しますが部下を指導して、動機づけをしたり（心の変化）、能力を高めたりします（技の変化）。なお、ある程度手法はあっても、相手の性格、状況、タイミング等に変化のさせ方により結果も変わり、マニュアル化が難しい仕事です。

それに対して「ヒト×変形」の例で、理美容は髪の毛を切ったり、顔をきれいにしたりします。マニュアル等があり、その通りに行えば、個体別対応の微妙な難しさは別として結果はほぼ同じです。直接人間の体から髪の毛を切り取ったり、マッサージをしたり等ヒトに対する変形行為により、美・快適さという価値を提供します。ただし、提供価値に満足するかは「心×変化」と心を変化させる働きによります。

「ヒト×移動」は鉄道・航空のように人を安全に移動する生産です。前述の通りコロナ後は需要が戻らない可能性がありますが、その場合はテレワーク等により「情報・データ×移動」でヒトが動かずとも、情報・データをデジタル伝送することで価値代替ができている可能性を意味します。なお、ヒトが対象で高速移動の場合は生命・身体に影響が大きいので、自動運転等の自動化は慎重に行われ投資も大きくなるので、モノや情報・データの移動よりも機械代替は起きにくいです。

同様に、真ん中の「モノ」の「モノ×変化」の例で素材開発での働きは、違う原料を融合する等で新たな素材を作ることです。研究開発等の試行錯誤で、こうすればこうなるというやり方がない世界での生産です。また「モノ×変形」は例示の建設や自動車組製造等のように生産方法が基本決まっています。つまり、他の対象物も含め、変化と変形を分けている意味は、マニュアル化対応や機械代替性の高低度合い表しています。また、「モノ×移動」はモノ自体の変化がなく、場所が変わる生産で、ヒトの移動と比較すると安全性や快適性の提供という意味で、移動環境にもよりますが機械代替しやすい生産です。

また、右の「情報・データ（カネ）[四三]」では、第1章のＩＰＯＤで説明したＩｏＴ、ＡＰＩ及びＡＩが当てはまり、それぞれ移動のネットワーキング、変形のコンピューティング及び変化のディープラーニングの各事例の説明をその右隣にしています。後述のコマツ重機のように、ＩｏＴはリアルなモノの生データを移動することにより、建設現場が裸化されます。また、ＡＰＩは情報・データを四則演算等の演繹法で変形する、他人が作ったロジックを拝借して、活用することです。ＡＩは、結果はあっているが中身はなぜこうなるかが分からない（昨今説明可能型ＡＩが本課題解決を模索していますが）データによる帰納法での変化です。

なお、このように整理をすると右下「情報×移動」は物量のない存在自体は何も変えず、場所を変えるだけなので価値が低いように考えられますが、「機密情報を引き出す」移動となると全く意味が変わり、非常に高度な働きとなります。これは信頼構築や駆け引き等による「ヒト×変化」の働きの結果、情報が移動する組合せによります。また、情報でもカネの情報・データが簡単に移動すると価値の移動が簡単に行えるので、セキュリティや約束事等で簡単にできなくなっています。

このようにＩＰＯＤの労働生産性に影響するＰとＤで、Ｐはこれら３×３生産を意味し、後述しますがＤはＰを行うためのノウハウやデータ等を意味します。このように分解していくと、ＰとＤを高めるＤＸの解が見えてきます。

四三　経営資源の３要素、いわゆる「ヒト・モノ・カネ」で、「カネ」の実態は貨幣価値という数値情報・データなので、モデルとしては「情報・データ」に含めることが合理的という整理です。

①　稼働代替時間＝用紙転記＋会社印押印＋ファイリング＋（役所へ移動）＋受付待ち＋提出＋受理印待ち＋受領確認＋（会社へ移動）＋社内確認＋書類保管
②　移動減少時間＝出勤往復時間＋役所往復時間
③　ＤＸｊ＝従来型労働時間Ｘｊ－（①↑↑＋②↑）

２・11　事務従事者のテレワーク効果検証

図34の中下・右下の説明用例示、「行政手続」「電子申請」により以下検証を続けます。「行政手続」が「モノ×変形・移動」にあるのは、手続上必要な計算結果や情報を「モノ」である届出用紙に対して書き込む等「変形」をして、持参や郵送等「移動」で申請をすることを意味します。これに対し右側の「情報×変形・移動」にある「電子申請」はデジタル情報をプログラムの四則演算等の演繹法で加工（コンピューティング）する「変形」行為と、その結果をインターネットで送信（ネットワーキング）申請する「移動」行為で終了します。

行政手続で役所に届出していた仕事をＡＰＩ対応クラウドソフトによる在宅テレワークに変える場合の効果は上記の式のようになり時間削減効果大です。

①はＡＰＩ効果で、送信形式も自動で整え提出でき（用紙転記↓会社員押印↓ファイリング↓受付待ち↓提出）、提出後も自動で保管まででき（受理印待ち↓受領確認↓社内確認↓書類保管）時間が削減されます。よって提出まで↑及び提出後の↑で２本の削減効果があると③ＤＸｊで表現しています。

②は在宅テレワークによる通勤時間の移動削減効果はあるのですが、通勤時間は労働時間ではないのでここにはなく、役所への届出行為はモノの移動を役所へ社員が持参し、終了後会社へ帰社する役所往復の移動時間が発生するので、③ＤＸｊのようにその削減効果があります。

なお戻って、第1章図5の一括送信方式ですと、提出時はほぼ同様な効果がありますが、結果受理後では社内整理等の多くで人力が必要です。ＡＰＩは30頁で説明したように、そこを自己プログラムで直接データ共有できるため自動化され多くの人力が削減されます。この点は**DX**で詳細説明しますが、事務の業務プロセス変革として「モノ→情報・データ化→機械化→ＡＰＩ対応」の順番です。つまり、先ずモノ（紙等）を情報・データに置き換え、次に機械処理して、最後ＡＰＩ対応でデータベース共有するという順番です。技術的にＡＰＩ対応ができない場合は、データベースへの人力処理を極力ＲＰＡでロボット化して削減します。ここで重要なことはホワイトカラーの仕事は実に情報・データの「移動」に費やす時間が多いという事実です。

例えば、前述の上司への報告・決済という社内確認からその後の書類保存をするまでは、変形・変化することはなく、移動だけです。これをＡＰＩ対応クラウドソフトで処理すると、処理状況を各自画面上で確認・承認後、処理結果の公文書・データ等がデータベースで保存され代替されます。ただでさえ、米国ＩＤＣ社調査[四四]でホワイトカラーは年間23％が情報の検索に使われると言いますが、検索自体は情報・データの移動行為です。ただ場所を変えるだけなので、それ自体で付加価値は生みません。つまり、ＩＰＯＤ活動でＤであるデータ保存をＡＰＩにより自動化して、キーにより検索しやすくすることで、移動行為全体が減っていきます。そのような整理が実にされておらず、わが国のホワイトカラーの生産性が低い一因です。

ただし、①の受領確認という行為は情報×移動・変形で価値のある働きです。つまり、行政情報を受領（行政からの移動）して内容を確認（四則演算で内容が「合致：＝」かどうか、つまり±０変形）することで、行政行為の

四四　２００６ White paper "The Hidden Costs of Information Work" より。週９・５時間、年間６万ドル中１・４万ドルの給与分が情報の検索に使われているとされています。

効果（例えば社会保険の受給権）が確定します。つまり、情報・データ×移動で権利・価値が発生する場合（カネを含め）に付加価値：Ｙが発生します。[四五]逆に、移動により付加価値Ｙがマイナスとなる場合、例えば個人情報漏洩の場合は生産性が大きく低下します。よって、当たり前ですがDX推進には安全な情報・データ（カネ）の移動による付加価値の影響判断と対策が重要になってきます。

また、情報・データの加工・編集等において、今後は演繹法による加工等変形はどんどんプログラム自動処理されていきます。よって、人間はその演繹のメンテナンスと帰納法等による変化が働きの価値になっていきます。事務従事者が演繹のメンテとしてＡＰＩソフトの更新・設定管理等を行い、もしくはＲＰＡ・ノーコードにより人力を自動化する等の情報・データ×変化をする準ＩＴ従事者になることです。つまり、ＩＰＯＤでプロセスＰ「モノ↓情報・データ化↓機械化↓ＡＰＩ対応」を行い、能力：Ｄ「テレワーク＋演繹メンテ＋セキュリティ意識向上＋ＲＰＡ・ノーコード対応」が可能となることで、③ＤＸｊ：Ｉを削減し、付加価値：Ｏを増加して、生産性をより高めるDX効果が発揮されます。

2・12　テレワーク議論をモデル化して「働き」深める

図31の日本生産性本部の調査で、保安や建設・採掘の仕事は２０２０年7月にテレワーク実施率がゼロになったのに対して、管理的な仕事や専門的・技術的な仕事の実施率はあまり減っていないと紹介しました。これを３×３

四五　なお、事務従事者が情報・データ×移動する場合に、接した相手の心が和む等ヒト×変化での価値を発生させる、後述のＣＸ的効果は無視できません。

仕事	例	生産場所	生産対象	生産方法	5月	7月	減少
保安	警備員	警備現場	情報	移動・変形・（変化）	14.3%	0.0%	-
	警察官	不特定（管内）	情報・ヒト	移動・変形・変化			
建設・採掘	土木作業員	建設現場	土地	移動・変形	9.1%	0.0%	-
	鉱物採掘者	採掘現場	鉱物	移動・変形			
管理的	マネージャー	オフィス・各現場	ヒト	変化	49.5%	35.2%	-29%
	マネージャー	オフィス・各現場	情報	移動・変形・変化			
専門的・技術的	社労士有資格主任	オフィス・各現場	ヒト	変化	51.9%	34.6%	-33%
	社労士有資格主任	オフィス・各現場	情報	移動・変形・変化			
事務的	社会保険手続係員	オフィス・行政	ヒト	変形→移動	42.1%	21.6%	-49%
	社会保険手続係員	オフィス・行政	情報	変形→移動			
	給与計算係員	オフィス	情報	変形→移動			

【図35】生産の「場所×対象×方法」

モデルに「場所」という視点をプラスして、ヒト・モノ対象のコロナ後のテレワークを掘り下げていきたいと思います。

「テレワーク」の「テレ」は「離れて」という意味で在宅に限らず、今までの生産現場から離れることです。よって、「生産場所（どこ）」「生産対象（何を）」「生産方法（どう）」という3つの観点で、「テレ」し「ワーク」すると生産性aが上下する構造を、前述した事務従事者以外の職種で検証します。

保安の仕事で、例えば警備員は、夜間のビルなどの「生産場所：警備現場」で、くまなく警備対象の状態を確認して、その入手した「生産対象：情報」を判断して必要な対応、例えば警備記録を書いたり、必要に応じて関係者に連絡したりと、情報×変形します。対応マニュアルがあると思いますが、マニュアルにない状況の場合（例えば夜間のビルで突然全室明かりがついた等）は、総合的判断して情報×変化する必要があります。「テレ」で現場から離れると、くまなく警備対象の情報を確認して必要な情報を入手できず、I：入力ができません。よって、テレワークは厳しく、7月にゼロになっていると整理ができます。逆にいえば、デジタル化によりリモートで十分な情報がI：入力できれば、PODも比較的テレできる職種です。

次に、警察官は治安・秩序維持に必要であれば管内至るところの不特定な現場で、情報を収集し判断し決断をします（変形・変化）。必要に応じてヒトを移動させたり、拘束したりします。よって、「テレ」すると、情報に対しては現場が不特定な故に警備員以上にI：入力ができません。さらに、ヒトに対する移動・変形ができなくなりますので、IPOD全般に影響があります。

また、土木作業員は建設現場で、モノである土砂や建造物等を移動・変形しますので、テレするとモノ自体がないのでIPODの何もできません。鉱物採掘者も全く同じです。ただし、これらは警備員と同じで、リモート操作で生産物（モノ）に対して生産方法（移動・変形）が担保できIPODができれば仕事がこなせ、日本では後述するコマツなどがIoT重機によるリモートで対応しています。その気配が、一旦ゼロになったものの翌年1月には建設16・7％保安9・1％のリモートワークに現れていると考えられます。保安及び建設・採掘における4つの事例では、生産対象に「ヒト」がある警察官以外はデジタル化等による機械化・テレワーク対応が考えられます。

特に保安の警備員・警察官の「情報」の監視という働きのIPOD活動は大きく変わろうとしています。是非はありますが、技術的転換として、街中に監視カメラを張り巡らして十分なI：入力を獲得している中国では、膨大な顔・車認証データ：Dを蓄積して、Pの部分でAIによるディープラーニングによる画像認識で個人特定し、さまざまな出力：Oに使っています。筆者が2010年に上海に事務所を開設した当時、何度も車に轢かれそうになった交通マナーのひどさは、現在は気持ちの悪い静けさで秩序維持されているのには本当に驚きます。これは、まさに、街中でカメラとAIによりI×P：監視され、信号を少しでも無視すると、即刻ペナルティというO：出力がされ、さらに膨大な個人データがD：たまるという、IPOD活動がシステムとして厳密に稼働しているからです。

2・13 コマツのＡＢＣＤＸ挑戦

ここで、日本生産性本部の3事例目として「モノ・データ×移動・変形・変化」による「建設×現場」変革事例を紹介します。コマツのＩｏＴ重機は5Ｇを使ってリモートで遠隔操作していますが、ドローンを使った画像認識を多用しています。つまり、図34左図の右中にあるように、「モノ（土砂・重機等）」を自動で「移動・変形」させるために「データ」を「移動（ネットワーキング）・変形（プログラムによるコンピューティング）・変化（ディープラーニング）等」で制御します（上矢印）。さらに、ドローンで建設現場の状況を撮影してその態様を把握（下矢印）して、そのデータをさらに「移動・変形・変化」して、当該制御に再利用します。

ところでコマツのＩｏＴ重機は「スマートコンストラクション」という2015年に開始したソリューションの一環で、オープンプラットフォーム「KomConnect」を中心としています。このプラットフォームは第1章1・2で日本が強いとした「現場×現物」での「ｎ×ｎ（Ｗｅｂサイバー）×ｎ（リアル空間×モノ）」というアーキテクチャの見本です。その結果、2020年10月に日本生産性本部の「第3回日本サービス大賞」において、内閣総理大臣賞を受賞しました。以下3点が評価されたとのことです。

つまり、「世界に類を見ない日本発のサービスを提供し、土木建設工事の業態を根本から革新」、「業界全体のDXの底上げを図り、労働力不足に対応」、「日本発の建設現場プラットフォームとしての普及」の3つの期待からの受賞ということです。世界市場シェア2位で世界的に影響力を発揮できる体力があるコマツ社の戦略は、次頁下枠のＡＢＣＤ視点で整理すると、わが国発DX事例としてのゲームチェンジが起きる可能性があります。

① 何日もかかっていた測量が、ドローンによる測量では高精度な3次元測量をたったの1日で可能（納期短縮）
② 高精度な3次元データで正確な施工計画の作成が可能に、また施工中もリアルタイムで進捗管理（ＰＤＣＡマネジメント）
③ 予測困難な事態を現場監督の経験を人工知能が学習することで最適な対処方法を共有（危機管理対応）
④ 数々のセンサー情報で「熟練の技」を数値化し若者に伝承、若い技術者、女性技術者のお手本共有（技術伝承）
⑤ 建設工事の景色が変わり会社を継ぎたい若者がどんどん出てくる（後継者対策）

【図36】スマートコンストラクション：第1回政府未来投資会議資料

AXとしてKomConnectを中心とする「n×n×n」アーキテクチャを構築し、**BX**では「ドローン測量↓施行地形3Dモデル化↓モデルと実際の施工の自動照合↓正確な進捗管理等」という業務プロセスとPDCAマネジメントを作り上げ、**CX**では「ダントツ」という祖業の泥臭さとわかりやすいキャッチコピーを中心とした革新的な取組を組織文化で浸透させ、**DX**ではデータをプラットフォームの中心として集約し、遠隔操作と自動化でその強みを発揮し効果を上げデータとプラットフォームの世界標準化の可能性を高める。

コマツのプラットフォームが素晴らしいのは、今まで人間が現地で計測して工事施工前に施工平面図面（2次元）を書いていたのを、ドローンによる空中撮影で画像をディープラーニングで解析して、3次元の施行立体図面を作り上げることによる効果です。これにより、実際の施工はIoT重機等による遠隔やAIによる自動運転も取り入れ、その上で、実際の施工の現場の状況をリアルタイムに把握して、立体図面との差を分析し、修正を図り、進捗を管理するということが可能になっています。

つまり、測量→図面化→施工計画→実際の施工→現場状況目視確認→進捗確認→修正→完成検査という、「ヒト」が行っていた働きが機械で自動化できています。それにより機械の稼働代替時間や人間の移動削減時間が増加↑するとDXjが減少↓するために、同社が目指す「人がいない現場」につながり②の労働力不足に対応につながっている点です。これは、業界のXn労働者人数不足↓という量への対策です。なお、言うまでもありませんが、Y付加価値自体は当然↑なので、まさに現場×モノ・ヒト×DXの見本です。

さらには、「ヒト」が行っていたときよりも、図36の①納期短縮、②PDCAマネジメント対応、③危機管理対応、④技術伝承、⑤後継者対策という質的なメリットがあるとのことで、この質的転換が進めば、前述①「土木建設工事の業態を根本から革新」する業界・トランスフォーメーションにつながります。

2・14　ヒトの心技体の変化

次に図35残りの2職種のうち中段の管理的職業のテレワークでの働きをDX検証します。事例のマネージャーで、上段の「ヒト」のマネジメントという働きは、「ヒト×変化」を前述のように「心・技・体」の3点でします。「心×変化」はいわゆるモチベーションや動機付け・安心感をあたえ、「技×変化」は教育指導により専門性や基礎能力を高めます。技法でいえば、コーチングとティーチングなどを行います。なお「体×変化」はマネージャーで期

変化	P	I	O	D（象徴的例示）
技（頭）	考えさせる	視覚聴覚情報	考え磨かれた技	ワーキングメモリ、備忘曲線記憶
心	感じさせる（五感）	見える視覚情報	感じた心	上司の背中
		聞こえる聴覚情報		人前で発した心無い非難
		匂うもの		記憶想起
		触れるもの		場の空気感、椅子等の作業環境
		味わえるもの		同じ釜の飯

【図37】心技のIPOD生産活動

待されているとしたら、スポーツ選手やレスキュー隊等の管理的職業で、特殊なので割愛します。

また、下段の「情報・データ」で「移動・変形・変化」すべてを行い、それで「ヒト」を「変化」させ動かすことにも使います。事例のような人事マネージャーであれば、労働市場動向や労働法令の最新情報、自社の労働分配率等の各種経営労務データを入手し、集計分析・比較検討等をして、人事グループの課題、取組みを明確にして部下に働きかけ、グループの活動に活かします。なお、この「情報・データ×移動・変形・変化」は他の職種とまとめて後述します。

このように「ヒト×変化」は「心・技」に対しての働きですが、技（頭）は「考える」ことにより、心は「感じる」ことでＩＰＯＤ生産が起きると図37のように整理します。ヒトの変化において記憶：Ｄの役割が実は非常に大きいです。

図37の上段「技（頭）×変化」では、部下に対して、言葉や身振り手振り、資料を使いながら、指導教育して、頭で考え：Ｐさせて、仕事をこなせるようにするとします。この場合、部下に入力：Ｉされるのは、目から視覚でとらえられるテキスト・静止画や動画や、同じく耳から聴覚でとらえる音声等の視聴覚情報（データ含む。以下同じ）です。結果：Ｏとして部下は自分の頭で考えた自身の「技」が磨かれる「変化」が起きます。そしてＤ：データ保存としての記憶こそが、技が磨かれる源泉であることを以下説明いたします。

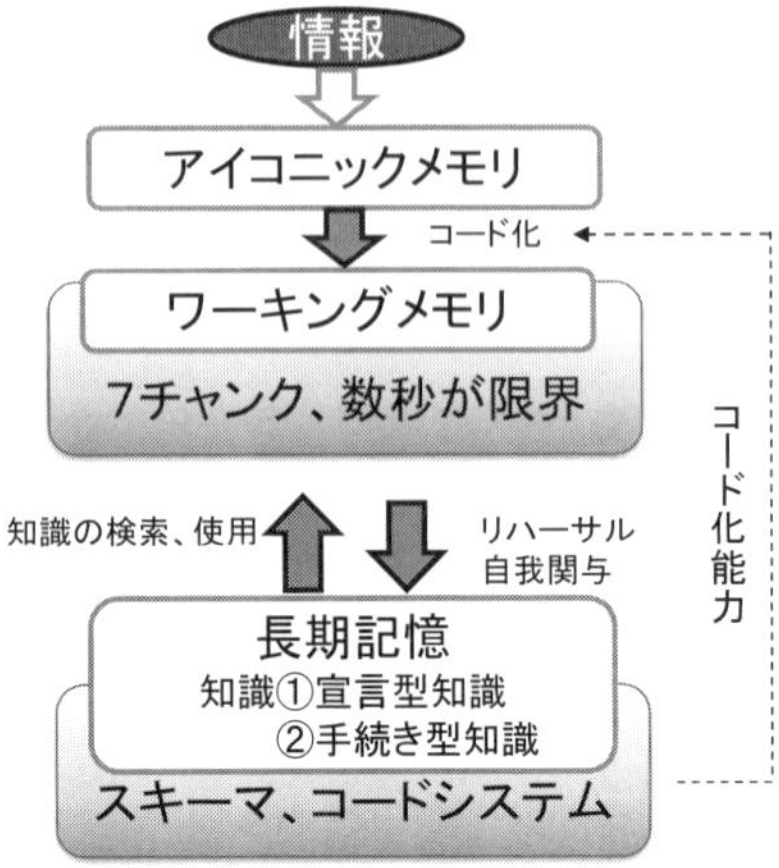

【図38】記憶の構造：『上達の法則』岡本浩一著より抜粋

2・15 能力開発とIPOD活動

本書では、この技（頭）の変化の度合は、図38の認知心理学でいう「アイコニックメモリ・ワーキングメモリ・長期記憶」で情報が保存（D＝データ保存）される段階で評価できるという考え方を借用します。図38は、社会心理学者岡本浩一氏の著書『上達の法則』（PHP新書、2002年）からの引用ですが、岡本氏は何事においても上級者と中級者以下に決定的な違いがあり、それは「認知構造の変容」の有無によるとしています。そして、この認知構造の変容において、IPODのDを記憶として当てはめると、人間の能力開発をモデル化して説明ができます。

岡本氏は、上級者は、ある日ものの見方が突然変わるという経験をし、今まで見慣れていたものが突然新しい意味を持ち、今まで見過ごしていたものがよく見えるようになるなどと指摘し、その変容の段階を図38のように構造化しています。これを「技（頭）×変化」である能力開発構造にて説明します。

岡本氏は、上級者の特徴として、上級者ほど細部を記憶し・細部にこだわり、他者・自己を正しく評価でき、「ながら仕事・上手な例え話・瞬間暗算」などができ、「一芸に秀でる者は多芸に通ず」を体現し、故に心に余裕があるとしています。筆者も何人か、いつも心に余裕があり、物事を的確にとらえ、ちょっとしたことでもよく覚えている方にお会いすると、その都度感心し、またお会いしたくなります。そして、そのような方々が、この認知構造の変容経験によるという岡本氏の結論に、直感的にも、また構造モデルから理論的にも納得感があります。

その結論は、「人間の能力の根源は記憶である」となります。一流のミュージシャンやアスリートのみならず、一流のビジネスマンや政治家・官僚でも、手に届きそうもない、その優秀さの原点が記憶にあるとすると、凡人でもやり方次第で、ある程度能力を開発できる糸口がありそうな気になります。そして、その記憶は図38のように3構造からなり、その記憶時間が、数ミリ秒→数秒→長期の、その保存・検索能力の違いが能力の違いと整理できるのでわかりやすいです。つまり、コンピュータの「CPUキャッシュメモリ→メインメモリ→ハードディスク」とほぼ同じ以下①～③の仕組みです。

> ①　人間が見聞きした情報は「アイコニックメモリ：感覚記憶」に入り、数ミリ秒しか記憶できない上に、新しい情報が次から次へ入って来るためすぐ消える。
> ②　①の情報をすぐに揮発させないためには容量7チャンク程度で記憶時間数秒の「ワーキングメモリ：作業記憶」に移行する必要がある。例えば電話しようとして覚える電話番号が7チャンクぐらいの容量で、一旦ワーキングメモリに入れても数秒で揮発するので、人間は忘れないように口頭で繰り返す。これらの行為を「リハーサル」という。
> ③　安定的に長期に渡って貯蔵される人間の記憶が「長期記憶」と呼ばれ、自分の名前・誕生日や算数の九九などがそれに当たる。ワーキングメモリでリハーサルを繰り返されたものが長期記録に移行する。

ということです。なお、さらに①～③の仕組みの上で、上級者に見られる特徴として、以下④～⑦があるとしています。

④　長期記録に宣言型知識と手続型知識を豊富に効率よく形成し、かつ効率よく検索でき、容量制限があるワーキングメモリに余裕があるように少ないチャンク数で出力されるようになっている。
⑤　技能において、言語化しにくい、例えば、ごみ箱にごみを投げる、ラケットにスピンをかける等は手続型知識として記憶されている。これをワーキングメモリに7チャンクで通過させるため、上級者は言語に準じた形式でその人の思考中表現するコード化する能力が高く、さらにコード体系をコードシステムとして多く持っている。
⑥　⑤のコード化能力に、動作の調整能力や五感の感覚が付与したものがスキーマ（知覚・認知・思考が一定の方式でできている状態）。ゴミをゴミ箱に投げるときに、紙屑の重さ、空気抵抗の有無、屑籠への距離などがコードとして処理され、コードシステムにかけられる。それらのコードが過去に紙屑を投げた経験の記憶を思い起こさせ、さらにそれがスキーマを通じて投げる動作や投げる強さの判断を生み出す。上達にはスキーマの形成が不可欠で、コードとコードシステムの構築がされている。
⑦　上級者は技能経験を手続型知識として記録するための準言語的なコードと、それらコードの相互関係を記録するための体系を豊富に持つため、経験が効率よく蓄積される。また、上級者の記憶事象の量が多いのは、記憶のためのコードがたくさんあり、多くの事象が小容量で記憶できるからである。

このように、人間が能力を開発して「できる人」になるために認知心理学における「記憶」の働きが非常に重要であることがわかります。よって、心技体の技を頭（記憶機能：D）と本書で取り扱います。なお、岡本氏が事例として「縦列駐車」による空間認知能力を取り上げ、これがスキーマの典型例としています。つまり、運転は手足等の「体」を使いますが、技としては「頭」脳の記憶により差が出るということです。

本書で提示するデジタル化での「働きモデル」であるIPOD活動は、コンピュータのデータ・情報処理モデルを元にしています。そして、D部分が単に「記録」としての「働きモデル」のデータを表すだけでなく、「記憶」としてのスキーマやコードも表すことにより、その能力を磨く源泉として、さらなるDの重要性を表すことになり

変化	P	I	O	D（自転車）
技（頭）	考えさせる	視覚聴覚情報	真似した技	自転車の乗り方の見本
心	感じさせる（五感）	目に映ったもの	感じた心・体	父のひたすら付き合う姿
		耳に入ってきたもの		「大丈夫だ、もう少し」という励まし
		匂うもの		公園の芝のにおい
		触れるもの		体を支える父の大きな手
		味わえるもの		倒れた時に口に入った砂の味

【図39】自転車スキーマの形成

ます。

岡本氏は上達するための10の方法を提示していて、「反復練習」「大量の暗期暗誦」「マラソン的な鍛錬」など、大雑把にまとめると上達に欠かせない「量の質転換」する方法が指摘されています。例えでわかりやすいと筆者が考えるのは、自転車が乗れるようになることです。何度も何度もやり直しした結果、その練習の量を積み重ねあるところまで来ると、「乗れない↓乗れる」という質転換の瞬間が到来した経験を、多くの方がお持ちだと思います。

なお、わが子もそうでしたが、自転車に乗れるようになるまで、ひたすら付き合って、そして「大丈夫、もう少しだ」と転んだ自転車を一緒に立て直しながら励まして、子供もそれを信じ、少しずつ感触を掴み練習をし続けました。そして最後には、フラフラしながらも転ばずにそのまま走り続ける瞬間が訪れ、子供が遠くまで1人で走る姿を見て、大げさにいえば子供の成長を見る経験と喜びを感じました。前述の上司による部下指導も同じで、このように「心技体」で変化を起こさせる必要があります。子供の場合は心と体での変化がさらに技向上効果があります。

つまり図39のように、自転車の乗り方の見本を言葉や身振り手振りの視覚聴覚情報をI：入力するだけでは、P：考えさせようとしても、結果：Oは見よう見まねした技で終わります。そこで、より重要なのが心と体を五感で刺激を受けて感じることです。父親の日が暮れるまでひたすら付き合う姿（視覚）や「大丈夫だ、もう少しだ」という語り掛け（聴覚）、さらに手をとり、体を支える父親の大きな手の感触（触覚）が、安心感や動機づけという「心」を変化させます。さらに公園の芝のにおいをかぐ（臭覚）と今日も頑張ろうという気持ちになり，倒れた時に口に入った砂の味（味覚）が記憶に刻まれ，悔しさを増すなど「心」を変化させます。また，同時に姿勢を直させ反復で筋力をつけさせるなど「体」の変化も成功の後押しになります。

技を磨くためには量の質転換行動が必要なので，理論的に頭（技）で必要性を理解するだけでなく，感情的に心からの行動欲求刺激が重要です。岡本氏は「その技能に対する愛着が深まり，情熱が強くなってくる結果，役に立つか立たないかわからぬというような打算なしに，覚えたいという気持ちが発生してくるのが自然」と，「ヒト：感情（心）×変化」が上達に必要としています。

特に，幼少期には，コード化やコードシステム及びスキーマなどの形成はまだ浅いものが多いと思うので，頭で考えさせるよりも，心からの行動欲求刺激で心・体で覚えさせ・感じさせ何度も反復できるようにすることが，自転車の運転のような基礎的なスキーマの形成に早道であると考えられます。

なお，見方を変えると，この「量の質転換」はまさにＡＩに大量のＤ：データを学ばせることに通じます。つまり，体験によりに，適切な大量のデータを記憶させその特徴を掴んでいくディープラーニングと同じことが起こり，上達につながってきます。

ただし，単に大量のＤ：データを学ばせるだけでは意味がありません。例えば受験勉強で大量のＤ：データを学ぶ中で，図38下部の長期記憶の①宣言型知識ばかりためるだけではなく，大量のＤ：データを蓄積するため，素早く検索できるようにする，いわゆる受験のコツを習得することを通じて，他にも流用できるコードシステム構築能力につなげることが重要です。

そして，能力開発の大原則ですが，大量のＤを学ぶべきタイミングがあります。自転車はその例でもありますが，幼少で乗れないと，大人になって乗るのに非常に苦労します。音楽家の絶対音感も４～５歳まで大量反復することで習得されているのも同様です。親のような立場で、教える側であるマネージャーの「技×変化」の働きでは、Ｄを構築するタイミングが重要です。

2・16　テレワークの情報×移動・変形・変化

以上図35のマネージャーの働き「ヒト×変化」中の能力開発「技×変化」において、「認知構造の変容」のＩＰＯＤモデルでＤの働きと重要さを確認しました。自転車スキーマで解説したように、リアルでの現場指導は五感がフル活用されＤの働きが活性化し「技・心×変化」を起こしやすいです。

ただし、リモートでも視覚・聴覚情報を適宜・適量にリアルと組み合わせで提供することで、「技・心×変化」もある程度可能であると考えます。よって、視覚・聴覚情報を含めて、この章の最後に、マネージャーのもう１つの働きである「情報・データ×移動・変形・変化」を検証し、同時に図35の残り最後の専門的職業のテレワークの検証をします。

結論としては、リモートとリアルの組み合わせ方で、この2職種は確実に生産性が上がると考えています。以下、生産性を上げるためのポイントを、この間社労士として幾多のご相談を受け、かつ、自らの経験も含めてご説明します。

なお、検証のために、縦軸「リモート比率」と横軸「質的信頼×形式的密度＝関係性」で整理したマトリックスモデル図40を使います。横軸の質的信頼は説明不要と思いますが、形式的密度とは会社と社員の労働契約や、国家資格者で守秘義務を負う社労士との顧問契約などの契約関係では高くなり、新規開拓の顧客やセミナーの参加者などとの関係では低くなるといった、形式的な関係を表しています。つまり、質的だけでなく形式的な関係性の強弱

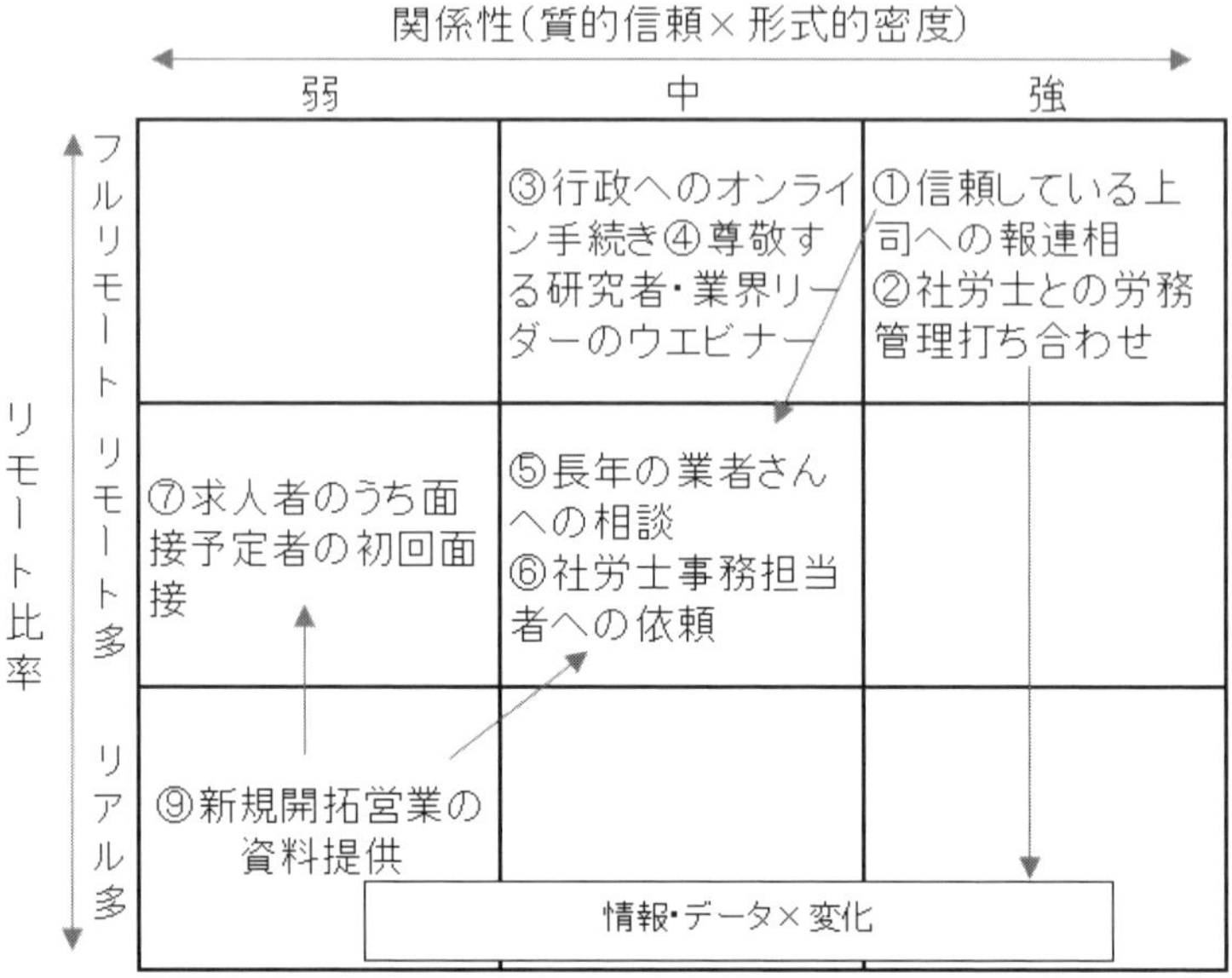

【図40】関係性×テレワーク：情報・データの働きマトリックス

により、テレワークのやり方が変わるという分析です。

まずは、右上「関係性：強×リモート比率：フルリモート」にある「①信頼している上司への報連相」ですが、信頼関係があり、かつ雇用契約上の上下関係なので、横軸は「質的高信頼×形式的高密度＝関係性：強」となります。よって、フルリモートも可能な関係で、部下からの報連相の中で「情報・データ×移動」はリアル対面よりも時間がかからず、やり方を問わず生産性が高いです。また報連相で「情報・データ×変形」とは説明・確認等が必要なやりとりを意味し、画面共有のビデオ会議等で対応することでフルリモートでの生産性は高くなります。ただし、「情報・データ×変化」の場合には②で後述するように、縦軸は図40一番下のリアル多でなければ難しいと考えます。

なお、信頼関係がまだ低い部下とは「低信頼×高密度＝関係性：中」となり、図の①から矢印のように左下の真ん中「中×リモート多」の領域に移ります。雇用関係の形式的高密度なので、「(第1章1・9でいう生の事実である）データ×移動」は義務的にある程度されますが、「(本人に意味のある事実である）情報×移動」は質量ともに十分に精査が必要です。よって、ズーム等のオンラインで部下のしぐさ・表情・服装等の情報を確認するために視覚情報・音声情報を収集し、必要に応じリアル対面・観察により他人との話し方・机の上の整理状況・室内での行動等を、適宜確認を織り交ぜる縦軸「リモート多」が有効です。

なお、テレワークの一種である在宅勤務の場合、手法として音声だけの常時オンライン接続をお薦めしています。画像はオフにして必要な時だけ画像や資料を画面共有するというやり方です。常時画面接続は、自宅によるプライバシー露出懸念や精神的なプレッシャーもあり、お互いやりにくい面がありますが、音声だけであれば、データ量が少ないので、通信環境の影響も受けにくく、つなぎっぱなしのライブ感があるので、隣の席にいるように声掛けがしやすく安心感もあり、冗談も言え、良い距離感ができます（弊社ではさらに進化した画面つけっぱなし・音声必要時オンを行っています)。

右上の②で図35の残りの専門的職業として社労士との労務管理打ち合わせを例に考えます。特に情報・データ×変形が多い場合は、経験上、オンラインでの打ち合わせのほうが、リアル対面よりも生産性がかなり高い場合が多いです。例えば、どちらかが訪問する対面では、一方が必要な情報・データを収集しにくい状況がありますが、オンラインであれば、互いが通常の生産現場にいて必要な情報・データが収集しやすいです。弊社では全社員が24インチディスプレイを2～3台使っているのですが、自席でのオンラインでは1つの画面で動画会話をして、他で資料検索・表示・作成をするなどで、その都度必要な情報・データを画面に共有して、相手と確認をしています。このようなオンラインによる「情報・データ×変形」は、特に専門的職業の職場のように専門資料・データを大量に所蔵している場合に有効です。さらに、海外とのやり取りでは自動翻訳を別画面で使えるので効果的です。

ただし①で前述したように「情報・データ×変化」は、素晴らしいアイディアや創造的なモデルを構築するなど相手とのライブ感により「同期」することが重要なので、オンラインでは生産性に限界があります。情報・データ×変形は大量の資料・データにアクセスできると、その組み合わせにより生産可能ですが、情報・データ×変化はいくら大量のデータ・資料があっても、当事者間の連鎖反応が起きる、ライブ感のある同期状態が重要です。

この同期のためには、自由に発言ができる雰囲気と関係構築が必要です。元リクルート社フェローで教育改革実践家の藤原和博氏は、ブレインストーミングで人の頭をすぐつなげて、アイディアを出すために、最初に偉そうな人が正解っぽいことを言うと皆だまるので、最初に馬鹿なことを言うことが重要としています。よって、このような雰囲気や関係構築がしやすいリアルの場の機能・役割は大変重要です（後述のCXで触れます）。

これはすべての領域の関係性に共通なため、図40のように、一番下に「情報・データ×変化」としてあります。特につながる人数が多いと、後述の「空気感がつかめ」がないためリアル多の割合が必要になります。

中央上「フルリモート×関係性中」で③行政は公的機関なので、質的信頼は普通で、形式的密度は法的な義務関係次第ですが、全体的に中ぐらいの関係性です。④尊敬する研究者・業界リーダーのウェビナーも質的信頼は尊敬しているのでとても高く、形式的密度は遠巻きに見る程度で低く、関係性は中ぐらいです。ここではフルリモートのオンラインでも、情報・データ×移動・変形であれば生産性に問題はないと考えられます。

真ん中の⑤長年の（付き合いのある）業者さんへの相談は、高い信頼関係がありますが、逆に形式的には売買契約関係なので経済的合理性に左右される可能性があり、必ずしも強いわけではなく、ここでは関係性は中としています。営業活動として考えると、この関係ではテレワークの組み合わせで非常に相性がよく、先述したように移動時間が減るので営業件数が増えて総商談時間が増え生産性が上がりやすいです。

その左隣の「リモート多×関係性弱」では、ウェブによる初回採用面接が考えらます。初回申込時の形式的密度は求人応募への申込みという関係だけなので低く、ただし、応募者の中から、面接しようとする興味はあるが、

（質的）信頼はまだ高くないです。よって関係性はどちらかというと弱になります。コロナ禍で弊社も含め多くの企業で行われましたが、ウェブ面接は、やり方によりますが次の対面での面接精度を上げて、かつ時間・経費の削減となり双方の利益につながると思います。

というのは、応募資料だけでは判断がつかない場合、あえて対面での移動（特に遠方）時間・場所の手配・面接環境準備等に時間を使ってまで面接の必要がないという判断をし、面接を見送ることが多々あります。しかし、ウェブ面接では、これら設定のハードルが下がるため、少しの手間で、送付資料ではわからない聴覚情報により、声質、しゃべり方、言葉遣い、間の感じなどがわかり、また、視覚情報で表情や服装の雰囲気等がある程度わかります。よって、情報・データ×移動の量が応募資料だけと比べると圧倒的に違うのと、質問で確認できる等で取得情報×変形（変化）でき、ウェブ初回面接は非常に有効と考えています。

なお、面接が2回目以降に進めば、（質的）信頼が高くなっていくので、そのままオンラインでも面接が可能という判断もあると思います。この場合は、そもそもオンライン面接でどんな視覚聴覚情報を移動・変形・変化させ、最終判断に導くかの再定義が重要となります。なお、経団連調査[四六]によるとコロナ禍の新卒採用で、ウェブ面接は1次面接のみ実施は7・1％、最終面接除いて実施が17・3％で最終面接まで行ったのが63・8％でした。結果、対面と変わらないは27・4％、対面よりも評価が難しいとしたのは62・7％で、対面の割合と評価の難易度の相関性が垣間見えます。コロナ後の（新卒）採用は、企業文化等によりますが、初回はウェブ前提、2回目以降は状況により、最終は対面というやり方が標準的になると考えられます。

最後に左下「リアル多×関係性弱」の典型は⑨新規開拓営業です。質的信頼はほとんどゼロで、形式的密度は当

四六　2021年度入社対象 新卒採用活動に関するアンケート結果。回収企業数442社（回答率30・5％）

然ゼロなので、関係性はほぼゼロに近い「弱」なため、リアル多でなければ仕事の達成は難しいです。しかし、新規開拓でも資料提供、つまり情報・データ×一方移動であれば、デジタル化の投資・工夫次第で量を増やすことができます。

ただし、情報×一方移動でなく、SEO対策効果で顧客自身の検索でヒットする情報×検索移動や、「友人の友人は友人」というフェイスブック等による質的信頼を上げた上での情報×SNS移動であると、図のように「中×リモート多」に移動できると考えます。その後、いわゆる「AIDMAの法則」(四七)でAttention（注目）の最初のハードルを通過し、次のInterest（関心）に展開する割合が高まります。なお、コロナ禍では逆にリアルを避ける、このようなネット主体の新たな新規開拓営業手法が広げやすくなっており、さらに弊社顧客では録画して営業技術・手法自体の検証をして教育手段として活用しています。

コロナ前からサテライトオフィスを積極的に受け入れている多くの地方自治体の中で、全国一でダントツに成功して成長しているのは徳島県神山町です。この中で特に成功しているベンチャー企業に訪問したのですが、社長さんいわく、さまざまな成功の理由の1つに、営業の在り方が変化しているという話がありました。

というのは、最近企業の購買側が変わってきており、特に30代以下の購買担当は、対面営業を好まない傾向が増えていると言っていました。つまり、昭和型の営業マンは会うことが目的になっていますが、30代以下の彼ら買う側が、会うよりも必要な情報の入手が必要で、AIDMAのAとIにつながる情報を効率よく共有したがっているということです。よって、そのような仕組みをクラウド上で共有していく、つまり「情報×検索移動」等できる仕組

四七　Attention（注目）→Interest（関心）→Desire（欲求）→Memory（記憶）→Action（行動）という米国人ローランド・ホールが提唱した「消費行動」の心理的プロセス・モデルで、営業マン・マーケティング担当の基礎知識です。

みの提供により、ほとんどリモート営業で対応しているということで、コロナ禍前からの取り組みが故、参考になると思います。

以上ように、「ヨコ：質的信頼と形式的密度に分解した関係性×タテ：リモートの割合」のマトリックスの中で、情報・データ×移動・変形・変化の各働きでテレワークの有効性、ツールの使い方等の工夫の仕方を検証しました。なお、テレワークは移動時間と移動コスト及びオフィス等のコスト低減効果との兼ね合いもあるので、別軸でコスト削減効果の大中小を作って比較することも有効と考えられます。その他、在宅勤務に絞ったり、デジタルツールだけや、オンライン会議の録画機能による再現性等々と、さまざまなマトリックス化による検討方が考えられますが、ＣＸの最後に結論付けるように、テレワークは組織論的に大競争時代を生き抜く必須戦略だと確信しています。

以上のように「ヒト×変化」と「情報・データ×移動・変形・変化」の働きは、図35管理的、専門的・技術的なホワイトカラーが１００％テレワークで行うことには無理がありますが、工夫次第で実施率を高めることができることを検証しました。ただし、図39の五感のうち残りの触覚・嗅覚・味覚は自転車スキーマで簡単に触れましたが、当然ながらテレワークでは感じることができません。しかしながら、これらがヒトの変化に多大な影響を与え、主に、リアルである職場がその機能を提供していますので、次章の組織文化変革：ＣＸにて、各種法則を含めご説明します。

2・17　弊社労士法人の働き：ｎ×ｎ×ｎ型労働と半農半ＩＴ

最後にテレワークの事例として弊社の取組みを紹介します。テレワークで可能にしているのは、図41下段の写真にある事務所内で「Ｗｅｂ型ｎ×ｎデータ流通」を「リモート型ｎ多拠点」で行う「ｎ×ｎ×ｎ型労働」と、上段

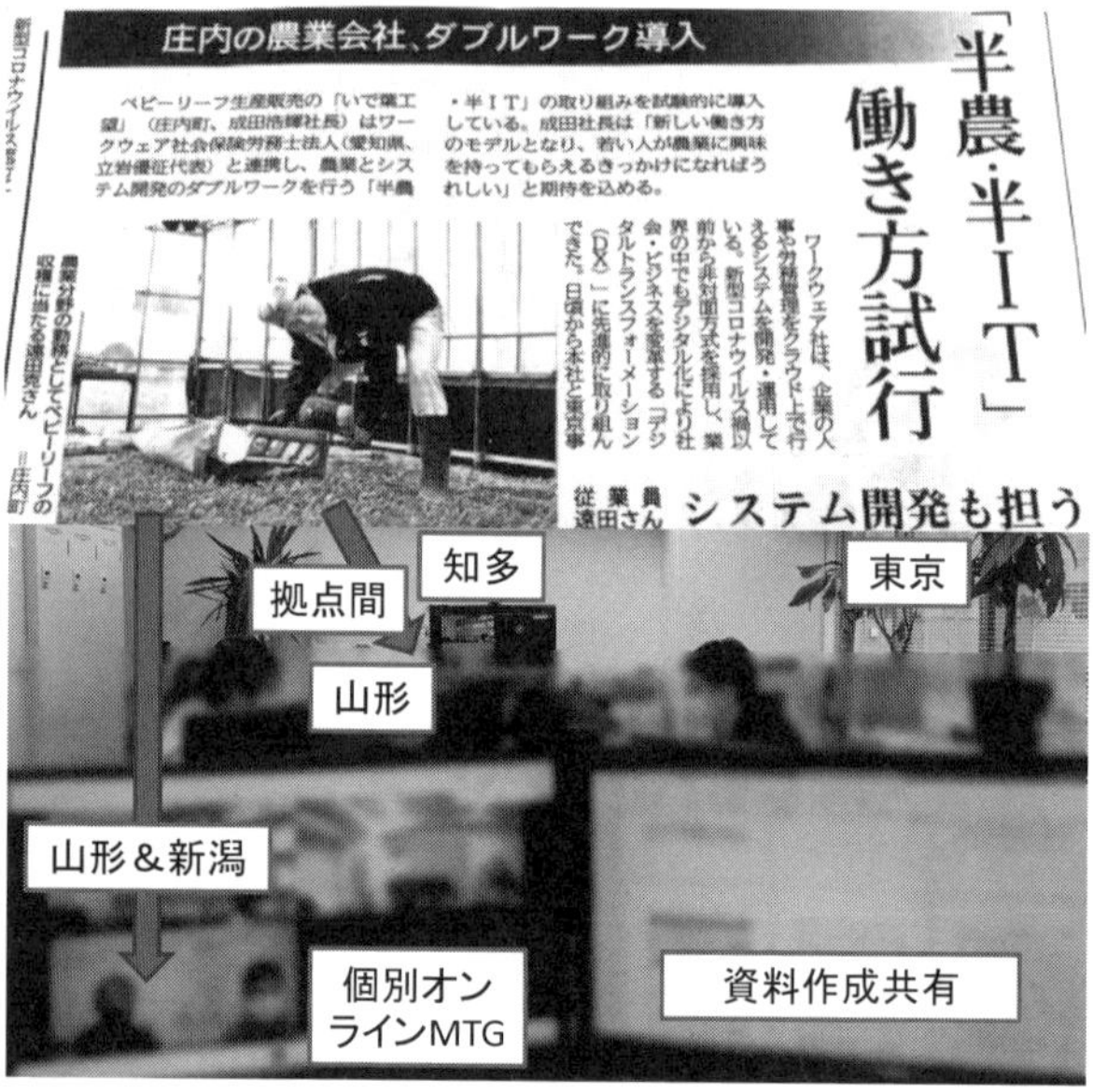

【図41】山形新聞2021・3・30半農半ITと弊社のn×n×n型労働の様子

の新聞記事にある昼までお日様を浴びる農業で汗をかき、午後から室内でITエンジニアになるという「半農半IT労働」です。

弊社は愛知県知多半島と東京日本橋で社労士事務所を小人数で運営しています。知多半島では図35事務的業務である社会保険手続・給与計算等を「情報・データ×移動・変形」し、東京では同様な事務と専門的仕事で人事労務管理等の「情報・データ×移動・変形・変化」「ヒト×変化」する働きをしています。その事務所の様子が、図41下段です。さらに、山形県東田川郡庄内町の親戚が経営する農業株式会社の事務所の一角をお借りして、ITエンジニアが農作業を終え、山形から弊社各拠点内のシステム構築・開発を遠隔から「データ×移動・変形」する働きをしています。

弊社でのWeb型n×nデータ流通での業務内容は第4章DXので詳細に説明しますが、図41右下に「資料作成共有」とあるように、イメージは33頁のパケット通信によるWeb型n×nで、ありとあらゆる情報・データを流通させて作成・共有しています。それを左下の個別オンラインミーティングで会話しながら，適宜画面共有して，顧客や関係者と打ち合わせをしています。図41左下端は山形のITエンジニアのところに，これまた同じ日本海側にいる新潟在住のIT顧問が参加して，具体的なシステム開発の打ち合わせをしています。

なお，「多拠点n」はこのように知多・東京・山形のn＝3に，日本語学校に投資して，人材育成・外国人材送出事業をしているミャンマー第2の都市マンダレーが加わり，固定でn＝4です。さらに対顧客や取引先等とも行っているので事実上n＝∞になります。

また，上段のように地元山形新聞の1面・30面で紹介されたのですが，ITエンジニアは朝から農業で「モノ×移動・変形・変化」の仕事をして，終わってからリモートで「情報・データ×移動・変形・変化」を副業で行う，いわゆる「半農半IT」をしています。Uターンで地元に戻って，土地に触れて特産物を育て，しかし同時に自分の専門性＝ITを伸ばしながら，人手不足の職業をこなしております。事あるごとに筆者は本人に「自分がしたい！うらやましい働き方」と言っています。

そしてここが重要なのですが，筆者は当人と一度もリアルに会ったことがありません。それでも問題なく期待以上に働いてもらっています。何故ならば地域全員の顔が分かる地方農村の人的信用保証力があるから，面接等しなくとも人柄や仕事ぶりを事前に親戚からきいており，実際その通りでした。しかし，厳しい冬になり農業が休業し，東京等に出稼ぎに行ったとすると，1300万人中の一人の東京居住者になるので，同じ人物でも，一から東京で採用をしていたとすれば，通常通り面接を重ねる等段階を踏んで細心の注意を払っていたと思います。つまり，東京や愛知という巨大産業圏と地方農業地帯を仮想化してn×n×n型つなぐことで，本人は故郷で地元の土地に触れ専門性も高める仕事ができ，採用側は不安なしで仕事を任せることができます。さらには，農業の仕事がなくなる冬には，逆に年末から新年度にかけて忙しいので時間を増やしてもらえ助かるといいことが起きています。

このようにオンライン視聴覚情報流通で「拠点間フルリモート」「対顧客ほぼリモート」をしており、移動削減時間が大量↑に発生します。さらに、山形にいるエンジニアが他拠点のシステムを遠隔操作やクラウド共有でリモート管理し、ソフトウエア開発等をして機械（ソフトウエア）による稼働代替時間を上げ↑ています。よって、DX.jは少ない↓↓ため、少人数↓↓で運営ができています。さらに、クーデターで内戦混迷のミャンマーで、時間制限があるものの、ネットがつながってさえいれば、視聴覚情報流通するので、「情報・データ×移動・変形・変化」「ヒト×変化」で顔を見て様子を伺い、励ましたりできるので、やってしまえばリモートでかなりの働きが可能であることを、国内外で実感しています。

本章のまとめ

① ＢＸとは業務プロセス変革した業務をマネジメント力で円滑に回す変革
② デジタル化とは人間と機械の働き方の再設計なので、働きの評価としての人事評価制度によるマネジメントが有効
③ デジタル庁の役割は果てしなく広いので、マトリックス化等により全体俯瞰しないと迷子になり、本来の期待が果たせなくなる
④ 日本の生産性改善がされない一因は分母の労働移動が足りないから
⑤ 事務職への偏りを「準ＩＴ従事者」へ転換することで生産性改善と人材不足が解消
⑥ ＤＸとはデジタル化で付加価値を上げ、労働力を下げる生産性変革で構成され、そのためにはＩＰＯＤのＰ：プロセスとＤ：データを変革が重要
⑦ 全ての働きは３×３生産モデルのどこかに存在し、Ｐの組み合わせで、機械代替やテレワークの検証等モデルとなる
⑧ 能力開発はＤ：データ開発で、スキーマー・コードシステムのようなニューラルネットワークでいう重み的な存在の形成が重要
⑨ リアル空間ｎにｎ×ｎの仮想空間がつながることで、出稼ぎによる農村人手不足等の社会課題が解決される

3

CX：カルチャー・トランスフォーメーション

3・1　直感の力＞合理的思考

アップル社創業者スティーブジョブズ氏が生み出した「iPhone」により、7頁図3のようにリアル空間×Ｗｅｂ空間のｎ×ｎ×ｎデータ流通を創造し、世界中の人々の生活様式を一変させたと前述しました。その前身は、デジタル版ウォークマンのようなオーディオプレイヤーの「iPod」でした。そして、ジョブズ氏に影響を与えたのは、ウォークマンを生み出したソニーの創業者で彼が薫陶を受けていた盛田昭夫氏であり、また、日本の禅などの日本的・アジア的な存在です。

彼が禅に傾倒しすぎて、日本の永平寺に出家しようとしていた話は有名ですが、アップル・グーグル・フェイスブックをはじめシリコンバレーのＩＴ企業などが「マインドフルネス」という禅的手法を社員教育に取り入れ、世界中に認知されて広がっています。その本質は、皮肉にも、彼らが創造している「マルチタスクの情報過多世界」で精神が落ち着かない状態から脱却して「シングルタスクの情報遮断世界」にシフトすることです。そして、今の一瞬に集中し、心を落ち着つけ、その中でこそ「直観」が磨かれ、より物事の本質が「観える」ような能力開発がなされています。

盛田昭夫氏は、米国タイム社の「20世紀を代表する１００人」に、アインシュタインやガンジー等と共に日本人で唯一選ばれました。そして彼自身は、先祖代々続く愛知県知多半島の造り酒屋の第15代当主でした。(四八)その近くにある禅寺で、座禅を10年以上続け体験・体現した筆者が、ジョブズのインタビューで出家のくだりを引用し、「直

四八　『Steve Jobs』Walter Isaacson著48頁より引用

Coming back to America was, for me, much more of a culture shock than going to India･･･(中略)･･･ Intuition is a very powerful thing, more powerful than intellect in my opinion. That's had a big impact on my work.

Western rational thought･･･(中略) ･･･is the great achievement of Western civilization･･･(中略) That's the power of intuition and experiential wisdom.

Coming back after seven months in Indian villages, I saw the craziness of the Western world as well as its capacity for rational thought. If you just sit and observe, you will see how restless your mind is･･･(中略)･･･that's when your intuition starts to blossom and you start to see things more clearly and be in the present more. Your mind just slows down, and you see a tremendous expanse in the moment. You see so much more than you could see before･･･(中略)

Zen has been a deep influence in my life ever since. At one point I was thinking about going to Japan and trying to get into the Eihei-ji monastery, but my spiritual advisor urged me to stay here. He said there is nothing over there that isn't here, and he was correct. I learned the truth of Zen saying that if you are willing to travel around the world to meet a teacher, one will appear the next door.

感」の意味合いを解説しますが（伝わりやすいので、英文のまま、一部中略してご紹介します）。

これはジョブズがインド放浪からアメリカに戻ってきたときに、西洋の合理的思考と東洋の直感の力との比較と物事の観方及び心の落ち着きについて、インタビューに答える部分です。以下は筆者による意訳です。

「アメリカに帰ったのは、私にとっては、インドに行った時よりも桁違いのカルチャーショックを受けることになった。（中略＝インドで学んだのは）直感は非常にパワフルで、思考力よりパワフルだと自分は悟った。この発見は自分の仕事に非常に大きな影響を与えた。

西洋的な合理的思考は・・（中略）・・西洋的文明発展に大きな役割を果たしたのは事実だ。（中略）しかし、直感や体現により、人間は本来有する無限のパワーを引き出すことができるのだ。

7カ月インドの村で過ごした後に、アメリカで観たものは、西洋世界のクレイジーさと合理的思考の限界だった。君も落ち着いて座って自分をよく観てみると、どれだけ自分の心に落ち着きがないかわかるよ。（中略＝禅的な内省により）直感が花開くと物事が明確に観えるようになり、瞬間瞬間がとてつもなく広がる。そして、今までに観えていなかった広大な世界が観えるようになる。

禅は私の人生の中に深い影響を与え続けている。一時、日本に行って永平寺の仏門に入ろうかと考えていたところ、自分の（カリフォルニアの禅寺の日本人）師匠からここにいるように諭された。師匠曰く「ここにないものはどこにもない」と。それはまさにその通りだった。禅が説く真実は「世界中を彷徨って自分が仰ぐべき師を探したあげくに悟るのは、実のところ自宅の隣のドアに現れる（つまり、すべては自分の中にある）」ということだ。

3・2　タテを大事にした上でのヨコ移動

本章はＣＸ：カルチャー・トランスフォーメーションとして組織文化の変革を取り上げます。ジョブズが皮肉にもカルチャーショックを受けた、デジタル化が代表するロジックの限界と、それを超える直感が象徴するアナログの在り方による変革です。というのは、デジタル化を追求すると同時にアナログの重要性をそれ以上認識し大切にすることが、真のデジタル化につながると考えるからです。

例えば、コロナ禍でのテレワークで痛感したのは、今までほぼアナログな対面で行った仕事を、デジタルのオンラインに置き換えたその効率性と、同時にアナログ対面の重要さです。アナログ対面一辺倒の時は、比較対象がなくアナログの良さに気づきにくかったですが、コロナ後のデジタル化対応では、「アナログの相対化」が同時に起こせているかが、経営の重大な観点です。実際、コロナ禍において在宅勤務が主流になった複数の顧問先企業からは、今までは嫌がられた会社での飲み会や、朝礼でのあいさつなどのアナログな交流がどれだけ自分にとって大切であったかを身に染みている社員が増えたと言われています。当たり前であったアナログを相対的に観ると、違った世界が広がります。

筆者が通った前述の禅寺で、ジョブズのインタビューに通じる、非常に多くの本質的な示唆を頂きました。その中から、特に、人間にとってアナログの大切さや、マルチタスク・シングルタスクの意味合に関係する、「無常」と「因縁」という考えを紹介します。

「無常」とは、物事において「常なるものは無い」という、いわゆる中学校で習った平家物語の「諸行無常」の無常のことです。この意味するところは、物事は変わり、そして、いつかは終わりがくるということです。そして、禅で確実にあるのは「今」この瞬間だけで、唯一変えることができ、過去にあるのは事実だけで悔み悩んでも変わらず、未来はまだなく不確実で憂いてもどうなるかは分からず、ただ今に集中する必要性を説いています。前述の「be in the present more」がそれを物語っていますが、座禅中に何をしているかというと、形式的に言うと「今ここにある一呼吸だけに没頭する」ことです。マルチタスクからシングルタスクといったのはまさにこの点です。

四六時中スマホを持ちＳＮＳへの反応疲れ等のｎ×ｎ×ｎ型流通による情報過多による疲労感は、マルチタスクが生む精神酷使です。この点はジョブズが言う「you will see how restless your mind is」の状態です。そして、マルチタスクから離れ、極限のシングルタスクである座禅の「今ここにある一呼吸だけに没頭する」というトレーニングを、当の本人たちがその効用に気が付いて実践しているということです。逆にいうと、それ以外の人々は、彼らが生み出すマルチタスクの精神疲労で苦しみながら、手放せず彼らにお金を払っているという皮肉な構図です。

その上で、「常なるものは無い＝物事は変わりいつか終わる」を受け入れて、能動的に自らを変えるために「因縁」の法則を理解するということです。それは「変えるべきは変える、守るべきは守る」という「デジタル化ゆえのアナログ重視」につながると考えるからです。

ところで、「因縁」の意味を長年考えていて（諸行無常の諸行にあたることを後で知ったのですが）、「因＝因果」で「縁＝縁起」を表し、因果は時間的な「タテ」で物事の因果関係を表し、縁起は空間的な「ヨコ」で物事の可能性を表すことと結論付けるに至りました。

例えば、「今」自分があるのは、必ず両親がいて、その両親にもそれぞれの両親がいるというタテの時間の流れが因果関係で、不可逆で、親は選べません。しかし、両親は、それぞれ自分のタテの因果関係の家族という枠組みを抜けて、別にあるタテ因果関係の家族にいる他人とヨコの移動・接触、つまり縁が起きることで、新たなタテの因果関係を生みます。

無常なので、終わりがあります。そして、新たな環境に飛び込んで、他の無常と縁が起こるようにヨコに移動することで、無常で終わらずDNAとしては何かしら残っていくことになります。ところで、これも中学校の理科で習ったように男性はXY染色体、女性はXX染色体を持ち、男性はコピーミス等が起こらない限り必ず父親のY遺伝子を受け継ぎます。つまり、男子の子に息子が誕生すれば、祖父のY染色体が受け継がれ、祖父、父、自分、息子のY染色体は同じになります（四九）。

分かりやすいように人間の家族関係を事例にしましたが、本書では特に企業活動の組織論でこの考え方を以下展開します。つまり、組織の「因縁」としての因果関係で、タテを脈々と受け継ぐべきY染色体的な存在（後述の「社」）を大切にしながら、縁起を求めてヨコ展開で新規分野進出・事業提携・合併等を通して、激しい生存競争を勝ち抜き生き残っていく必要があります。そして、「無常」であるということを直視して、今に集中しながら「直感」を磨き上げ、会社を構成する構成員（社員・社長・役員等）が日々の働きを積み重ねて、変化対応しながら組

四九　日本の天皇制は男系天皇なので、父をたどれば現在の126代の天皇と初代天皇のY染色体は理論的に同じになります。

織が継承されていくという考えです。

また、いわゆる「良縁」のような良い「縁起」を起こすためには、因果の不可逆性を受け入れることが重要です。つまり、自分の存在は両親なしにはあり得なく親は選べないという事実で、その両親もそのまた両親から……という因果の受け入れです。因果関係を受け入れず、タテに筋が通っていなければ、ヨコで縁起があっても、タテに筋が通らない者同士の「悪縁」につながる可能性が出てきます。企業のM＆A等にも通ずる考え方と思います。禅寺での教えはこういうことと、やっと十数年もたって理解できた気がしています。

なお、無常を体現する禅を通して、直感が磨かれると観えてくる世界観の1つは「美の世界」で、書画絵画や音楽等の真の美しさに触れたときの感動が違ってくると実感します。アップル社の製品・サービスが余分なものをそぎ落として、シンプルな中に美しさがあるのに感動するのも「直感の力＞合理的思考」の典型だと考えます。過去、ソニー以外の日本の電気メーカーは、特にB to C市場で、多機能で細かな技術にこだわった製品・サービスを作りがちでしたが、現代のC：顧客はアーキテクチャを含めたシンプルな美しさを求めていると思います。その美に応えるために「直感」を磨く必要があり、禅はそのために、まさに「パワフル」です。

初心者は30分、45分という座禅の時間は、足が痛く苦痛でしかなく、時間がその何倍にも感じ、「禅＝単なる苦行」と感じます。しかし、長年積み重ね、深く入るようになると、1つ1つ呼吸に集中し丹田を中心に空気・血の巡りを全身に感じ、結果すぐで終わってしまいます。その時に「脳が開いている」感覚があり、積み重ねていくと、芸術など触れると深く入り込み没頭しやすくなり、鑑賞中に時間がアッという間に経ってしまう経験が増えてきます。

禅はインド・中国を経て、日本でこそ昇華し体系化した古来から日本が持っている文化的・精神的な財産で、このようなタテのDNA継承は貴重です。しかし、Y染色体としてタテに受け継ぐべきこのようなDNAの因果を大切にせず、コロナ禍の混乱で何でも英語フレーズ化するような、浅薄なヨコの縁起を求めることは「悪縁」につながりかねません。コロナ禍はこれを見つめ直す良いきっかけとしての「デジタル化推進が故のアナログの再認識」であると思います。以下掘り下げていきます。

3・3　組織のＤＮＡとは？　Ｙ染色体とそれ以外

「組織のＤＮＡとは何か？」という議論がよくされますが、筆者の結論は、まさにＹ染色体的ＤＮＡです。逆に、それ以外は環境変化に応じヨコで混血しての変化を受け入れていく必要があると思います。そして、Ｙ染色体とはタテの因果で不変なものですが、経営的には「会社の存在意義」が一番近いと思われ、逆説的ですがここが明確なので存在できるのだと思います。これは、組織としての誕生時に、創業者が0から1を生を産むために目指した発芽の方向です。その後、中興の祖が0→1を再定義するかもしれませんが、社会での存在意義（後述の「社」））、それをＹ染色体的ＤＮＡとして、価値判断基準とすると、方向選択に迷いが減って、全社のベクトルがまとまりやすいと考えます。

日本的経営を良く知る、前出の経営学者：ピーター・ドラッカー博士が『ドラッカー　20世紀を生きて―私の履歴書』（日本経済新聞社）の最後に「日本の強さを忘れないでほしい、ということを。」として遺した言葉の抜粋をご紹介します。最後のエールという面を差し引いても、大変示唆に富む組織論です。日本人がＹ染色体的ＤＮＡを大切にする行動様式のヒントが隠されています。

「欧米人と日本人を交ぜてパーティーを開くとしよう。何をしているかと聞かれれば、欧米人は「会計士」、日本人は「トヨタ自動車」などと答えるだろう。自分の職業ではなく自分の組織を語るということは、組織の構成員が

		相手	
		自分	相手
時間	現在	唯一変えることができる	今すぐには変わらないので先ず自分を変え、間接効果の手順に乗せる
	過去	過去の事実は変わらないので悪い点で悩まない。事実ととらえ、因果を確認して肝に銘じ改める。良い点はさらに深めて昇華させる。	過去の事実は変わらない。相手の良いところを見る。悪いところは、明日は我が身と見ながら、距離感を考える（縁）。

【図42】自分・他人×現在・過去マトリックス

家族意識を持っている証拠だ。ここに日本最大の強さがある。」

この「組織の構成員が家族意識を持っている→日本最大の強さ」の意味ですが、残念ながら、ドラッカー博士の詳しい言及がありません。しかし、コロナ禍で必要性が認識され、働き方改革で中小企業にも「同一労働同一賃金」が２０２１年4月から始まり、メンバーシップ型からジョブ型への雇用システムの変更の流れが加速する中、日本でこそメンバーシップ型が重要だと言い切っている事は注目に値します。２００５年のコメントで、この16年で環境が大きく変わったとは言え、組織の在り方自体の普遍性は変わらないと考えます。

ドラッカー博士は、組織への「家族意識」が他にない日本企業の強みとしています。よって、組織への意識をそこまで昇華できる理由が最大の関心事となります。博士自身は、著書「ポスト資本主義社会」で、自然発生的な集団である家族に対し、あくまでも企業組織は目的達成のための人為的集団であるとの考えで区分しています。よって、人為的発生する組織に、自然発生する家族の、その意識を持たせるという、相矛盾することをするためには、何かしらの内部的仕掛けも必要です。

そこで思い出すのが、何度も再生を試み失敗を重ねた某レ

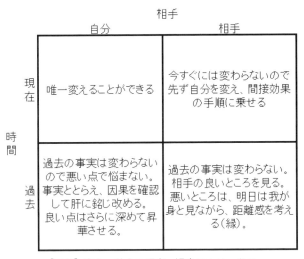

ジャー企業の再生を、最後に託されて見事成功に導いた顧問企業の社長が「世の中は間接効果」と常に言い続け、ブレずに経営を貫いた姿です。曰く人を教育するのと同じで、直接、本人に正論をいっても、心に響いていなければ、短期的には改善したように見えても、また、同じことを繰り返すという当たり前といえば当たり前な話でした。しかし、不思議なことに、ことあるごとに「世の中は間接効果」と口にされる言葉が周囲の方の中に深く残っていきました。図34左上の教育の働きで「ヒト×変化」するためには、「響き（気づき）、自分で考え、実行し、習慣にする」という4つのプロセスが必要で、最初に気づかせるための間接効果が重要で、そして最後の習慣化まで徹底できれば「ヒト×変化」が完了に向かっていきます。

なお、この間接効果とジョブズの禅発想の「be in the present more」「next door」のいうところの、「過去は変えられないが変えられるのは今」で、そして「答えは自分が持つ」という2点から、「ヒト×変化」の方法が導かれます。「自分・相手×現在・過去」マトリックスです。内容は書いてある通りで、多分正しいと思います。しかし同時に実行は難しく、先ずは左上から始めるしかないと自分に言い聞かせることがスタートです。

3・4 「わが社」化の習慣化

「世の中は間接効果」のように言葉が心に響く・刺さるとして、古来よりわが国では、言葉には力が宿っていると信じられており「言霊（ことだま）」と独特の表現があります。日常の経済活動で言霊が宿っていると筆者が感じる1つは、何気なく口にする「わが社は……」という言い回しです。「わが会社は……」とするより「わが社（シャ）」や「当社（シャ）」と「社（シャ）」としたほうが、リズムが良く言霊としての力を感じます。「わが社」と、「自身」の「社（シャ）」と口にすることを通じ、自分が会社を代表したり所属しているという帰属感を高め醸

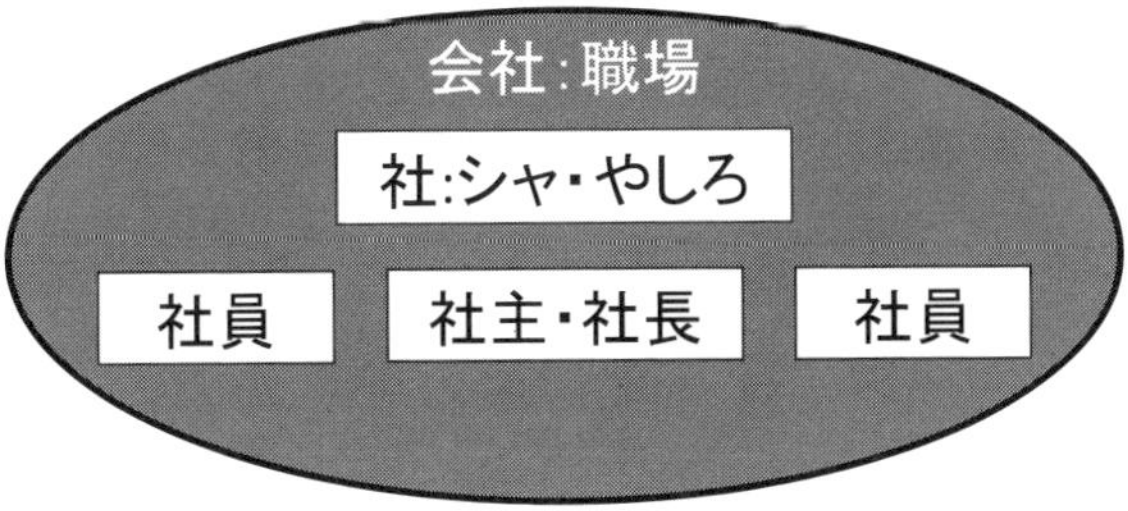

【図43】社：シャ・やしろ　を中心とした会社

成すると感じています。そして「社」は「やしろ」とも発し、会社が大切にする祀る価値観を同時に意味します。つまり、社とは会社の中心で、その会社が会社である自己同一性であり、前述の存在意義であり、目的であり、祀る対象となるものです。

なお言霊として、「社（シャ）」とは漢語（漢字）の持つ強い概念化力を発揮して、社を中心とした集団形成を表しています。また和語（かな）で「社（やしろ）」という情緒的表現力は、「祀る（まつる）」対象となり敬う気持ちをはぐくむ力があると感じます。

図43にあるように、「社（シャ・やしろ）」は祀る対象で一番上に位置づけられる価値であり、「社是」「社訓」「会社方針」等々と応用されます。そして、社長はあくまでも「社」を祀る「長」たる存在です。また、会社のオーナーである株主は古い表現では「社主」となり、「社」実現のため投資しリスクをとる主となります。そして、会社の大事にする「社」に共感して、人が引き寄せられ、「社で会う」場・だから、「会社」であり（職場でもあります）、集まったメンバーが「社員」となります。

さらに「社会」は、さまざまな価値観である「社」が出会って形成されるという、非常に民主的な概念を表します。明治の開国時に西洋の概念「Company」や「Society」等をカンパニーやソサエアティと安易にカタカナで擬音化利用せず、凝縮された概念化で和製漢語を創造した先人の教養・知性の深さに感心します。

カタカナ氾濫する平成前の昭和までは、日本語の持つ言霊がまだCX的な変革を起こしていたと感じます。典型が「見える化」による「カイゼン」で、トヨタ自動車の品質改善活動の本質を見事に表現する造語であり、今でもバズワード化せず、あらゆる方面で普遍的に永く使われています。この言葉が力強いのは「見える」という和語の分かりやすさに、「化」という漢語でその概念化をしていることです。さらに「カイゼン」自体の擬音化のリズムによりシンボル化力を発揮し、当該活動をシンボルリックな存在にしています。直感を刺激する「パワフル」な、3種類もある日本語の言霊活用のオンパレード事例です。

なお、労務管理の実務として、筆者は就業規則制定・改定時の文言で、これらの意識付けを醸成するために、よっぽどジョブ型思考の企業でない限り、「従業員」ではなく「社員」と表現することをお勧めしています。従業員とは「業に従う者」とジョブ型的表現で、かつ上からな感じがあり、「社を祀る会社の一員」というメンバーシップ型表現で仲間感のある社員とは大きく意味合いと響きが違うからです。就業規則という形式的な文章でも、何気なく「社員」という言葉を使用し習慣化することで、言霊による間接効果も高まると考えています。

ドラッカー博士は会社を「目的」集団として、目的の大切さを説いています。そして、日本の会社が「わが社」として、「社（シャ）」を目的として大切にするだけでなく祀る対象にまで昇華して、さらに祀る場所としての「会社」を「わが」特別な存在と見ることは、「社」の一員である「社員」という強い帰属意識を醸造し、言霊により家族意識に近づく間接効果の1つと考えております。

なお、博士が指摘する家族意識の本質的な意味合いは、図44で後述しますが、終身雇用制に基づく家族血縁的な永遠の（雇用）関係を意味するというよりも、ジョブ型の個人起点の仕事の仕方ではなく、組織を意識したメンバーシップ型の有効性を説いていると考えています。つまり、自分の仕事はここまでと線を引くことなく、チーム全体の利益を優先する働き方を、家族同士の本能的な助け合いが発揮する力に例えていると考えられます。

「はじめに」で、テレワーク進展で組織に遠心力が働くとし、同等以上の「求心力」を「働かせる」必要があるとしました。「社」がまさに求心力の源であり、大切に取り扱うことで、博士指摘の家族意識を生み出す源泉ですが、さらに組織が「社」を中心に求心力を高める「儀礼」という間接効果を発揮する貴重な場となることを確認してみます。

3・5　儀礼論と労務管理

フランスの社会学者デュルケーム及びその学派やアメリカの宗教学者キャサリン・ベルなどの研究を組織論に集約すると、「儀礼によって連帯が生れ、組織力を生み出す」と解せます。キャサリン・ベルの著書『儀礼学概論』(五〇)に「人間の感受性と想像力を形成することにおいて強力な役割を果たしている」と儀礼の役割を定義しています。そして、同書で儀礼の分類をしていますが、そのうち①年中儀礼②通過儀礼③政治的儀礼の3つが組織の求心力を生み出す、ヒトの感受性と想像力の形成につながると考えられます。以下儀礼により求心力を働かせる方法を同書より抜粋してご紹介します。

①年中儀礼は歴的・時間的に行う儀礼で、特徴としては円運動のように周期的に行われるので、「儀礼が一年の特定の時期に行われ、社会生活のリズムと季節の循環との豊かな関連づけがもたらされる」とベルが指摘しています。特に日本には明確な四季があり、それと四半期計画が同期しやすいので、季節に応じた組織的儀礼を行う効果が高いです（つまり、昭和型の秋の運動会や春の新人歓迎行事等は、やり方にもよりますが、その組織内の求心力

五〇　翻訳者の早川敦君には、高校の同級生のよしみで本書を寄贈していただいたこと誠に感謝します。それにしてもこんな難解な書籍を分かりやすく翻訳する貴殿の語学力・専門性及び情熱に感服する次第です。と言いながら、ほんの一部の、かつ私的見解での抜粋に利用させていただくことをお詫びします（別の機会に、改めてもう少し詳細に引用させていただきます）

を生む効果が本来的にあったということになります)。
②通過儀礼は人生のイベント(出生、成人、婚姻、出産等)における儀礼ですが「人々がこのサイクルに参加するときに、人間の生活に組織化と方向性がもたらされる」とされています。日本語では、「通過儀礼」とはなんとなく軽んじられる存在に思われますが、よくよく考えると、入社式、勤続○年記念、管理職登用等大切なイベントにおいて何らかの特徴的な儀礼をおこなうことは、前述の「ヒト×変化」のIPOD活動におけるD:記憶に深く刻まれることにもつながり、行動変容を導く可能性が高いと考えられます。
③政治的儀礼とは、組織内に意図的な力関係を構築するために、権力者が政治的な意図で行う儀礼で、「自ら状況を作り出すことができる」というものです。①や②にかぶせて意図的に行うことで、政治的な権力の効果が高まっていきます。例えば春の人事異動をかぶせ、人事権を持つ者が厳かに儀礼的な辞令交付式を行う等です。
なお、労務管理的に儀礼的効果を高めるのは「給与支払い」です。「社長・部門長から、給料日に、直接、手渡しで、現金を、渡す」行為は非常に①及び③の意味で儀礼的です。賞与はさらに①の季節性が強く儀礼的で、「社の長から、豊穣に感謝し収穫の時期に、面前で、その実りを、分かち合う」という儀礼です。なお、会社にとどまらず家庭においても、給料日に父親の帰宅を待ち望み、給与袋を父親から母親に渡し、ご苦労様でしたと子供の前でいうことは非常に儀礼効果があり、昭和的な父親の威厳の元でした。しかし、銀行口座振込の普及により、この儀礼効果が喪失されていきました。

なお、流石に現金払いは昨今難しいと思われるので、筆者の顧客には(自社でWeb明細を開発しているが故にですが)、給与明細を手渡する効果を説明しています。儀礼効果が高まるのと同時に、明細を渡す側が、その金額を気にするようになるので(少ないと多くしてあげたくなるのが人情です)部下へのマネジメント効果があります。さらに、その行為の中に、何かしらのメッセージを入れることが有効です。給与明細に社長や所属長からの一言そえるのでもいいのですが、継続性を考えると、賞与か四半期に一度程度、社内報を同封することが現実的です。社員が給与明細を家族に渡す中に入っていると、会社の様子が家庭も共有され、後述のマズローの所属欲求が高まります。顧問先で「社長ってこんな顔してたの！」と単純なことですが、会社との距離がぐっと縮まったという例がありました。

その他儀礼的な行事で、最近復活してきた前述の運動会や、周年事業、永年表彰等のセレモニー的な節目の行事などがあり、場合によっては家族も招待[五一]となると儀礼度はさらに増します。また、日頃の挨拶励行や掃除、朝礼やラジオ体操など、経営活動に対して直接関係がないと思われる活動も、逆に儀礼としての間接効果は高いと考えられます[五二]。

なお、「神棚のある会社は儲かる」とよく言われ、事実地方の優良会社で、その実感はあります。各社に共通するのは非常に個性的な社長が、自分以上の存在を祀ることで、「社長の社化」を避け、自らが傲慢にならないよう抑制効果を間接的に働かせていると思われます。

五一　トヨタ自動車等愛知県の会社は、この点を重視しています。社員の中でも処遇に総合職とそれ以外での差が明確にしますが、現業職等のセレモニーでは家族を招待した表彰等を行い、連帯感を高める等の工夫をしています。状態として、自分の子供を入社させたい会社と思うようにすることが、家族主義的経営の完成形に近いと考えます。

五二　筆者の顧問企業で欧米人を積極採用しているソフトウエア開発会社は、ラジオ体操を毎朝行っていますが、入社初日に目が点になっていた欧米人も、慣れると体操をしないと調子がでないと言っています（笑）。

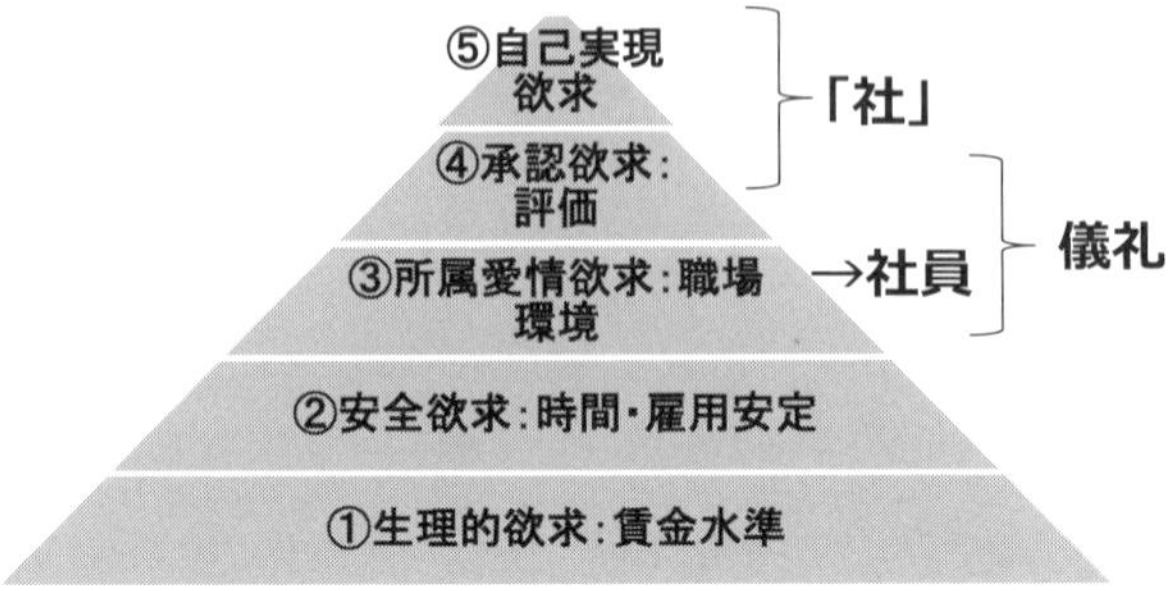

【図44】「ヒト×変化」欲求5段階節と家族意識

3・6　儀礼論と欲求5段階説

ここで儀礼論を図44のように人事労務管理の基本である心理学理論「マズローの欲求5段階説」に当てはめて、人間の欲求と儀礼による間接効果の関係をみます。当該論理の「人間の欲求は5つの層からなり、低次層の欲求をある程度満たしてはじめて、その上の欲求を求める」を軸に整理します。

まず、一番下層の「生理的欲求」とは生きるために必要な飲食・睡眠・排泄等の人間の根本的な欲求のことをいいます。これを人事労務管理に当てはめると、最低限の食べるために賃金水準を確保していなければ、「多様な働き方が用意された働きやすい会社で……」「家族主義で人を大切にする……」等いくら良いことを言っても、あまり、意味がないということです。これがない中⑤の自己実現を訴えて、若者を使い捨てにする「ブラック」と呼ばれる企業が一部存在するのは事実です。

2番目には、①でなんとか生活できる欲求が満たされたら、次にそれらが安定的に提供され、事故や病気が起きない、また起きても回避・復旧できる環境にある欲求です。まずは①の労働条件が安定的に供給されると見通せる労働条件であり、かつ、長期的に供給可能な正規社員であることが選択でき、社会保険や作業環境等も完備されている状態です。長時間労働防止としての安全配慮義務もここに当てはまります。

3番目は所属愛情欲求で、社会的欲求とも言われる段階です。つまり、①で生活ができ②で安定・安全が確保できた次には、組織に所属して居場所があり、自分の役割があり、その中で愛を感じることができ、孤独感を感じない等の状態です。これは「愛情」の機能であり、ここがある程度感じられないと、次の段階へ向えず、不満や不安を抱くようになります。ドラッカー博士のいう「家族主義」の機能でもあり、この段階で「儀礼」による連帯・所属感効果が高くなります。よって、コロナ禍でテレワークや副業等で働き方が多様化しましたが、あくまでも何かしらの組織に所属した上であります。そういう意味で、今後注目されるのは、在籍出向による「社員シェアリング」です。

在籍出向と副業は社員の身分のまま他の会社で経験を積む点で表面上は変わりませんが、副業は個人の選択に依存しますが、出向は会社の人事政策による選択が可能です。さらに、コロナ禍で多くの雇用を維持した雇用調整助成金で休業等をさせて労働力を維持するのではなく、不足する産業でその労働力を活用して経済を活性化するとして産業雇用安定助成金が創設され、出向先と出向元に合計で最大賃金の90％が支給され金銭的インセンティブ（五三）があり有効です。

４番目は承認欲求で、他人・組織から価値ある存在と「認められたい」という欲求です。会社という組織で考えると、自分の行いやあり方が、納得できる程度に「評価」されるということを望んでいるということです。つまり「私」が認められるということです。そして、組織的にはこの承認・評価に対して、儀礼を季節性・通過儀礼性を政治的に入れると効果的になります。

なお、この承認欲求の「評価」が一番の労務管理の問題につながりやすいと考えます。評価には納得という反応

五三　出向元事業主および出向先事業主が負担する賃金、教育訓練および労務管理に関する調整経費など、出向中に要する経費合計を、中小企業は解雇等を行っていない場合９／10（大企業３／４）、行っている場合４／５（同２／３）を１２０００円/日の上限で助成。

があり、全てが納得するのは難しいです。しかし、その中でも「社」での問題化は避けるべきです。経営理念、経営目標、会社価値観、求める社員像等々「社」に謳われ、社員も共感している内容と、実際の仕事での評価基準と評価プロセスとの整合性があり納得できるかどうかは重要です。実務的には、人事評価制度作成時にそれらの「社」と評価軸の合致度を徹底して検証し、運用で「社」の精神に則った判断基準になっているかを評価者会議等で確認し、後述の「方向」を合わせることが肝要です。

最後の5番目は自己実現欲求ですが、この定義が「社」のあり方と、人の成長に大きな影響を与えると考えます。「自分の可能性（天分）を最大に引き出せるか」と「それが他人（社会、会社）のために役立っているか」という2つの側面があると考えます。もし自分が持っている可能性を最大限（天分を）引き出してくれる場（＝職場）があったら、どれだけ幸せだろうかと。そしてその結果、4番目の承認で「私」が認められている自分だけではなく、顧客や世間（社会）及び会社の社員や社長等の仲間に喜んでもらえたら、はなんと満ち足りるだろうかと。デジタル化により、そんな場としての「職場＝社を祀る場」としてのアナログな会社という存在を、家族主義的に大切にすることがドラッカー博士指摘の日本の強み発揮と考えます。

なお、ここで敢えて「可能性（天分）を引出す」としたのは、人間には生まれ持った「分」があり、それを最大限引出し、生を全うする根本的欲求があると考えるからです。スポーツ等で経験されている方も多いかと思いますが、自分の可能性を信じ、目標を設定し達成したときの達成感、そして、持っている力を出し尽くした時の充実感。それらがあるので、さらに高い目標を設定して、同じように挑戦して行くことを繰り返します。そして、最後には、徐々に自分の分（限界）を知り、その中で最大限「分」を引出すことで、精神的な満足感が得られると考えます。それがこの欲求5段階説最後の自己実現欲求が満たされた状態と考えています。一流のスポーツ選手に「分をわきまえる」方が多いのはこの理由と考えています。

3・7　臭覚・味覚・触覚の儀礼化

テレワークの加速で、一時「オフィス不要論」がささやかれていましたが、現在はハイブリッド型を模索する企業が主流となっています。今までのようなオフィスは不要でも、儀礼論やマズローの欲求5段階説で説明してきたように、今後は「職場」という、所属・承認と儀礼の場としての重要性は逆に高まり、テレワーク推進で発生する組織の遠心力に対する求心力につながると考えています。さらに、図37にある、五感の触覚・嗅覚・味覚による「ヒト×変化」という働きは、テレワークでは不可能でリアルにしか発生しない、職場の持つ力を利用する重要なマネジメント対象です。

まず、五感の中で一番感情と記憶に直結するといわれるのが「匂い」です。「プルースト効果」[五四]が知られていますが、匂いのみ五感で唯一、脳の本能・感情を司る大脳辺縁系に伝達されるとのことです。[五五]部屋の匂いをコントロールして、落ち着いて安心して居たくなる職場となるような臭覚からの「心×変化」の働きが色々研究され、サービスとして提供されています。図37にあるように、Iとして何気に匂ったものにより、Pとして感じた、その心（O）は、Dとして記憶想起につながるように記憶に深く刻み込まれるので、安心や落ち着きが習慣化すると職場の求心力を高める間接効果マネジメントの1つになります（以下、触覚・味覚も習慣化間接効果マネジメントが大

五四　フランス人作家マルセル・プルーストの著書『失われた時を求めて』で、主人公がマドレーヌの香りに触れ幼少期を思い出す描写から引用されています。

五五　人間の脳は原始的順から脳幹・大脳辺縁系・大脳新皮質の3つに成長する（『脳とにおい』西田幸之助京大助教授）とのことなので、それぞれ「心技体」でいう体（心拍・睡眠等生命維持）↓心（本能・感情）↓技（思考・判断）を司ることになります。

切と考えます)。

次に触覚ですが、筆者自身経験していますが、いわゆるウェビナーで講師が掴めなくやりにくいと言われる「場の空気」を感じたり、在宅勤務で問題になる、家庭での椅子の座り心地等で影響があります。前者はホーソン効果で、いわゆるところの「人間は他人から見られていることで期待に応える」や、同じくザイオンス効果での「接触機会が増えれば増えるほど人や物に行為をもつ」という実証結果でなんとなく納得感がありますが、いわゆる万有引力や磁力等目に見えない力が関係すると考えます。また、後者は、オフィスの椅子は長時間座ることが前提なので、家庭の椅子とは構造が大きく違い、価格も違うので、職場環境の投資による差が、ここで大きく出てきます。逆にいうと、日ごろオフィス環境にあまり投資していないと、この触覚で差が出ず、オフィス不要論の一因になります。

最後に味覚ですが、これは職場での間接効果でいわゆる「同じ釜の飯」効果が考えられます。食事を共にすると、脳から放出される「オキシトシン」という相手への愛情や信頼感を高めるホルモンの分泌が促進されることが、独マックスプランク研究所ウィッティグ博士の研究で証明されているようです。その裏付けとして「食を分かち合うことで、仲間を増やせるだけでなく、ともに助けあって生きていけるようになる」ので絆を育む仕組みとなっているということで、儀礼論の連帯につながる納得感があります。

このように、臭覚・触覚・味覚というテレワークでは感じられない五感の間接効果マネジメントによって、それぞれがＩＰＯＤ活動でのＤ：記憶につながり、習慣化によりその帰属感・安心感を安定的に供給することにつながります。原始的な三感を、「社」を意識した儀礼と組み合わせる工夫や活動を行うことで、職場がさらに求心力を高め、テレワーク推進するためにはますます重要になると感じています。

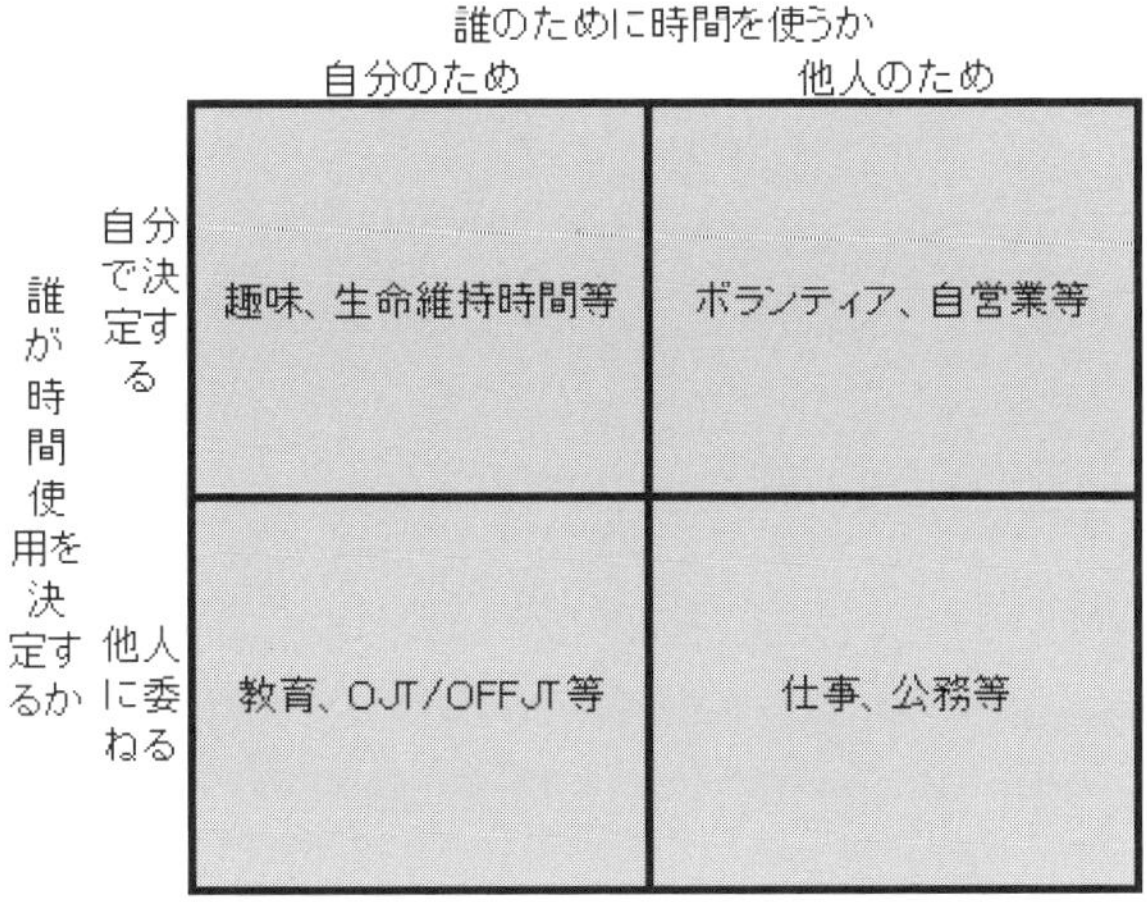

【図45】時間の使い方：誰のため×誰が決める

3・8　自分で決める・他人にゆだねる時間

空間としての職場で働くと発生する時間としての労働時間とは、「労働契約により、他人である使用者にその処分を委ね、労働者は労働債務を負う時間」です。[五六] そこで、「自分か他人」が「決める」という「ライフかワークかどちらが大切か」のようなライフワークバランス的二元論から「自分か他人」の「ために」という別軸化の図45マトリックスモデルで、時間を構造化します。

このマトリックスでは、横軸に「誰のために時間を使うか」縦軸に「誰が時間の使用を決定するか」の2軸で整理しています。左上は「自分のために×自分で決定」する時間で、生きるために必要な食事／睡眠／排泄等は当然ですが、趣味、勉強や休憩等の時間はこれに当たり、一番多くなります。次に、右上には「他人のために×自分が決定する」時間ですが、ボランティアに参加する、自営業や自らが事業を行うことがこれに該当します。そして、右下が上記の「他人のために×他人が決定する」時間になります。会社員の場合は、会社との労働契約で、所定労働時間が定められ、さらに36協定で時間外労

五六　S61・3・13電電公社帯広局事件：最高裁小法廷

働の限度の中で時間外を行う契約を結び時間が決まります。当然、会社なので他人である顧客の価値を最大限にすることが目的で、そのために、会社の方針に従って、与えられた役割を果たすよう、時間を使います。

さらに、左下が「自分のために×他人に委ねる」時間で、例えば義務教育の9年間は、自分の人生の基礎を作るために国が決定して使う時間です。また、会社でOJT／Off-JT等で教育を受ける時間もここに当たります。この時間は、仕事といえ、給料をもらいながら教育を受けられる、自分のための貴重な時間です。

ところで、右上「他人のために×自分が決定する」のボランティアや自営業等ですが、ここが日本人の少ない領域です。若者がボランティアに対し興味を示す割合に現れており、2019年少年・若者白書によると先進7か国中最下位で、米国65・4％に比べ約半分の33・3％です。同様に自営業ですが同年中小企業白書によると、日本の起業率は5・6％でフランス13・2％英国12・2％の半分以下です。特にサラリーマンは会社という「タテ」社会にから抜け出して、社会の他の「社」と触れるためにも、ボランティア・在籍出向・副業等でヨコに移動して、能動的に変化する必要があると思います。

メンバーシップ型のサラリーマンの時間の使い方ですが、左下OJT／Off-JT等若い時にしっかり勉強させてもらい自己の基礎能力を高め、右下「他人のために×他人が決定する」に移行して顧客の価値を高めるという循環になります。

なお会社に処分を委ねた時間ですが、その中で自分の決定で使えるように責任を持ち、顧客も含めた社会全体に役に立つよう成果を生むことで、仮想的に右上にいるような能動的な時間を増やすことが大切です。「働きすぎ」の長時間労働が問題なのは「やらされ感」があり、追い詰められ精神に支障をきたしたりするからです。長時間労働が問題であれば、筆者もそうですが、自営業者で1日15時間ぐらい土日含めて毎日働いている方の多くは既に支障をきたしているはずです。それでもやっていけるのは、自分で時間を決めて能動的に働いているからです。ただし、筆者もサラリーマンの時は、左上にあるはずの日曜日夕方にサザエさんを見ると、右下の翌日朝を想像し気が重くなることがありました。しかし、今はどうやって社員に声をかけて月曜日を始めようか？という能動的な気持ちしかありません。自営業という立場もありますが、能動的になる手法として、能力開発としてのマインドフルネスのような禅での「とらわれ解放技法」を長く続けたことは大きかったです。

そんな中、能動的サラリーマンの筆頭であろうグーグル社員の実験結果は興味深いです。グーグルがフラットな組織にするためにマネージャーのいない実験を行った結果は「マネージャーを置かないとダメ」でした。そして、理由が「何かを学ばせてくれる人や、議論に決着をつけてくれる人が必要だから」という言葉に凝縮されています。(五七)つまり、下半分の時間を「他人に委ねる」ることで、学ばせてもらえたり、自分が仕事に集中できるように、環境整備してもらえる場は貴重だということです。これも、能動的だから「委ねる」をこのように見ることができると思います。

働きすぎ防止で時間を短くすることが重点の「ワークライフバランス」視点の働き方改革が形式的で本質的でないと考えるのは上記理由からです。まず「ワークかライフか」の二元論から脱却して、考える技術としての「二元論→二軸マトリックス」等を活用して、視点の複線化が必要です。そして、「働きすぎ」は長時間という量よりも能動的かどうかという質の問題です。さらに、「委ねる」という表現が非常に大切です。委ねる側は能動的に委ねる必要がありますが、逆にさらに委ねられる側は、その時間を「預かる」として真摯に応える責任を自覚すれば、意味のない長時間労働や残業未払いは発生しないはずです。そうすることで、働き方改革の形式的規制はあまり意味がなくなるはずです。

五七　『1兆ドルコーチ　シリコンバレーのレジェンド　ビル・キャンベルの成功の教え』エリック・シュミット 他著より。

そんな中、筆者が提案しているのは、図39の自転車スキーマで言及した「能力開発のタイミング重視」で、若年層の能力開発に関する時間を捻出して、左下の教育時間を確保するための、別の労働時間制の適用です。具体的には、1年単位の変形労働時間制を導入して、祝日等に能力開発の機会を設けるなど、平日以外に落ち着いてできるOffJT時間確保です。そして、その学びを平日にOJTで計画的に実行します。最大年間に20日ぐらい休日が減りますが、左上の「自分のために好きに使える」ライフを左下の「委ね教育される」ワークへの能動的時間シフトです。

日本のジョブ型移行議論の最大の矛盾は新卒採用制度です。欧米のように学校での職業訓練、長期インターンシップ及び卒業後の公共の職業訓練機関等でジョブができる能力を取得する機会がないので、ジョブでの契約が難しく（就職）、どうしても人との契約（就社）になってしまいます。上記は、この矛盾を解決し、メンバーシップ型採用の上でのジョブ型移行への早期ジョブ能力育成プログラムで、かつ現実的です。

この提案は労務管理の技術的に、①新規採用者向けの制度なので、既存社員に対する労働契約法上の不利益変更に当たらない②分母の所定労働時間が大きくなるので、時間外割増単価が低くなるので若年層の時間稼働を増やすことができお互いの利益になる③雇用保険の能力開発事業として年1名100万円程度の助成の可能性（五八）という、3つの意味があります。

以上、主にテレワーク推進で発生する組織の遠心力対しての求心力をアナログに再構築する方法を検討しました。そしてアナログ求心力を高めるための、その文化的価値観的変革を起こすのに、儀礼等の間接効果の重要性や、

五八　人材開発支援助成金（特定訓練コース・1000時間の認定実習併用職業訓練の場合：OFF　JT・200時間×760円＋OJT・800時間×665円＋社外研修費用×45％・上限50万円）

「社」という考え方でのことばや組織のあり方、五感も含めた直感の力を磨く方法等を、各心理的学理論等を交えて紹介しました。最後に組織論として、コロナ禍により遠心力と求心力が組織に働く意味を確認します。

コロナ禍後の世界は、デジタル化急加速により、「アップル VS トヨタ」など今までにない競争相手が突然現れる大変革時代到来の様相を呈しています。その中で生き残るためには、絶滅寸前のマンモスと呼ばれた米ＩＢＭを再建した元ＣＥＯガースナー氏によるいわゆるダーウイン進化論のビジネス引用（五九）が参考になります。つまり、「最も強い種が生き延びるのではなく、最も賢いのでもない。唯一、変化に対応できる種である。」というものです。しかしこの「変化対応」のために組織が何をすべきかという続きがありません。筆者は、人間と同じで、それは「柔軟性」であり、そのためには「収縮と拡散」の意図的な往復運動による習慣化が必要であると考えています。

分かりやすい例が、メジャーリーグの歴史を書き換えている大谷選手の活躍です。特に体が大きくなってパワーが増したことが指摘されますが、アメリカのメディアをみると、そのパワーをスピードに転換し、さらにケガを防止するために肩甲骨をはじめとする体の柔軟性に特に驚きが集まっています。本人は幼少期からの水泳による可動域の拡大や、ゴルフの石川遼選手を参考に柔軟性を保つために、独自のストレッチ等を入念に行っているようです。つまり、莫大なパワーをスピードに転換し、体に想像できないような圧力がかかっても折れたりケガを回避するための柔軟性担保が非常に重要ということです。組織も同じで、激しい競争環境では強烈な圧力がかかり、柔軟性によりパワーをスピード対応へ転換しないと組織が壊れ、変化対応で生き残れません。よって、伸ばすだけではなく相応の圧力をかけ、柔軟性を高める収縮と拡散の往復運動は重要です。組織の柔軟性を保つ有力な方法がテレワー

五九　絶滅寸前のマンモスと呼ばれたＩＢＭを、ＣＥＯ就任2年で再建したガースナー氏がダーウインの言葉として引用し、ビジネス会で圧倒的な指示が広がったとされています（引用の論争も同様）。ただし、ケンブリッジ大学Darwin Correspondence Projectでは「6つのダーウインの発していない言葉」の1つとしており、後世のマネジメント研究の引用成果物としています。

クで、組織に遠心力が働き、組織が伸びます。そして、それに相応する求心力を高めることにより、縮みエネルギーをため込んだ上の、柔軟性が養われると考えます。テレワークで遠心力が発生しますが、それに相対して、しっかりと「社」で方向性を合わせ、社内行事や挨拶等の儀礼を大切にするなどで求心力で戻すことで、組織の柔軟性向上につなげることができると考えます。よって、テレワークで遠心力が働くことは悪いことではなく、求心力のセットで、大変革時代に対応をするために必要な働き方変革と捉えることが大切です。

本章のまとめ

① デジタルな合理的思考には限界があり、アナログの極みである「直感」はよりパワフルである。直感を磨くために、マルチタスクから抜け出し、シングルタスクで集中を高める意図した訓練と習慣化がカギ。

② テレワークで働く遠心力と相応の求心力を組織で生み出し柔軟性を上げる。そのために、意図的に自社のＤＮＡを中心に、儀礼効果を高める職場づくりをし、その場を大切にする

③ 「ヒト×変化」の働きは間接効果による。先ずは唯一変えることができる「自分×今」を変えること。するとずと「他人×今・未来」が変わる。

④ メンバーシップ型の他人に委ねるタテの時間は特に若年層で育成観点で貴重。ただし、自分で決め他人のための時間を作ることで、ヨコの時間も能動的に使えるようになる。

4

DX：データ・トランスフォーメーション

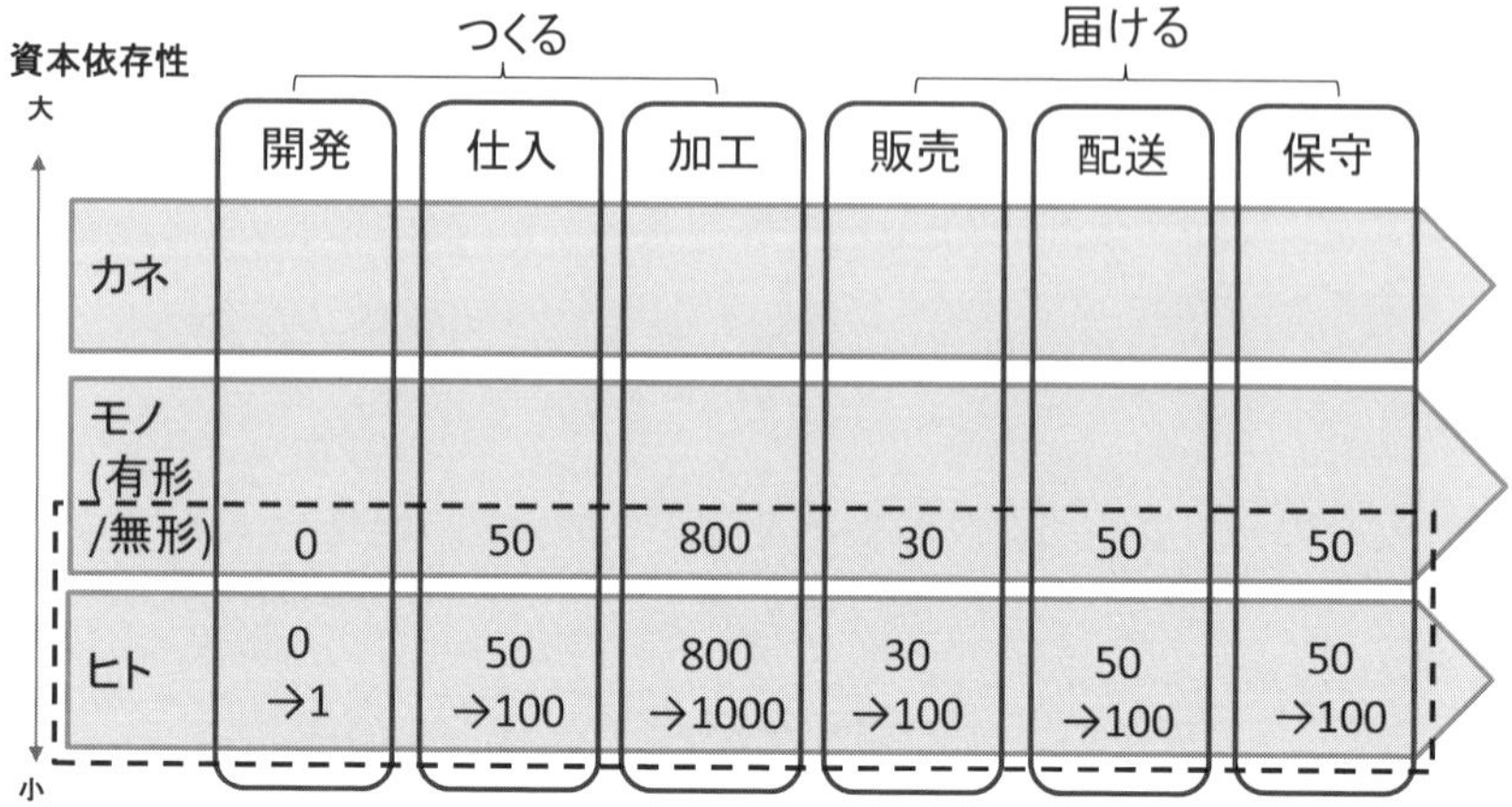

【図46】ヒト・モノ・カネ：投入資源の生産性

4・1　デジタル無形固定資産で武装化

本章では、今までのアーキテクチャ変革、ビジネスプロセス変革及び組織文化変革を実行するための、データによる組織や働き方の変革方法を検証します。

ところで、企業経営とは経営資源「ヒト・モノ・カネ」を投下して生産性を上げ組織目的を達成する組織活動です。ドラッカー博士のいうマネジメントとは、この投下した「ヒト・モノ・カネ」の運用管理等を言いますが、本章ではこのうち「ヒトとモノ」の2つマネジメント手法を取り上げます。また、モノは有形と無形の固定資産に分離をし、さらにマネジメントはタテとヨコの両方向で行うとします。これらの関係を、本章で取り扱う範囲を明示するため、図46でモデル化してご説明し、データを活用し、点線カッコの範囲であるモノ（無形）とヒトを横断的にヨコ方向にマネジメントする方法を解説します。

図46は、会社組織が「社」の実現のために、「つくる・届ける」という働きをするためにヒト・モノ・カネという経営資源が投入されていることを表しています。先ず、開発・仕入（調達）・加工ま

での「つくる」[六〇]、販売・配送（物流）・保守までの「届ける」の6つのライン組織において必要な経営資源が投入され、タテにマネジメントされます。また、ヨコのマネジメントとして、各経営資源が全体最適に生産性を上げるように、組織横断的な調整・支援活動をします（「支える」機能です）。

また本書で、モノを有形固定資産と無形固定資産に分けるのは、経済がサービス化する社会では後者のマネジメントが極めて重要で、特にブランド（信頼）、ノウハウ（再現力）、デザイン（訴求力）、特許（独占力）[六一]等が競争優位の源泉（＝競争源泉無形資産）になると考えているからです。本書では、競争源泉無形資産の中でも、ヒトの働きと関係性が強い各種「ノウハウ」を「Ｗｅｂ型ｎ×ｎ無形固定資産化」し、見える化・共有化で組織再現力を高めるマネジメント手法を説明します。なお、経営資源に対するマネジメントの評価指標：ＫＰＩが重要で、ヒトの場合は労働生産性、モノは資本生産性となり、それぞれ以下の関係があります。

①　労働生産性＝付加価値／労働力
②　労働生産性＝資本ストック／労働力×付加価値／資本ストック
③　労働生産性＝労働装備率×資本生産性

①は70頁で説明しましたが、②は①に資本ストックを分母分子に代入して導き出されています。資本ストックとは

六〇　つくると届けるは厳密ではなく柔軟に活用します。製造であれば、「つくる→届ける」ですが、サービスでは、例えばモノを運ぶサービスは、仕入れを「モノ受け入れ」とみて、その後加工を梱包等で整え届ける準備をするとみると、ここまでが「つくる」です。大切なのは、大きく分けて、本質的機能を和語で抽出することです（例えば本部という機能を新設するときに、開発・仕入・加工各部からの本部長は「つくる」が本質機能。販売・配送・保守では「届ける」となる。）

六一　会計的にはブランド：商標権、ノウハウ：ソフトウエア、デザイン：意匠権、特許：特許権を表しますが、会計で計れない競争力を生むことを意味するために、別途一般的な表現に変えています。

指数	労働資産性（万円/人）			労働装備率（万円/人）			設備生産性（倍）		
業種	製造	非製造	単純平均	製造	非製造	単純平均	製造	非製造	単純平均
大企業	1,394	1,367	1,381	1,812	2,937	2,375	1.30	2.15	1.72
中小企業	554	553	554	631	760	696	1.14	1.37	1.26
比較	40%	40%	40%	35%	26%	29%	88%	64%	73%

【図47】生産性指数の大企業・中小企業比較　2018年中小企業白書より

設備、機械、車両等の有形固定資産を意味し、それらを投入した結果、③の「労働装備率」として資本ストックを労働力（人数）で割った「一人あたりどれだけの武器を装備して戦っているか」を表します。「資本生産性（設備生産性）」は付加価値を資本ストックで割って「その武器の投入で全体でどれだけ成果を上げたか」を表し、中小企業と大企業の各指標を図47で比較します。(六二)

製造業と非製造業のデータから単純平均を取っていますが、中小企業の労働生産性は５５４万円／人で、大企業１３８１万円／人と比べて40％と半分以下で、大きな差があります。そして、式②で労働生産性を分解すると、一人あたり戦う武器の装備率である労働整備率に関しては、中小企業は大企業の29％と70％以上少ない状態です。これでは竹槍で戦うようなもので、いくらヒトやそのマネジメントで頑張っても、なかなか勝てない状況です。

しかし実態として、日本の全企業数99・7％、雇用者数68・8％、付加価値の52・9％は中小企業が占めています（２０１６年経済センサス一括調査）。そんな中、政府の「成長戦略会議」のメンバーであるデービッド・アトキンソン氏が上記のような中小企業の労働生産性の低さから「中小企業淘汰論」を唱えているとメディアで取り沙汰されています。公開されている同会議の議事録要旨の該当箇所を一通り読んでみると非常に面白く、日本商工会議所の三村会頭が、アトキンソン氏が中小企業淘汰論を主張しているわけでないのはありがたいとけん制する場面があります。そして三村氏は、アトキンソン氏が主張する、最低賃金を上げたら生産性も上がるという

六二　白書では資本装備率及び資本生産性としていますが、前者は財務省が労働装備率としており、後者は両省とも資本生産性としていますが民間の多くで設備生産性と表現しており、そちらの方が有形固定資産の活用度合いが分かりやすいので代替して表現しています。

のはおかしいと指摘して、空論でない生産性を上げる方法が必要と訴えるやり取りがあり、臨場感を感じます。

筆者は、新卒で巨大企業に入社し、その後20年以上自身の零細事務所の経営をしながら高リスクのミャンマー等での海外投資をし、主に中堅優良企業の組織・人事労務課題のご相談を受けてきました。よって大中小、国内外を問わず企業経営と現場活動に触れてきたつもりなので、三村会頭の空論ではない具体論を、本書で主に中小企業向けのＤＸ：データ・トランスフォーメーションとして提示します。「カネ」のない中小企業には、知恵を働かせてドラッカー博士の「マネジメント」の力を発揮するしかありません。それは、無形の「モノ」を活用し、家族主義で少ない「ヒト」の力を最大発揮し、割り切ってご縁に頼り外部から「ヨコ」の力を上手に借りることが有効です。

そのイメージを表しているのが図46で、点線の無形のモノとヒトがマネジメントの対象です。そして、数字が無形固定資産である「ノウハウ」のデジタル化割合を示し、競争源泉を強化し「デジタル武装」するイメージです。第１章の図１でＰＣ98が淘汰されたように、デジタル化がもたらす先は、大量コピー可能な価格破壊です。逆にいうと、デジタル無形資産は価格破壊が起こりやすく、「カネ」のない中小企業でも、割り切って外部の力をうまく借りて、安く素早く構築できます。中小企業ならではの「柔軟性」が発揮できれば、デジタル化は相性が良いです。逆に、古い大企業はその意思決定が遅いので、デジタル資産を陳腐化した頃に構築する傾向があります。陳腐化の影響を受けにくく、会計上償却が長い有形固定資産で、結果的に武装して見えるところも多く、数字上図47のように70％以上の差になっているとも見えます。このように考えることにより、有形固定資産では差がありますが、デジタル武装の無形固定資産で、やり方次第で戦えることになります。

なお、図46左にある資本依存性とは下方の小の方向は、資本力がなくてもマネジメント次第で組織力を発揮できることを意味します。つまり、ヒトやモノの無形固定資産はカネがなくても工夫で投入効果を高められるということです。無形のモノもそうですが、特にヒトの可能性は無限です。ヒトはまさに、マネジメント次第で、図44の欲求5段階説の自己実現に到達して、天分を引き出すことが最大の可能性引き出しです。

ヒトと無形のモノの関係ですが（具体的には後述しますが、考え方として）、投入された「ヒト」に対するマネジメントにより、最初の「開発」の例では「0→1」とあるように、ゼロ（無）から1を生み出すことが成果です。次の「加工」では「800→1000」とあり、800の無形固定資産であるマニュアルや各種データ等のノウハウを整備し、それを活用して、1000を生み出すことが期待されています。多くの中小企業の問題は「一人何役もこなす」という理由をつけて、この業務マニュアル等の整備ができていないことです。なお、日本企業の強さはこの加工のように、1000の多様・複雑なアウトプットを出せるカイゼン型オペレーション力で、この数字がその状態を表しています。トヨタ等の製造業擦合わせ型複雑系ノウハウであれば、この数字が10万等になるのが競争力の源泉を表していることになります。

そして、「モノ」の無形としているところに、このノウハウ等の数字が入っており、その他の「受入」50、「販売」30、「配送」50、「保守」50は、それらを活用してその通りに行うと、同じ量100がアウトプットされるという意味です。逆にいうと、アウトプットとして期待されている100との差分、例えば販売でしたら100－30＝70は、ヒトが個々人の能力を発揮して対応することを意味します。これらの数字は例えで、それ自体に意味はありませんが、考え方として、ノウハウ等の有無がどのラインでどれだけ生産性に寄与するかを表しています。なお、「つくる」は対内的「届ける」は対外的な生産が高いので、前者が「モノ・情報×移動・変形・変化」、後者は「ヒト×移動・変形・変化」の割合が高くなります。この大雑把な2つの累計は、ヒトとモノに対する働きの生産性を上げ、無形固定資産形成のために重要になります。このノウハウ部分を人事評価制度を軸に構築することが有効です。

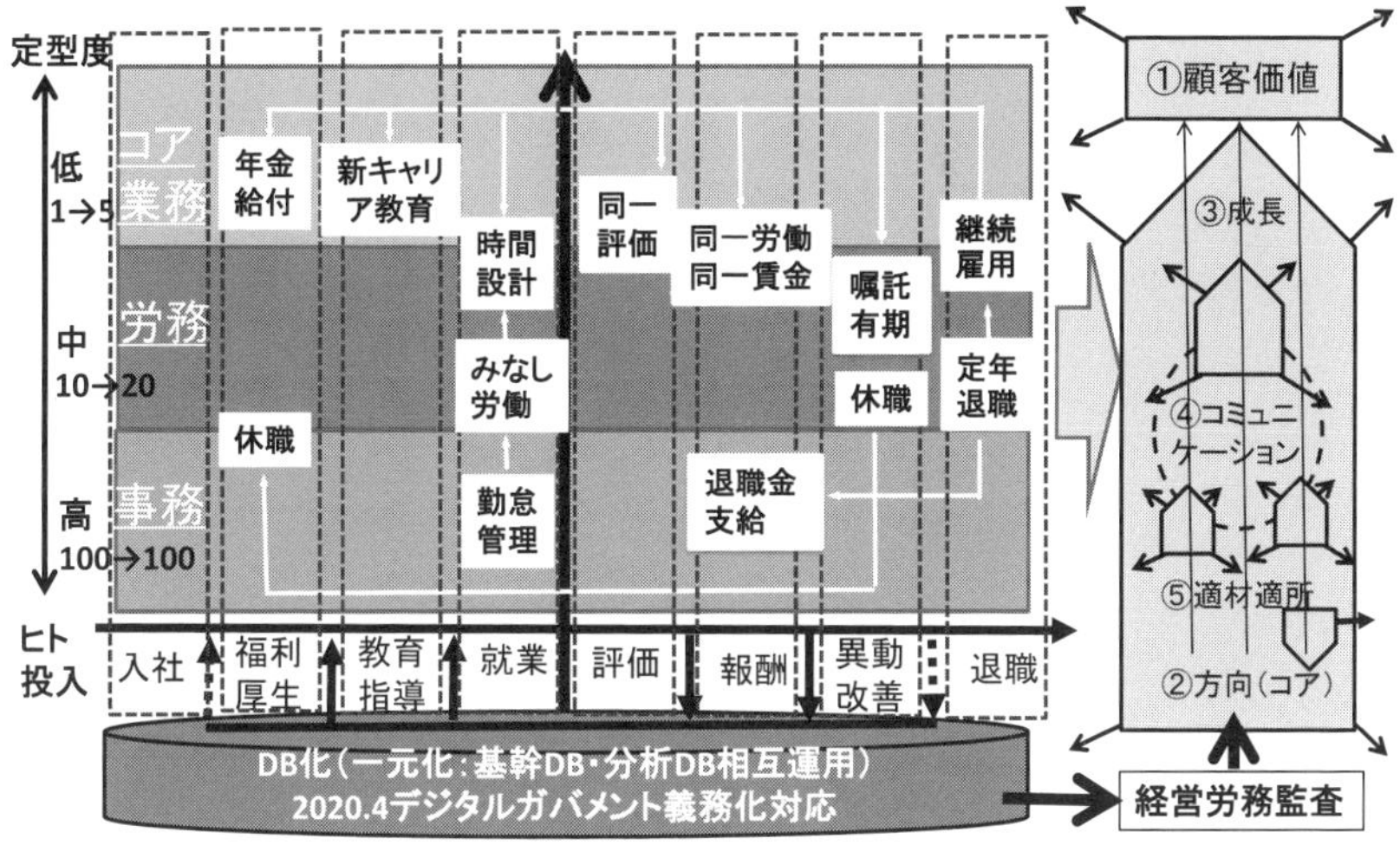

【図48】ヒトの基本アーキテクチャ

4・2　ＤＸの人事アーキテクチャ

次に、投入されたヒトに対し、具体的に人事機能によりヨコマネジメントする基本アーキテクチャ図48を説明します。なお、組織における人事機能とは「投下されたヒトが、その成長を通じ、投下成果である労働生産性及び競争源泉無形資産を最大限に高め、その組織的再生産性を構築すること」と本書で定義します。さらに、全ての人事関連業務はこのように「ライフサイクル：ヨコ8」×「三層モデル：タテ3」＝「左図24のマス」に集約でき、右図の組織運営ベクトルの結果に反映することを表しています。つまり、人事の仕事はこのアーキテクチャですべて完結し、後は中身を作り運用するだけとなります。実際に、弊社で全体業務俯瞰と各業務対応で活用し、さらにはＨＲテックのソフトベンダーの商品開発会議のベースにするなどで活用しているので、非常に実用的です。さらに、「ⅰライフサイクル概念、ⅱ業務ＭＥＣＥ、ⅲ投下成果表示、ⅳ組織円運動、ⅴデータ起点設計」の5点の特徴を持つ図46ヨコのマネジメントが実現します。

まず、全体像として、左図下方の経営資源「ヒト」の投入を「入社から退職」までの「人事ライフサイクル」という「ⅰライフサイクル概念」でマネジメントしています。ライフサイクル化を通して、時系列での業務マネジメントだけでなく、求心力を高める儀礼論で説明した年中行事・通過儀礼・政治的儀礼の設計も意識できます。また何事も、投入時よりも、終了時のマネジメントは難しく、アナログなヒトの「退職」はより顕著なので、丁寧に設計・運用することになります。

次にその上にあるのが、各ライフサイクルに対して、横断的な人事マネジメント機能が果たす「コア業務・労務・事務」の三層モデルでの具体的な人事関連業務を表します。ライフサイクル概念に三層モデル概念を組み合わせて、人事関連業務として果たすべき機能の網羅性を担保し重複を排除する「ⅱ業務MECE」が完成します。これにより、人事関連業務は必ずこの８×３＝24マスのどこかに存在することになり、そのマス内の業務を構築・更新・実行することが、人事マネジメント機能の具体的内容となります。

また、右図のベクトルは、人事マネジメント機能が果たしたヒトという経営資源の「ⅲ投下成果を表示」しています。左図の業務を行うと、右図の組織状態を表すという関係ですが、ヒトの投下により①顧客価値を最大化し、そのために法人・個人の各ベクトルの②方向を合わせ、結果各人が③成長し、そのために④コミュニケーションを高め、そして⑤適材適所に配置がされている状況を表しています。

また、入社で始まる人事ライフサイクルで最後の退職で矢印のように退出するまで、ヒトは福利厚生から異動改善の間でグルグルと回転運動をします。その中の「教育指導→就業→評価→報酬」が実線になっているように、ここが主たる回転運動で「人事ＰＤＣＡサイクル」と定義しています。そして、点線である福利厚生や異動改善は人事ＰＤＣＡサイクルの補完運動を表わしています。よって「ⅳ組織円運動」としてヒトが円滑に組織内で回転し、結果右図で最良の状態になることを目指し、そのために対応する上記24マス業務を構築・実行します。

左図最下段に「DB化」とあるのがまさにDX：データ・トランスフォーメーション部分を表し、上記24マスの各業務により人事ライフサイクル及び人事PDCAサイクルを円滑に回転するのをデータ起点で支援することを表します。24マスの各業務に対してデータベースの項目を設定して、各業務を「vデータ起点で設計」します。さらに、各データからヒトの動きが計測されるので、各種分析[六三]（経営労務監査等）に利用できます。これが、DXの根本となり、以下、具体的な業務を例にとって解説します。

4・3　DXと円運動の意味

人事アーキテクチャの活用はさまざまな意味を持ちますが、ヒトという経営資源をライフサイクルでの円運動と見立てられるため、法則性・規則性を発生させデータによるマネジメントが可能となります

運動だからこそ、各サイクルで「どの：Which」「誰が：Who」「いつ：When」「なぜ：Why」「何を：What」「どこ：Where」「どう：How」「いくつ：HowMuch」行ったという6W2Hの動きを各データ項目で定義して、

六三　さらに右下の「経営労務監査」を通して、右図の組織の①～⑤の状態を評価する関係です。本書では当該監査は深く触れませんが、例えば次のような評価が考えられます。自社で深刻な人手不足に陥っているような場合は、まずは「退職」をデータ化します。社員の離職率の多面分析は、人事基幹業務として離職手続データのデータベースを活用すれば、すぐ抽出できるようになります。簡単で効果がある離職率と入職率の両面での分析は、基礎データが厚労省から発表されていますので、これらのデータとの比較をすることで、自社の予想外の問題の構造が見えてくることがあります。その他、一人あたりの採用・教育・福利厚生・報酬の予算及び消化状況や、平均の就業の時間、過去の上司・部門の評価の傾向（甘辛）等々、8つの軸を持つことで、比較検討を多面的に行い課題発見に有用です。よって③データをためるために〔事務〕の人事関連業務をデジタルツールで処理をして、積極的にデータを発生させることが必要になってきます。

パラメーター設定して、図48一番下にあるデータベース化：DB化で「一元管理」できます。その各項目に対して、主に「事務」は動きのマスタ設定及び記録、「労務」はパラメーターの設定（制限）、「コア業務」で各項目の動きの設計と関連業務実行をするという関係です。

そこで、図48の人事PDCAサイクルの「就業」を取り上げます。業務例として「就業×事務」では「勤怠管理」、「就業×労務」では「みなし労働運用」[六四]、「就業×コア業務・労務」では「時間設計」が例示されていますが、それぞれの業務で以下の例によりデータの動きを説明します（なお、以下細かな例示による説明が続くので、必要に応じて161頁まで読み飛ばしてください）。

① 事務では、「Which：営業」の「Who：Aさん」が「When：本日」「Why：事業場外労働」なので「What：所定労働日」を「Where：出張先で」で「How：所定労働時間働いたとみなし」て「HowMuch：8時間」就業したと、記載された。 ↓実際は、勤怠管理ソフトで「社員マスタ：Aさんに」に対して「労働時間マスタの日付：本日、勤務体系：事業場外労働、労働日：所定労働日、場所：出張先、計算：所定労働みなし、集計時間：8」とデータベースに記録されているのを確認した。 ② 労務では、出張の場合、事業場外みなし労働時間制を適用し、所定労働時間の8時間を1日の労働時間とみなすように、社労士に確認をし（外部の力借用）、弊社の出張運用であれば適用の問題ないとWeb共有（後述連絡表等）に回答があり、後日就業規則改定で規定し、システムのマスタ設定した。 ↓勤怠ソフトの事業場外労働のみなし労働時間制に「利用する」にチェックを入れ、事業場外種類に「出張先」、みな

六四　正確には事業場外労働のみなし労働時間制度を意味します。労働者が業務の全部又は一部を事業場外で従事し、使用者の指揮監督が及ばないために、当該業務に係る労働時間の算定が困難な場合に、使用者のその労働時間に係る算定義務を免除し、その事業場外労働については「特定の時間」を労働したとみなすことのできる制度です。

し時間に「所定労働時間（8）」とパラメーターを設定した。
③コア業務では、「働き方」の設計である労働時間設計を行っている中、出張の場合の労働時間の算定を議論しており、労務的制約が考えられるため②のように確認をした。
↓労働時間マスタの労働時間制に事業場外みなし労働を項目追加し、それを元に就業規則作成パラメーターに、上記チェックとパラメーターを設定して、その部分は自動で就業規則に反映された

これは弊社で行っている一部ですが、図48のモデルが正しく機能するという確信をもっているので、実際の業務と自社でのソフトウエアの開発の理論として使っています。従来の人事関連業務を変革：トランスフォーメーションしているのですが、以下のような考え方になります。

①　全サイクルでの活動は6W2Hの項目にほとんどが定義でき、そこで発生するデータを一元化するデータベースに集約し、ヒトの動きを管理でき、さらに分析に活用できる。
②　①の業務を行うイメージが図48一番下にあるDB化部分。すべての業務はマスタの登録・変更・削除（停止）及びデータの作成・確認の5つに集約することを目指す（２０２０年４月から大法人のデジタル・ガバメント対応が義務化され、社会保険手続等のヒトの「事務×福利厚生」業務が強制的にデータ化されさらに増えることを意味するので、データを一元化してヒトの運動分析活用をするとよい）。
③　各種パラメーター（上記の例ではみなし労働時間）の設定には労務リスクが発生する可能性があり、その場合ヒトの動きに制限がかかる。この設定をＷｅｂ型ｎ×ｎ情報により外部専門家と共有することにより、リスク軽減する。
④　労務リスク対応は法令等が根拠となり変化し、また基本的に法律はロジックからなっているため「情報×変形」で演繹的なプログラミングと相性がよい。法令等の変化対応のためＷｅｂスクレイピング化し、法律ロジックを四則演算化して極力自動化をする。
⑤　就業規則等は①～④までの理由により、項目にパラメーターを設定したら自動生成されるべきもの（現状は、ワードに各規程のひな型を用意し、ブックマークをＭＳ社データベースで連携反映し実現）

⑥　コア業務は本来、前述の『人事機能とは「投下されたヒトが、投下成果である労働生産性及び競争源泉無形資産を最大限に高め、その再生産組織を構築すること」』を実現するための全体設計。そのためにも①のデータ分析活用が重要。
⑦　コア業務は「情報×変化」で答えのない問を解くために本来自由であるが、④の労務リスクで足を引っ張られないように、考慮して進める必要がある。
⑧　ただし、結果的にはヒトという経営資源を項目化してパラメーター抽出をしながらデータマネジメントを行うために、データ項目とデータの動きを設計することになる。
⑨　さらには、6W2HのWhenを時制、Whichをカテゴリーととらえ、組織運動をカテゴリーによるかたまりの時制サイクル化して円運動としてエネルギーロスがないマネジメントを設定する。

以上設計思想なので、意味がよくわからないと思いますが（後述します）、ポイントは「ほとんどの人事業務はデータ項目化できる」「パメーター指定で就業規則は自動生成され、それに従い勤怠ソフト等のマスタ設定に反映される」「事務はマスタとデータに対して5つの業務だけになる」「データを分析してヒトの運動が測れる」等々、データを起点に事務・労務・コア業務の多くを自動化するためのアーキテクチャです。データの定義と3層業務での業務イメージですが、さらに基本アーキテクチャ図48を説明します。

4・4　8×3＝24人事業務と組織運営結果

タテ軸の定型度「高」「中」「低」区分で「事務」「労務」「コア業務」と上に行くほど定型度が低く、逆に判断・裁量が高い業務という構造になっています。逆に「事務」は基本的に定型業務であり、決まったことを決まった通りすることが評価される業務です。よって、仕事の成果としては、定型業務を納期通り正確に行うことで、本書ではこのような定型的な仕事を「１００➡１００」と表します。つまり、「１００の決まった定型的な業務を

100」実行することが評価される仕事という意味です。第2章図35の社会保険手続係員や給与計算係員が行う「情報・データ×移動・変形」が主な業務です。

「労務」は法的・社会的な制約の中で行われるので、解釈により広げることはできますが、できることの選択肢がやはり狭まってきます。仕事の成果としては、就業規則等組織ルールの作成・改善と、それを元にした個別の人への対応などになります。数字に当てはめると「10→20」程度のイメージで、10は決まった定型的な方法で対応可能ですが、残り10は会社の方針や法令の解釈等による判断業務というイメージです。この業務の特徴は、必要な労務管理知識が複雑・大量なので、知識不足による判断ミスで、リスクが発生する可能性があることです。よって、社労士や弁護士等の外部専門家のアドバイス・知識活用により、組織的にリスクヘッジをするなどのマネジメントが行われます。図35の人事部の事例に戻ると、社労士有資格主任等が「労務×採用・福利厚生・就業・報酬・異動・退職」で主に労務を行います。主に「情報・データ×移動・変形」の仕事で、労務問題独自の駆け引きも含め高度な「ヒト×変化」を必要とされます。

「コア業務」とは、企画・開発等の業務になり、ここは自由度が高く各社の独自色が一番強くでるところです。仕事の成果物としては、例えばテレワークを前提とした人事・組織戦略や各制度の立案・改善の業務などとなります。数字にすると「1→5」ぐらいのイメージです。つまり、1つの指示（説明）に対して、5のアウトプットを出すというイメージです。この層における仕事の成果は、組織運営全体に大きな影響を与えます。よって、組織運営の課題の抽出や目標の立案、組織体制や各種制度の構築に関しては、非常に高いノウハウが必要です。組織決定としてプロジェクトを発足して対応する場合が多く、外部組織・人事コンサルタントのノウハウを購入する等の投資を行います。

これは、図35の人事マネージャーが「コア業務×採用～退職」の全体的な制度設計に参加し、右側の組織運営の

①～⑤への影響度を計算して、会社の組織決定を経営側に求める仕事です。図35のマネージャーの仕事「情報・データ×移動・変形・変化」で、特に「情報・データ×変化」を求められ、プロジェクト参加者や部下にコミュニケーション量を増やす等のため「ヒト×変形」を行います。

今までの日本企業の人事関連従事者は、特に中小企業では、従来「１００：事務」と「20：労務」の対応で手一杯で「５：コア業務」指示への対応が不十分と言われます。日常発生する事務や火消対応の労務に追われ、これを避けるための仕組みが、⑨の「時制サイクル（後述図49）」による円運動で、③の外部の力を借りてエネルギーロス（＝企業では利益喪失）が減り実行できます。

つまり、無形固定資産であるノウハウとデータとして事務は１００、労務は10、コア業務は1を正しく構築できれば、業務生産性は高まることを意味します。具体例は後述しますが、例えば事務に素人を採用しても、１００のノウハウ・データがあるので、理論上はその通りに行えば１００の成果が出ることを意味しています。

次に、ヨコ軸の図48左図下にある人事ライフサイクルを説明いたします。

まず「入社」でヒトの投入から始まり、次にセーフティネットなどの働きやすい環境である「（福利）厚生」を用意します。この２つが前工程です。

次に人事ライフサイクルで中心となる人事ＰＤＣＡサイクルが回ります。ヒトが働く準備で必要な「教育・指導：Ｐ」をし、予定されている仕事に実際「就業：Ｄ」してもらい、その働きを「評価：Ｃ」します。最後のＡｃｔ：改善・行為につなげ、これは２つあり、まず「報酬：Ａ」で還元をします。そして必要に応じて（よって点線）、適切なタイミングで「異動：Ａ」[六五]で、昇進等で配置したりします。その後、教育・指導や就業のサイクルに戻

六五　異動は昇進昇格、配置、転勤、コース・職種変更、契約更新等の就業規則に従い報酬以外の内容を変えることを意味します。

るというサイクルです（図の下方の逆矢印サイクル）。なお、Ｐには目標管理制度（ＭＢＯ）等の目標立案も入りますが、それらも含めて教育・指導して、自らがプラン（予定・目標等：Ｐ）を立て、Ａで改善していくことになります。そして、最終工程として右端の退職により、ライフサイクルのループから抜けることになります。

なお、図48の事例として、退職×労務の定年退職した後のために、退職×コア業務・労務で継続雇用制度を設計・改変してヒトの再投入を促進する必要があります。２０２１年4月の高年齢者雇用安定法改正で70歳までの就業機会確保が努力義務になりましたが、背景には２０２０年の高齢者１人を現役世代２・06人で支える状況が、２０６５年には１・３人で一人を支える計算があります。これでは、対応しきれないので、高齢者を70歳に定義して人数を減らし↓、逆に現役世代を15歳から70歳と増やす↑ことで、社会保障費用支出を減らし↓、保険料や労働力を増やす↑ことになり、今後すべての企業で共通の大きな課題です。定年退職を例に、図48のように投入されたヒトの動きと各業務を説明します。

① 採用で投入されたヒトの属性であるデータ項目：年齢が、パラメーターである閾値60歳以上になったら、退職×労務の就業規則に定められた方法で定年退職対象となり、人事ライフサイクルから抜ける対象となる。よって、以下の図48に記されているヒトに対するマネジメント業務が行われる。

② ①の対象者に報酬×事務で退職金規定に従い退職金支給がされる。

③ ①で希望するヒトは退職×労務の継続雇用制度により異動×労務の嘱託有期雇用契約が締結される。

④ なお、人事ライフサイクルから抜ける前に、福利厚生×コア業務の年金給付にあるように、定年退職後の年金給付との兼ね合いを確認して、教育×コア業務で定年を迎える数年前から、生涯教育としてこれからの「ライフとワーク」の考え方を整理できるように準備する。

⑤ 実際の再雇用が始まって本人が選択できるように、就業×コア業務・労務にあるような時間設計を行い、定年前と同じフルタイムなのか、週数日勤務なのかを④年金・雇用継続給付金等との兼ね合いも併せて準備をする。

⑥ 評価の問題は就業意欲に直結し、ヒトの労働生産性に影響するので、同一労働であれば評価は同じように行う設計が望ましい。
⑦ 報酬×労務の同一労働同一賃金でパートタイム・有期雇用対応で最高裁の長澤運輸事件判決等（六六）を参考にリスクを回避して、報酬×コア業務で報酬制度を設計する。その上で⑥の評価により報酬を決定し、異動×労務の嘱託有期雇用契約を更新して、人事サイクルが再回転し、教育・指導に戻る。

このように、ヒトの投入後の動きを、最後の人事ライフサイクルから「退職」というトリガーで抜けて、再投入された後のサイクルで回るイメージを、人事関連機能の3層及びサイクル活動から説明しました。

4・5　外部専門家とのn×n×n型の無形固定資産共有

以上のように、まず「人」を「ヒト」と捉えて、モノやカネと同じように「動き」の定義をして、サイクル化して円運動としての法則性を持たせると、システム化によるデジタル・マネジメントに近づきます。弊社で行っている具体例を使って以下説明していきます。

六六　有期契約社員と無期契約社員の待遇差は、職務内容並びに当該職務の内容及び配置変更の範囲に関連する事情に限定せず、その他の事情も考慮して決定するべしとする判断により、精勤手当と超過手当（時間外手当）に関してのみ東京高裁の判断を覆して、労働契約法20条に違反とした（H30・6・1）。

①　図49のような「ヨコ：人事ライフサイクル×タテ：時制」の2次元マトリックス表を作成し、ヒトを投入して各「サイクル」でヒトに対して発生する動き（業務）を、どのタイミングで回転させるかを「時制」としてまとめています。ここでは、複数年次（短期2〜3年・中期5年程度・長期10年以上）・単年次（この例では4月〜3月）・月次（1日〜31日）を「定時サイクル」と定義して、規則的に、投下されたヒトを横断的な人事機能で支援する業務をロスないように回します。

②　定年退職後の動きで、福利厚生＞公的保険制度の列で「（継続雇用）年金調査」、教育指導＞教育で「新キャリア教育」という業務を、「年次」で毎年8月に行うことになっています（この会社は対象者は今年度50歳になる全員）。

③　すべての業務に図49のようなリンクが張ってあります。「新キャリア研修」のようにリンク先をクリックすると、その業務の目的、業務内容や実行手順等の説明Ｗｅｂサイト（Ｗｉｋｉと呼んでいます）に飛んでいきます。また、福利厚生＞その他福利厚生に「持ち株会」がありますが、持ち株会のマスタ・データの定義・取扱い方（労働・社会保険・税計算等）をまとめた下にある2次元マトリックス表にリンクしています。

④　③のように「図49×図50＝2次元×2次元」のように、「ヒト」の動きに関する全ての業務をタテ×ヨコの2次元マトリックス化でデータ定義して、それをＵＲＬリンクでつなげる等、データが多次元化（ｎ化）していきます。

⑤　さらに、④の自社でデータ多次元ｎ化したＷｅｂサイトやクラウドアプリ・ＤＢ環境を、外部の社労士や税理士等の専門家とＷｅｂ共有しているので、まさにＡＰＩによるＩＰＯＤ型ｎ×ｎデータ流通で、外部専門家の脳みそを貸してもらう状態になっています。

⑥　ツールですが、この例はグーグルのスプレッドシート、サイト及びドライブ等で行っていますが、グーグルスプレッドシートにはエクセルにないIMPORTRANGEという外部データリンク関数があるので、ｎ×ｎデータ流通のイメージが付きやすいです。その他マイクロソフトのPowerAppsやSharepoint等専用アプリではなく、汎用ツールでノーコードによる簡易検索アプリを作り、各社に社内ポータルサイト及びデータベースをＷｅｂ型ｎ×ｎ共有します。

⑦　まずは物事を2次元の「タテ×ヨコ」マトリックスによる項目定義が必要で、そのために6Ｗ2Ｈによる定義トレーニングやＤＢ項目の正規化が重要になります。図49の時制サイクルが回るのはWhenという切り口で、項目定義しているからで、個々をまとめてカテゴリー化（抽象化）するWhich（どの）も重要な項目です。

			福利厚生				教育指導	
		登録	公的保険制度	私的保険制度	納税支援	その他福利厚生	教育	指導
複数年次	長期10年以上						役員選抜教育	
	中期5年程度						教育体系メンテ	
	短期２~3年						技能継承	
単年次	4月			401k		持ち株会	新卒教育	メンター指導
	5月				住民税登録			メンター指導
	6月		年度更新		住民税変更			メンター指導
	7月		算定基礎					
	8月		継続雇用年金調査				新キャリア教育	
	9月		保険料改定					
	10月				年末調整案内		https://sites.google.	
	11月				年末調整準備			
	12月				年末調整			
	1月				給与支払報告			
	2月							
	3月							
月次	1日	マスタ登録確認						
	2日							

【図49】人事ライフサイクル×定時時制２次元マトリックス表　例

	A	B	C	D	E	F	G	H
1	支給項目	課税区分	残業基準※	欠勤・遅刻基準	雇用保険対象	社保報酬算入	社保固定的賃金	INPUT
2	基本給	○	×(○)	×(○)	○	○	○	年俸シート
3	固定残業時間外	○	×	×	○	○	○	年俸シート
4	固定残業深夜	○	×	×	○	○	○	年俸シート
5	額面調整	○	×(○)	×(○)	○	○	○	年俸シート
6	持株奨励金	○	×	×	×	×	×	グーグルドライブ
24	控除項目	社保料対象	固定・変動					
25	従業員持株会積立金	×	固定					グーグルドライブ
26	保険料控除	×						

【図50】マスタ定義及び×取扱い２次元マトリックス表

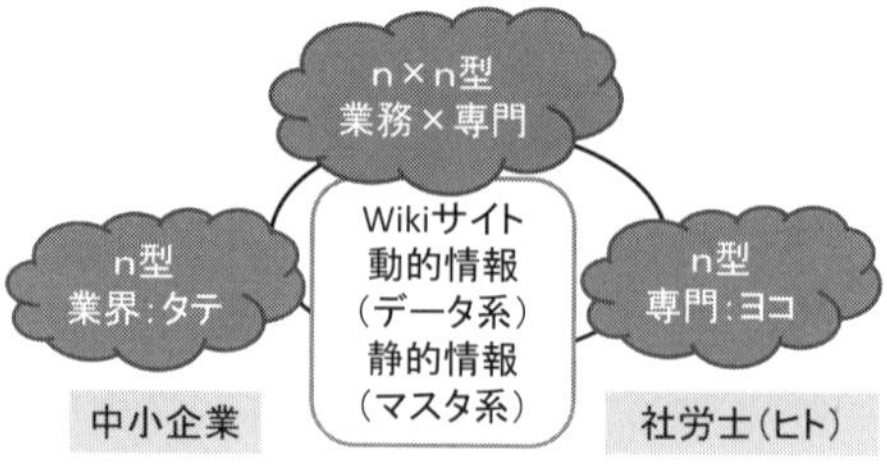

【図51】外部の力と無形固定資産ｎ×ｎ共有

なお、③のWikiサイトの全体イメージは図51です。大きくデータ系の動的情報とマスタ系の静的情報があり、静的情報により動的情報が生み出されるという関係です。例えば「報酬×事務」の給与計算という業務で設定した給与マスタは、一度定義したら、一定の理由がなければ動かない情報です。しかし、給与データは、ヒトの月単位の就業というサイクルで発生するので毎月の勤怠状況や通勤経路等、さまざまな事象によって変動し動くデータです。

よって、図49図50等の静的情報をしっかりと一度確定してしまえば、後は時制に従って、決められた時期に円運動を規則的に行っていけば、動的な正しい業務とデータが出ることになります。

報酬×事務の給与計算はヒトの投入において、非常に重要な業務です。これが正しい時期に正しく行われないと、労務リスクとなり感情的にヒトの生産性は低下します。そして、給与計算とは図50のように、タテ：給与項目に対してヨコ計算項目の定義通りに計算されます。前出の社員持ち株会に入っている社員は、支給項目の持株奨励金が会社から支払われますが、これは課税のみされて、自分の拠出分も併せて積立金が控除されることになります。このように基幹業務ソフトである給与ソフトのマスタ設定がしてあれば、自動的に正しい計算がされます。また、中層企業と専門家の双方がマスタ設定等の静的情報を共有し常時確認できるようにすることで、間違が起きるのを防止できます。

4・6　業務を網羅し、その手順と根拠を共有する

定時の時制で単年次・毎年4月に行う例として、図49では「福利厚生〉その他福利厚生×単年次〉4月」のマトリックスに「持ち株会」があります。業務としては、新入社員の持株会申込に対して、各種マスタ**登録**があります。

	A	B	D	E	F	G
1			福利厚生			
2			公的保険制度	私的保険制度	納税支援	その他福利厚生
17	変更	拠出金		401K変更		持ち株会変更
18		控除額	産休育休保険料免除			
19						

【図52】時制サイクル：抽象化・具体化往復トレーニング

もちろん、逆にマスタ設定を変更する場合があります。それは積立金を増やしたり、減らしたり、やめたりする場合です。つまりマスタの**変更**や**停止・削除**をする必要が出てきます。

そもそも時制サイクルには、定時のほかに「随時」という時制マトリックス表がもう一枚存在します。上記持ち株の変更申請のように、ヒトの動きには、タイミングが決まっていないものもあり、引っ越しなどはその典型で、ヒトの個人生活・嗜好変化のタイミングは制御できません。もちろん、随時にはあらかじめ想定されるカテゴリー（Which）を網羅する必要があります。しかし、実際はなかなか十分に網羅するのは難しいので、逆にこの時制サイクルが役立ちツールになります。

イメージしていただくために、敢えて図49をそのまま随時に転換します。ヨコの人事ライフサイクルはモデルとしては出来上がっているので、ヨコの項目（1・2行目）はそのまま残して、タテの項目（A・B列）と内容をすべて消去します。その上で、例えば福利厚生＞その他福利厚生に「持ち株会変更」と入れます。次に、タテの項目として随時起こる事象のカテゴリーとして、「持ち株会の変更なので、変更」とします。そして、A列に随時起こるイベントとして変更を入れるとしっくりします。次に、少し具体化して「何の変更だろう?」と分解して「拠出金」としてB列に入れます。すると「拠出金で他に変更するもの?」と想起すると、福利厚生＞私的保険制度に「401K変更」が入りました。そして、A列：変更の「拠出金」以外のカテゴリーに逆の「控除額」が想起されB列に入れ、福利厚生＞公的保険制度に「産休育休保険料免除」がタテに追加されました。

このように「具体化↓抽象化↓具体化・・・」の往復運動訓練をしていくと、時制サイクル表がびっしり埋まってきて、網羅性が着実に上がっていきます。しかし、網羅性が上がっても、何をいつするかが分かるだけで、どう：Howするのかが正しくなければいけません。さらに大事なことは、何故：Whyするのか？を正しく押さえることが非常に重要です。これを外部の専門性を借りて無形資産としてマニュアル化構築することが、図51の意味するところです。

このように、静的情報のマスタ系には大きく4種類あります。①時制サイクル表：図49（いつ）②マスタ項目定義：図50（何を）及び③手順（どう）④根拠（なぜ）です。そして、③手順（どう）には社内手順・外部手順があり、どちらが何をするのかを明確にします。また、④根拠（なぜ）には社会設定・会社設定の2つがあります。

外部の専門家とのデータやり取りは③の社内外の手順を確定させて、その通り行えば正しいアウトプットが出るように決めます。そして、なぜ③の手順を行うかの④根拠をさらに共有します。④の社会設定とは法令や社会的慣例等でその通りにしなければアウトプットが正しく出てこない手順です。これこそ外部専門家の力を借りるところで、例えば図52の産休育休保険料免除ですが、出産から育児にかかわる社会保障制度・労働法制は、その他育児休業給付や標準報酬月額設定等も含め、非常に複雑な手順となっています。よって、外部専門家が図51のようにWeb型n×n情報共有であるWikiサイトの静的情報として、動的情報も含め、以下のような情報共有を行います。

●静的情報
①　社員向け：出産育児に関する制度・手続説明（社内Wiki）
②　人事向け：出産育児関連業務に関する時制・マスタ設定・手順及びその社会設定根拠の説明
③　外部内：②の手順で人事とのやり取りの後に、専門家社内で行うIPOD活動の説明
●動的情報
④　時制として日々変わるスケジュール等の共有

⑤　②に従い行われるデータのやり取り
⑥　③の結果確定されたデータのDとしての共有及び検索

Ｗｅｂ型ｎ×ｎ情報共有では社員・人事・外部（専門家）向けの共有があります。出産育児に関する制度は複雑なので、上記のように①社員向けとして、社内ポータルサイトである社内Wikiに、出産育児に関する制度説明を、動画等を交えながら分かりやすさを重点に説明をします。それと同時に、社員が人事に提出する書類等の手続きを説明します。②人事向けには、外部との共有Wikiサイトを設け、例えば育児休業給付金では初回と2か月ごとに行う2回以降の手続きは若干違いますので、「いつ・何を・どう」行うかという手順を、その法的根拠と共に共有します。また、育児休業期間中の保険料を正しく計算処理（免除）のマスタの設定情報と共に共有いたします。そして③外部内とは外部専門家（社労士）内の主にデータのやり取りによるＩＰＯＤ活動の手順を、自分の組織内で共有しますが、以下詳しく確認します。

4・7　マスタ・データの5成果と内外の役割分担

社労士事務所の三層業務：事務は主に「社会保険手続・給与計算」であり、ＤＸ対応で自動化していくと、結局のところ、以下のようなデータベースに対する行為です。つまり仕事の成果はこのデータベースに対して正しくマスタの登録・変更・停止（削除）をして、データを作成・確認するという5つです。以下のようなイメージと考え方です。

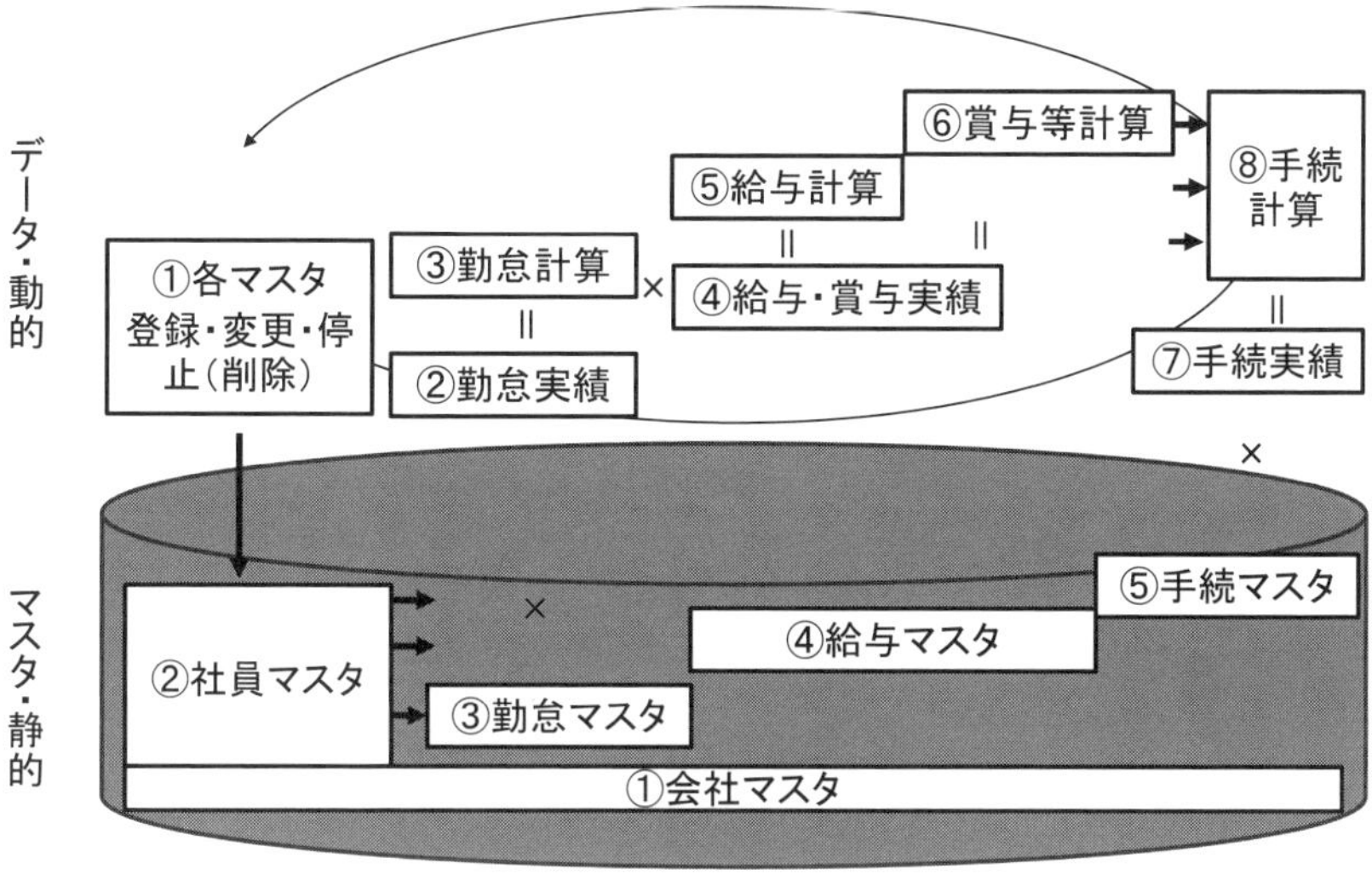

【図53】マスタとデータの関係

1・データベースが静的に適宜網羅されかつ動的に連動稼働することで、業務を正確にスピーディーに行うことが可能となる。データベース自体は都度生成される動的な「データ」を格納するが、データを生成する元が静的な「マスタ」であり、そこにさらなる価値がある。よって、Ｗｉｋｉサイトは、顧客に提供するデータだけでなく、その元となるマスタを整理・確認・共有するためのプラットフォームとなる。

2・図53が外部専門家の提供する業務とデータベースの関連性のイメージ。主にデータ部で動的に発生する⑤給与計算⑥賞与等計算⑧手続（計算）の３つのデータが成果物となる。そのために必要なマスタやデータの関係を表現しているが、マスタをしっかり用意して、その上にデータを正しくセットすると、必要なデータが生成されるというイメージ。

3・土台となるマスタ部分には、まずは①会社マスタがあり、社名、住所、法人番号等の基本情報及び、社会保険・労働保険等の事業場番号、36協定提出監督署情報等で構成される。また②社員マスタには氏名、生年月日、住所等の基本情報の他に給与情報等の個人情報が格納される。

4・③勤怠マスタ④給与マスタは就業規則・人事制度等で定められる会社のルールに従い、勤怠管理や給与計算がソフトウエアを使ってデータ処理できるようにまとめたマスタ。本サイトの自社設定マスタにマスタ形成に必要な情報をまとめて共有している。⑤手続マスタは、健康保険・年金・雇用保険等の各種手続きをするために必要なマスタで、Wikiサイトでは自社社設定マスタだけでなく社会設定マスタとして、法令等で公的に定められたルール等の確認ができるようにして、正しくマスタ設定ができるようにしている。

5・マスタの上にセットするのが動的なデータで、まず①各マスタの登録・変更・停止・削除に必要なデータがある。例えば新しい社員が入社したときは、社員マスタに登録が必要なので、入社時提出社員登録データ等を利用する。となりの②勤怠実績とはいわゆる打刻データで、勤怠マスタ上で設定されている内容によって計算され（×）③勤怠計算集計データが算出（＝）される。その勤怠計算集計データを使って隣の④給与計算・賞与等の関連する実績データ（例えば通勤費精算等）と併せて⑤給与計算や⑥賞与等計算等が給与マスタに従って行われる。Wikiサイトでは、この②勤怠実績データや④給与・賞与等実績データのやり取りがスムーズにできるように、勤怠ソフトや共有ドライブ・DB等での共有ができる。

6・最後の⑦手続実績データとは、例えば傷病手当金の手続きを行う場合に、医者の証明があった就労不能日数等を意味する。それにより、③勤怠計算で出力される出勤簿や⑤給与計算で出力される賃金台帳等に従い、⑧手続計算をして、健保組合等に請求手続きを行う。このときの傷病手当金の計算が正しくできるように、マスタに計算式や帳票出力形式が登録されていれば、正確で迅速な手続きに繋がる。よって、Wikiサイトで、マスタが網羅され適宜変更がされるように、社内情報や法改正等の社会的情報を反映して、お互いが共有してマスタに反映をしていく。

この図53の静的・動的情報が図51の無形固定資産としての数値部分のノウハウとデータ部分です。図48でいうところの、事務・労務・コア業務の100・10・1の部分です。

（中小企業の）人事の仕事は外部の力を借りて、このようにノウハウをデジタル化していくことで、後回しになりがちで「緊急性:低い×重要性：高い」の三層業務で一番上のコア業務に力を入れることが重要です。タテ、つまり、関係としては以下のようになります。

図54にあるように、社内のヒトが行うのは、左上の「(社) 内×ヒト」にあるように人事コア業務となり、例え

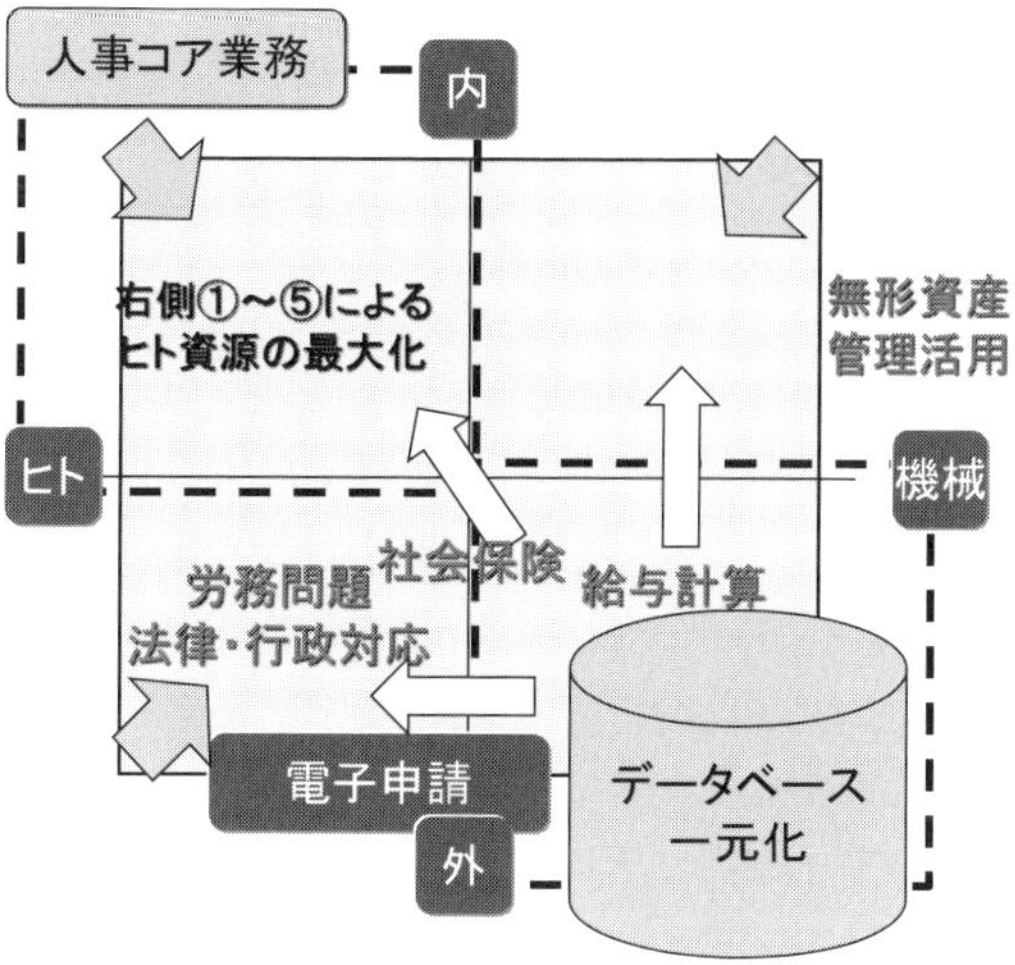

【図54】ヒト・機械×社内・社外の仕事マトリックス

ば図49時制サイクルの「教育×長期10年以上」の役員選抜教育のプログラム作成等はまさにコア業務となります。その他社内で行うことは「内×機械」にある無形固定資産管理活用とありますが、例えば図48の就業×事務は勤怠管理ソフトで自動的に行われますが、新しく入った人への使い方の説明・教育という管理活用の仕事は残ります。また、図51のようなＷｅｂ型ｎ×ｎ情報共有はオープンなのでセキュリティの管理が非常に重要になってきます。

ただし、ここも（中小企業）社内で対応せずに、技術的には外部依存した方が生産的です。例えば、弊社は図51の静的・動的情報のＷｉｋｉサイトは、セキュリティ担保のために弊社の無形固定資産として提供する体制になっています。つまり、ＡＢＣ社であれば「abc@workware.co.jp」というドメインを付与して、そのドメインで弊社クラウド環境にアクセスしてもらいます。いわゆる2段階認証でログインするので、ログインしようとしているユーザーが管理内にいるかどうかを確認できます。問題なければ、暗唱コードを送付してログインしてもらいます。弊社資産なので、どの端末からログインしているかの管理もできます。このように、ユーザーは安全な利用が可能となりますので、外部の無形資産を借り、共有して自社は特化すべきタテのマネジメントに力をいれることができます。

4・8　準ＩＴ従事者化：正規化とＲＰＡ・ノーコードの思考法

以上基本アーキテクチャによる外部協力による業務ノウハウとデータ化の説明をしましたが、そもそも本書は第2章で事務従事者を準ＩＴ従事者化する必要性を説いています。よってＤＸで一番肝心のデータベース設計に関して、本職のＩＴエンジニアで必須となる「正規化」という考え方を簡単に紹介します。この考えを紹介するのは、単なる技術的な知識を増やすというよりも、システム思考で物事を抽象化・具体化の両方向で考えるエンジニア的思考訓練になるからです。以下ポイントを紹介します。

> ①　正規化とはデータの繰り返しをなくす（＝「冗長を排除する」）こと。
> ②　データベースは2次元テーブルの集まりなので、①はヨコとタテの繰り返しを　なくすこと。
> ③　最初はヨコから行い繰り返し出てくるデータをタテに並べる。
> ④　次にタテで繰り返すデータを1対ｎのテーブルに切り出す。

図53の社員マスタを例にして、社員情報の基本データが並んでいる図55で説明します。

このテーブルでは社員の氏名・生年月日等の他に家族の情報として家族1と家族2の情報が横に並んでいます。そして、家族1と家族2で氏名、続柄、生年月日、扶養の4つのデータが繰り返して出てくるので、これをタテに移動します（③）。次にタテに移動したテーブルですが、社員ＩＤ、氏名、カナ、生年月日、住所、電話番号がタテに繰り返されることになりました。よって、社員ＩＤをキーにして1対多のテーブルとして切り出します（④）。

社員ID	氏名	カナ	生年月日	住所	電話番号	家族1	続柄	生年月日	扶養	家族2氏名	続柄	生年月日	扶養
0001	日本太郎	ニホンタロウ	1990/1/1	東京都千代田区千代田1-1-1	03-1234-5678	日本花子	配偶者	2000/1/1	有	日本次郎	長男	2020/1/1	有
0002	米国太郎	ベイコクタロウ	1991/7/4	アメリカワシントンDC1-1-1	8888-1111-2222	米国花子	配偶者	2001/1/1	有	米国次郎	長男	2021/1/1	有

社員ID	氏名	カナ	生年月日	住所	電話番号	家族氏名	続柄	生年月日	扶養
0001	日本太郎	ニホンタロウ	1990/1/1	東京都千代田区千代田1-1-1	03-1234-5678	日本花子	配偶者	2000/1/1	有
0001	日本太郎	ニホンタロウ	1990/1/1	東京都千代田区千代田1-1-1	03-1234-5678	日本次郎	長男	2020/1/1	有
0002	米国太郎	ベイコクタロウ	1991/7/4	アメリカワシントンDC1-1-1	8888-1111-2222	米国花子	配偶者	2001/1/1	有
0002	米国太郎	ベイコクタロウ	1991/7/4	アメリカワシントンDC1-1-1	8888-1111-2222	米国次郎	長男	2021/1/1	有

③ヨコの繰り返しをタテに

④タテの繰り返しを１：ｎに

1

社員ID	氏名	カナ	生年月日	住所	電話番号
0001	日本太郎	ニホンタロウ	1990/1/1	東京都千代田区千代田1-1-1	03-1234-5678
0002	米国太郎	ベイコクタロウ	1991/7/4	アメリカワシントンDC1-1-1	8888-1111-2222

n

社員ID	家族氏名	続柄	家族生年月日	扶養
0001	日本花子	配偶者	2000/1/1	有
0001	日本次郎	長男	2020/1/1	有
0002	米国花子	配偶者	2001/1/1	有
0002	米国次郎	長男	2021/1/1	有

【図55】社員マスタの正規化例

このように、ＩＤをキーにしてデータテーブルを複数持ち、各データ項目がモレやダブりがない、無駄のないデータベースが構築されていきます。

以上、データベースの正規化と呼ばれる考え方を非常に簡単に説明しましたが、この場合、家族から見ると社員は「1」人だけですが、社員から見ると「多」数の関係なので「1対多」のデータの紐づきです。これに対して、「多対多」という関係があり、例えば社員が一人何役もするため複数の部署に所属する場合は、社員から見ると「多」の所属部門と紐づきますし、所属部署から見て「多」の社員を抱えることになります。

簡単に説明しますが、これを実現するには、図56の中間テーブルというものを社員テーブルと所属テーブルの間に作り、対応する社員ＩＤと所属ＩＤを必要な数だけ作ることです。これでｎ×ｎのリレーションを無数に作ることができます。ここまで来ると、Ｗｅｂ型ｎ×ｎデータ流通の元の構造によるデータが連携するイメージができると思います。

なお、技術的にだけでなく、この2つが（システム）思考的なトランスフォーメーションにつながっています。中間テーブルのような存在ですが、例えば本書で多用する三層モデルとは、ハードでもなくソフトでもないＯＳのような中間的な存在創造による二元論回避の図形化思考につながります。さらに、三層モデルと同じ二元論回避の図形化が、同様に本書で多用するマトリックス

社員ID	氏名
0001	日本　太郎
0002	米国　太郎

部署ID	部署名
1001	営業
1002	人事

中間ID	社員ID	部署ID
2001	0001	1001
2002	0001	1002
2003	0002	1001
2004	0002	1002

日本太郎と米国太郎は営業、人事両方に所属

営業と人事には日本太郎と米国太郎がいる

【図56】中間テーブルでｎ×ｎへ

モデルです。例えば図54の「ヒトか機械か」の仕事二元論に、「社内か社外」というもう一つの視点を追加することで、ヒトか機械かで線引きされただけの世界に、4領域が生成されます。つまり「○か●か？」の2択の世界に「△」や「△か×」を追加し、強引な結論が出がちな線引き議論を図形化で客観視できます。

もう1つの正規化は（システム）思考として、ヨコが静的、タテが動的なデータの世界を表しています。つまり、正規化をしていくと、横にデータ項目が確定していきます（つまりマスタ化）。そして、タテも結局どんどん増減して動きます。例えば、図55の切り出された家族テーブルは、社員の家族が増えれば下に伸び、扶養が外れれば有が無に変わります。つまり、タテには動きますが、項目名のヨコは殆ど動きません。これが運動のイメージです。なお、図55のように、同じ2次元表により物事をタテヨコで抽象化・具体化していくと、データを項目化するための、ムダ・モレ排除をするＭＥＣＥ手法につながっています。タテヨコ思考で2次元の面を作って、さらにＩＤでリレーションを張ることで空間化していきます。

最後にもう1つ準ＩＴ従事者としての働きをするために、事務従事者に技術的に習得をお勧めするのが、ＲＰＡによる人力排除とノーコードによる簡単なアプリ作成です。ここでは詳しくは説明しませんが考え方だけ以下にポイントを示します。

①　「情報・データ×移動・変形」の働きはAPIによりプログラム同士で完結するようにBXを目指す。仕事を最終的にはマスタの設定・変更・停止（削除）及びデータの作成・確認の5つ集約する。
②　しかし、API対応していない場合に、人力によるソフトウエアの操作が必要となる。その場合は事務従事者が人力で行わず、自分の人力作業をRPAというロボット向けシナリオを作って、ロボットに任せる。事務従事者はそのシナリオの作成・メンテという仕事をする。
③　②のためにはプログラミングでいう「型」という概念を理解する必要がある。ここが最初の突破口。ただし、慣れれば問題ない。
④　事務従事者は「情報・データ×移動」の移動する仕事が実に多い。よって、ノーコードという（ほぼ）プログラムを書かずにソフトウエアが作れるツールを使って、データベースに当該移動を（半）自動で行うツールを作成する「情報・データ×変形」の仕事を行う。

以上事務従事者の業務に関して解説しましたが、結局のところＩＰＯＤ活動をどうするかという設計に帰着します。つまりどの情報を入力して、それをどう生産（移動・変形・変化）、出力し、結果データベースに反映するかということにつきます。それを効率よく、自動化する方法を文章にすると、上記のようになります。

4・9　基本アーキテクチャとCXの役割

図48基本アーキテクチャの解説の最後に経営的視点として、組織活動を表す右図の①～⑤を説明します。この組織の状況は、単にＢＸ：業務プロセス改革やＤＸ：データ変革だけではなく、ＣＸ：組織文化変革の影響を受けるので、その点も併せて確認します。

①の「顧客価値」は、企業の組織活動の原点で、継続的に提供し、さらに図のように大きくしていくことが、組

織活動継続のための必要条件で、異論のないところです。ドラッカー博士は企業活動の目的は顧客創造と指摘していますが、まずはそれが第一義であることを表しています。これはＣＸで説明した「社」の中でも一番普遍的な大切にされるものです。

②の「方向」は組織マネジメントの成功の要で、各社非常に苦労するところです。(六七)デジタル化がテーマの本書では、ベクトルで方向とその大きさの両方を表しています。活動原点である①に対して、まず、会社ベクトルがそこに向かう方向を示します。それと同時に、この船に乗っている社員各人の活動状況も社員ベクトルで方向・能力として表示されます。その上で、②「方向」のように会社ベクトルと各社員ベクトルを合わせることが重要です。これがまさにＣＸの「社」の役割であり、船長である社長等経営幹部のリーダーシップにより、ベクトルの方向を常に示す必要があります。また、組織としては、人事の「コア業務」での人事制度構築等を通じて、船の方向、リーダーシップで示される方向に組織として同じ方向に向き、到達できる能力を高めていく設計・運用をすることです。

会社ベクトル中にいる各社員ベクトルと共に顧客価値提供の継続・増大で社会的役割を果たすと同時に、社員ベクトルの存在で雇用創造という役割を果たします。しかし、残念ながら図48右図の右下ベクトルのように、会社の方向と真逆に向いている社員がいた場合は、同じ方向を向けるように、左側サイクルの「教育（・指導）」で改善を促し、場合により「異動」で環境を変えたりします。ただし、どうしても難しい時は、船から降りてもらうような「退職」を促すこともあります。これらは真ん中の「労務」に当たる、非常にデリケートな業務で、社員の心情や法令等をにらみながら行う必要があります（なお、このような労務リスクのあるやりとりも、弊社では顧問弁護

六七　ニーチェは「偉大さとは、方向を与えることだ。」として大河も支流の集まりであり、その支流がたどる方向を示すことが大河を大河となす力の源としています。

士が参加するＷｅｂ型ｎ×ｎ連携して、Ｗｉｋｉサイトで案件ごとに、時系列に事実を積み上げて、根拠を示しながら対応しています。このようにさらなる専門家ｎ個連携を行うのでＤＸが目指す本来の姿と考えます）。

ベクトルは、②方向とともに③成長の尺度である大きさを示し、各ベクトルを大きくする＝③成長するということが、各ヒトへの労働力提供へのリターンで重要です。また、社員ベクトルだけではなく、会社ベクトルも大きくなっていくことも必要です。前述の人事機能と定義で「人の成長」とは、個人も会社組織の法人も意味します。各社がコアとする技術・ノウハウを明確にし、法人も個人もそれを厚くする（＝③成長する）ように②方向性も合わせることが肝要です。それらは、人事ＰＤＣＡサイクルで、左側のＰ（計画）として教育制度をコア業務で設計して、結果を評価制度でＣ（評価）することになります（ここで評価シート項目・評価方法が重要になります）。実務的にとても重要で、ある精密機械の部品メーカーで、コアとする技術は「磨く」力と定義しています。よって、「磨き」に関し全クラスに応じた成長目標があります。よって、技術職は当然ですが、事務職でも「磨く」ということに敏感で、世間の磨き情報を社内報で共有するなど、コアの技術・ノウハウでのベクトルが③大きくなり②方向を合致させて、①を最大化しています。

さらにそのベクトルの大きさがＫＰＩである労働生産性を意味します。これらを測り評価する手法が右下の経営労務監査等で、主要指数である労働生産性は１社員あたり１０００万円／年・人が中小企業、大企業目標２０００万円／年・人に近づけることを個人・法人両方での目標にするように弊社顧客に提示しています（その次の目標はそれぞれ１００万円／月・人と２００万円／月・人です）（六八）。個人への意識付けとしてわかりやすいのは、中小企業の目標として年間２０００時間労働とすると、１０００万円÷２０００時間＝５０００円／時の付加価値を生むことです。１時間で５０００円の付加価値を生むというのがベクトルの大きさの目標で、個々人にはわかりやすい②「方向」づけとなります。中小企業は図53のヨコマネジメントは専門家と無形固定資産共有である程度任せ、タテマネジメントで「つくる」「届ける」の各ラインで付加価値を上げられる強みに特化する（＝方向づけ）べきです。

いうまでもなく、組織運営では円滑な④コミュニケーションが大事です。各ベクトルの乗組員がお互い、励ましあって、たとえ荒波の中でも、向かう方向を見失わないようにすることが必要です。弊社顧客にはコア業務である評価制度（ＰＤＡＣのＣ）を月次等の短期で回転することをお勧めしています。何故ならば、必ず月次で勤怠を締めて、働いた量を計算・承認するので、同時に働いた質を月次で目標管理の進捗評価等により行うのは、量と質両方で働きを評価でき、②成長に大きな寄与をするからです。もちろん簡潔に行う必要があり、簡易ツールを使っていますが、上司と部下のコミュニケーションの円滑化に寄与しています。さらに、環境変化に合わせて、目標管理制度（ＭＢＯ）の設定目標（Ｐ）を適宜変更で改善（Ａ）をするＰＤＣＡを回して、右側の①及び④を高めることにつながります。つまり、やらされ感のある「締め」を能動的に行うことで、マネジメントが大きく変わります。

「はじめに」で紹介した対談で、東大大学院松尾教授と全く同意見で「まさにその通りです。実は私の研究室でもＡＩ技術が普及したときに世の中にもたらす変化を一言で表すと何かという議論をしたことがあるのであったのですが、『企業のＰＤＣＡサイクルが早くなる』の一言ではないでしょうか。」と筆者の考えに賛同いただきました。

六八　①法人が成長するとは、自己資本比率を上げること等です。そのためには内部留保が可能となるように、顧客価値で生まれた付加価値（売上総利益・粗利）ではなく、そこから販管費等の外部支出控除後の利益をマネジメントする必要があります。右側の下にある「経営労務分析」では、その利益は営業利益が妥当と考えています。なぜならば、「労働」によって結果を左右できるのは、通常の営業活動の結果である営業利益までであると考えるからです。人的主義（ヒューマンキャピタル）では、労働者自らが自己の労働を投下するという考えですので、財務関係者等以外の労働者が結果を左右できない経常利益や当期純利益は労働のリターン指数には適さないと考えています。よって、決算賞与等のサイクル「報酬」で使用する評価指数も、関係者以外営業利益までが妥当と考えます。

背景としては、欧米での新しい人事制度のあり方として「ノーレーティング：No Rating」という方式が思考錯誤しながら行われていることにあります。人事評価でS～D等の格付＝レイティングを、しない＝ノーということです。理由としてはレーティング評価をしても労力に見合った効果がないという科学的検証等が出てきたためです。特に、昨今のビジネス環境が激しく変わる中で、期初に設定した目標Pを期末に評価・対策：CAしても効果を得るには遅すぎるとされています[六九]。そもそもレーティングで格付けするのは社員の動機づけを低下させているという研究結果に基づいています[七〇]。主にこの2点を改善するのが目的で、つまりP（目標）の適正化と動機付け強化です。「9ブロック」という人事評価システムでMBOレーティング制度のパイオニアである米国GE社が、自らその終焉を宣言した「PD（パフォーマンス・デベロップメント）」という取組が有名ですが、仕事の進捗をモバイルアプリで上司や同僚とコミュニケーションをとることで、この2点の解決をするということです。つまり、「P（目標）の適宜見直し」の意見をもらったり、本人の仕事を見える化で共有できて、「いいね！」のような小さな承認により本人の動機づけ向上につなげるというものです。ただし、まだ道半ばというところです[七一]。

最後に、⑤適材適所が、特に上に立つリーダー層（幹部層）に重要です。よって、左側の「異動（A）×コア業

六九　「PDCAは古いのでOODA等へ変わるべき」との議論がありますが、ドラッカー博士指摘のように企業は目的集団なのでPは大前提です。本質的にはPからCAまでの時間が問題になっていることを意味すると考えます。OODAとはO：Observation（観察）、O：Orientation（方向性の決定）、D：Desision/Hypothesis（決断）、A：Action（行動）。アメリカ軍事戦略家ジョン・ボイド氏提唱で状況に応じて臨機応変に対応するための手法と言われています。

七〇　目標管理制度の旗振り役であったアメリカのGE社がNoRatingに移行した背景には、評価により必然的に下位10％が生まれ、退職に追い込まれる異常な状態（スタンフォード大ボブ・サットン教授談：Quartz電子版）で、日本のような解雇規制が厳しい法体系上での評価ではないため、同列で語ることは難しいと考えます。

七一　その結果上司が裁量を持って報酬等を決めるという仕組みですが、上司への負担が大きいのと、上司の力量次第で制度の良し悪しが出るため、まだ試行錯誤の段階と思われます。

務」である、昇格・昇進の判断基準は、原則絶対評価化（リーダー・管理者としての基準に達していない場合は排除する）となり、その基準と運用の判断基準が、逆に右側の組織運営の価値観である②方向をさらに明確にしていきます。さらに、必要に応じて降格・降職をしなければ、昇格・昇進だけでは組織は活性化しません。なかなか、そこまで踏み切る会社がないですが、そのためにも、評価が重要で②方向が重要です。

以上右側の企業活動における①から⑤の組織活動に必須な要素です。どれも必要不可欠ですが、あえて順番をつけるならば①→⑤の順番です。あくまでも「あえて」なのですが、理想が先行して、視点が内向きになって「CS（顧客満足）よりもES（社員満足）」を優先する企業での相談で、この図を説明することがあり、観方を変えていただいたことが何度かあります（ただし、役員等のトップ層の人事である⑤は当然優先順位が上がります）。

以上でDX：データ・トランスフォーメーションを、基本アーキテクチャを使って解説してきました。本書の最後として、以下、国全体で見た場合のDXとして、デジタル・ガバメントのデータ中核をなすマイナンバー制度を中心に解説して終わりたいと思います。

5

国のDXとしてのマイナンバー制度

5・1　マイナンバー制度の誤解1：最高裁判決と制度設計

デジタル・ガバメントのアーキテクチャでシステムのキーになるのがマイナンバーであると述べました。逆にこれだけ大量にｎ×ｎ型データ流通している時代に、データを特定するＩＤがないのはありえない状況でしたが（住民票コードは一部自治体が不参加で悉皆性問題等あり）、２０１６年1月から運用がスタートしました。なお、以下①から⑤の前身の住基ネット訴訟最高裁判決（２００８年3月6日）で5つの観点で合憲とされた前提条件に従い、矢印後の制度設計で対応しています。

なお、行政手続きの99％超が押印廃止になり、今までの押印当たり前という価値観が崩れる本書でいうところのＣＸが起きる中で、マイナンバーに対するＣＸが起きるかどうかが今後のわが国がＤＸの可否を握っています。そのためにも、マイナンバーとはそもそも何か？を以下、誤解を解きながら確認していきます。

① 個人情報を一元的に管理することができる機関又は主体が存在しない→分散管理で番号を情報通信の手段として直接用いず、符号を用いる。
② 正当な行政目的の範囲内→番号制度の利用範囲・目的を特定、アクセス記録について、マイナポータル上で確認。
③ 情報が容易に漏洩する具体的な危険はない→システム上のセキュリティ対策
④ 秘密の漏洩等は、懲戒処分又は刑罰を持って禁止されている→罰則を設ける、法定刑を引き上げ、直罰規定を創設。既存の守秘義務違反の罪より罰則を引き上げる。
⑤ 情報の適切な取扱いを担保するための制度的措置を講じている→第三者機関（現個人情報保護委員会）を設置

実務的に、この5点は人事関連業務に極めて大きな影響を与えております。その結果、事務的な仕事を増やす大

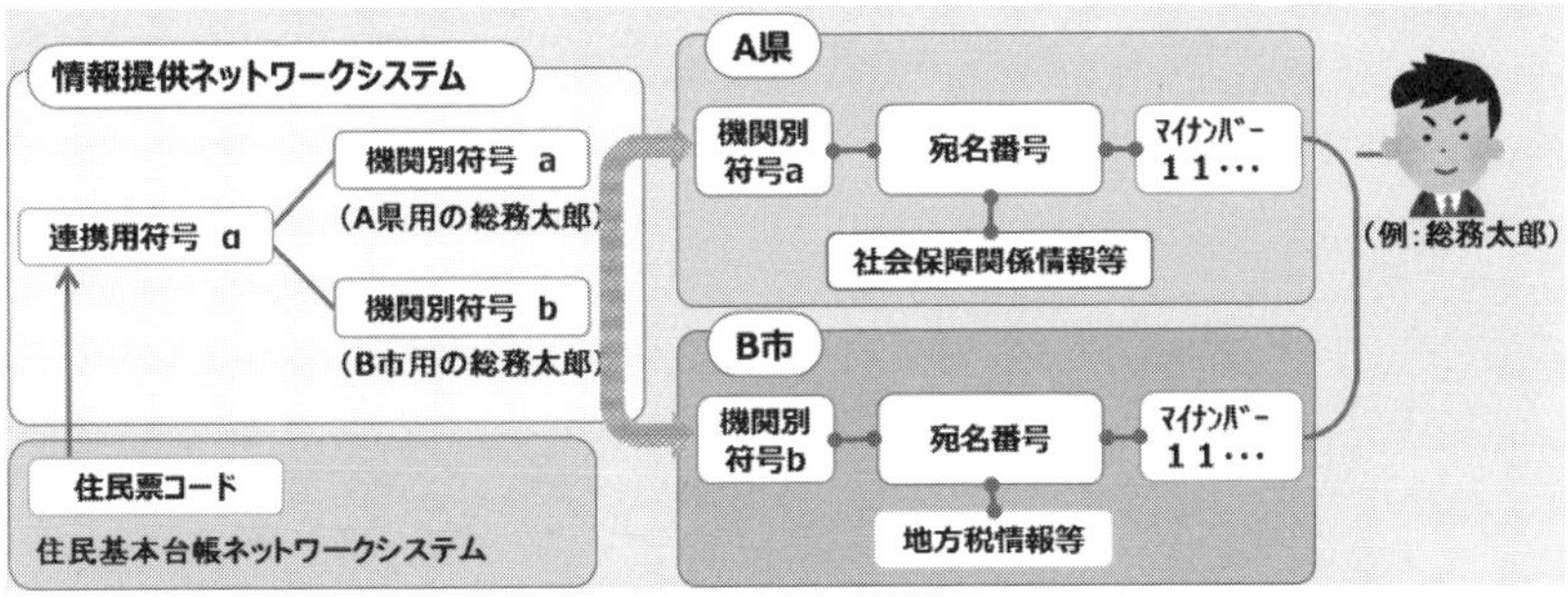

【図57】マイナンバー分散管理・符号利用アーキテクチャ（厚労省資料）

きな要因となっています。

④と⑤による罰則強化と第三者機関による取締を行うという建付けが制度開始前に前面に出て、③のセキュリティ対策延長の過度な反応につながり「マイナンバーは金庫に保管」として、制度開始時に金庫が飛ぶように売れました。さらに、②の利用範囲・目的を厳密に特定しており、よってマイナンバーが付された個人情報は「特定個人情報」として特別なガイドラインに基づき厳密に扱われるようになり③の過剰対応につながっています。しかし、一番の問題は①マイナンバーを直接用いず、分散管理で「符号を用いている」点が国民に全く理解されず、「マイナンバー漏洩したら芋づる式で情報が洩れる」という誤解を生じ、強固でなかなか解けずにいることです。

つまり、②～⑤までは本書でいうところのＢＸ領域対応で、業務プロセスとしての利用目的の特定を制限しセキュリティ対策を高め、罰則強化し別組織化してマネジメントを利かせています。しかし、肝心のアーキテクチャ：ＡＸとして、分散管理で、かつ符号利用という設計思想であることが全く理解されていません。つまり、芋づる式に情報が漏れることがない構造という認知されない中で、運用の②～⑤だけが取り上げられて「安全なのに安心でない」というわが国でよくある状態になっています。ここで、アーキテクチャとしてのマイナンバー制度を図57で確認します。

よく見ていただくとわかるのですが「情報連携は、マイナンバーを直接使わず、情報提供ネットワークシステムで、マイナンバーに対応している住民票コードを元に作成した符号が、暗号化され、さらに機関ごとに作成された上で行う」と念には念を入れた、具体的には以下の流れになっています。

A県とB市の要求により、住基ネットからマイナンバーと対を成す住民票コードを元に生成されたA県、B仕向の機関別符号a、bが提供されます。A県とB市では総務太郎さんのマイナンバー「11…」とそれぞれ紐づいた宛名番号と符号a、bが紐づけられます。そして、A県が社会保障関係手続のため照会情報としてB市に所得情報の提供を符号aで求め、B市は符号bにより提供情報を返します。

よって符号a、bだけが流通し、マイナンバーは全く使わず、図の右奥にしまったままのイメージです。

ところでセキュリティ上100%安全はあり得ません。しかし、国民は自国に対して100%安全を求めている反面、無料のネットサービスに何の抵抗もなく登録し、某メッセージアプリのように海外で管理されるとわかると騒動になる状態は、前述のDX発祥のスウェーデンでは、国民が「自分を守る制度」とマイナンバー制度を冷静に、科学的・技術的にとらえているとの真逆です。

なお、向井内閣官房IT総合戦略室・番号室長（当時）は社労士会会報でのインタビューで以下のように「マイナンバーは（銀行）口座番号と同じ」で「流出したからと情報を取られることも一切ない」と、上記最高裁判決にも触れながら語っています。自分でインタビューしながらですが、この話を聞いて、自法人内でマイナンバーの過度な取扱いを改めることにつながりました。

マイナンバーの管理にそれほど神経質になるものではないことを改めて広報しようかと考えています。マイナンバーを他人に見られても、別に何も起こりません。基本的には口座番号と同じで、みだりに人に教えるものではないですが、見せたからといって実害はありません。マイナンバーが流出したから情報を取られることも一切ありませんし、なりますましも起こりようがない制度設計になっています。

ただ、これまでの住基訴訟(前述)の影響もあって、実際の制度設計よりも個人情報の保護の意識が少し厳しくなっているように見えるかもしれません。(2019年11月・月刊社労士特別インタビューより抜粋)

以下、第2章図29デジタル改革関連法案のデジタル庁設置法案やデジタル社会形成関係整備法案（以下「整備法」）などで、コロナ後わが国のデジタル社会の中核インフラとして位置づけられているマイナンバー制度のプラットフォームであるマイナンバーカードに関して、そもそもの制度骨子の確認と今後のわが国のDXにおける展開を説明します。マイナンバー制度の理解が深まり、マイナンバーカードが計画通り進むと、わが国はDX発祥国スウェーデンに肩を並べる可能性があります。その理由が分かります。

5・2　マイナンバーの誤解2：マイナンバーとマイナンバーカード

マイナンバーカードとは、物理的カードの「表面」「裏面」「内面」で3つの方法で「自分が自分である」という自己証明機能[七二]を持つ国民IDカードです。なお、スマホへのマイナンバー機能搭載によりマイナンバーカード不要論もありますが、スマホ不所持者や電池切れ等トラブル対応のためにもカードとの並立は当面必要と考えます。

わが国は世界的に見ると明らかに単一民族性が高く、社会的・歴史的・文化的に民族性の違いを意識・識別する必要が低く[七三]、日常的にムラ的タテコミュニティが機能していたためヨコから異分子が入ると顔を見る等で直接識別

七二　自己証明には厳密には「識別」と「認証」が含まれますが、本書では区分せず使います。

七三　韓国は、1968年朴正熙大統領（当時）暗殺未遂事件で、北朝鮮のスパイを割り出すために、国民IDである住民登録番号を付与した上上で、国民であることの証明書の携帯を義務付けました。

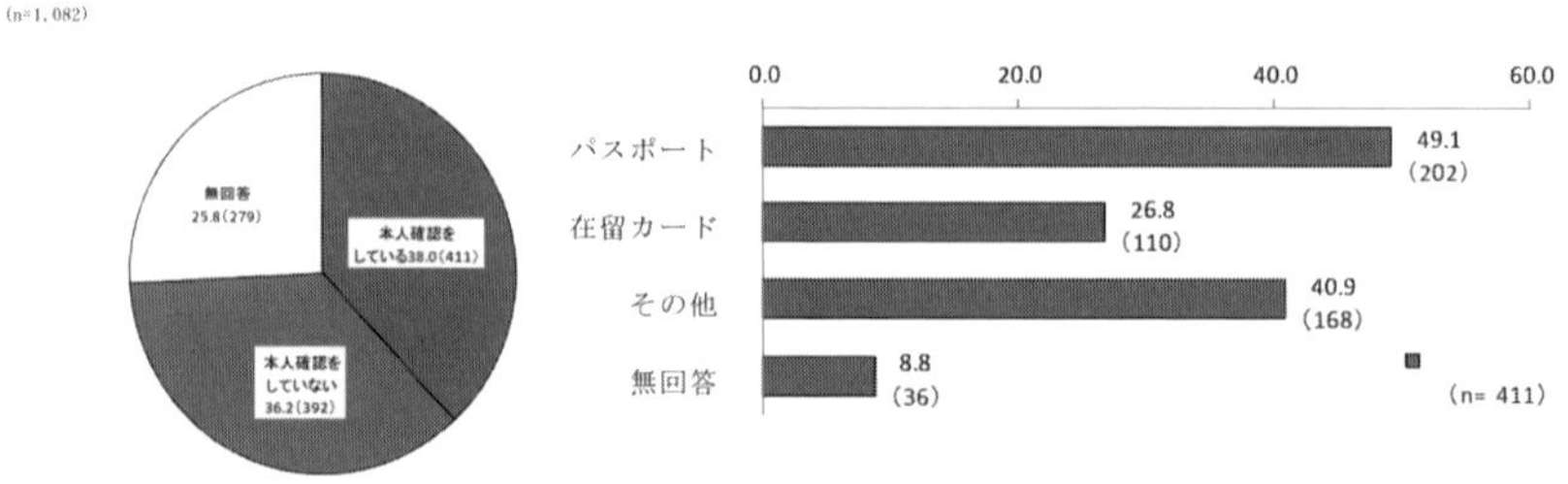

【図58】本人確認実施率と方法：外国人患者の受入に係る実態調査2019・3・31

が可能でした。また、ムラ的タテコミュニティを出ても、戸籍制度があり、それに紐づく多種多様な姓名により間接識別の実効性が高く、これまでＩＤカードの所持どころか有無の検討もあまりされてきませんでした。

さらに、社会サービスが複雑でない時代には、「自分が自分である」と自分を証明する専門機能がなくとも、運転資格を証明する運転免許証などで「あなたはあなたですね」と代用で識別されていました。真面目な国民性もあり、このような性善説による社会サービスが運用されてきました。さらに、社会サービス自体も、健康保険の高額療養費制度のように、保険支払額の上限を定めるのではなく、下限を定めるが上限はなしという性善説前提の制度設計でした。

しかし、「デジタル化×グローバル化」でこの性善説前提社会サービスの脆弱性が攻撃されつつあります。デジタル化による「コピー」技術の向上と、グローバル化による「識別」の困難化が主な背景です。国民皆保険としての、性善説前提の健康保険制度ですが、被保険者であることを証明する健康保険証は、本人の真正性の証明能力が低く、国民の善意で成り立ってきました。

複数の健保組合を設立し、運営にも関与している社労士としては、例えば、外国人の不正受給問題が発生している制度的課題を強く認識しています。つまり、健康保険証は本人文字情報だけで写真もないので、本当に保険証の所有者か確認する情報が限られるからです。

実態として、図58のように保険証を持っている在留外国人（という前提のアンケートです）に対して、本人確認をしているのは38％で、していない36％がほぼ同数います。政府は今後、外国人材受入強化の方針も併せて、顔写真付きの在留カード等で本人確認を徹底するようです。ただし、根本的な問題は、健康保険証が認印程度の真正の証明能力しかないことです。マイナンバーカード保険証化により、医療機関で専門端末設置をして人間より高い人工知能による顔認証が可能となり、さらにカード内の利用者用電子証明書照会や裏面のマイナンバー登録による各種データ連携で健全な制度運営を図ることが可能です。これらにより、ほとんどの正しく制度適用・利用をされている外国人も含め、社会的サービス享受の基盤として有効に機能させることができます。

このように健康保険証マイナンバーカード化の根本的な意味合いを確認しましたが、次に「マイナンバーとマイナンバーカード」は全く別物であり、マトリックス化して、簡潔にご説明します。

5・3　「表と裏＋内の顔」

マイナンバーカードの機能は、簡単にいうと図59のように「表と裏及び内なる3つの世界で自分が自分である証明」をすることとです。

例えば、マイナンバーカードの健康保険証利用が始まると、目の前にいる「リアルの世界」で、マイナンバーカードの「表面」にある顔写真も含めた4情報で自分が自分であると証明され、カードの真正な保有者と判断されます。さらに、「バーチャルの世界」では、マイナンバーカードの「内面」にある利用者証明用電子証明書により、そのカード保有者がオンラインで被保険者であることが証明されます。

また、マイナンバー制度導入を後押ししたのが年金の記録問題ですが、マイナンバーという唯一無二性の担保さ

イメージ	自由度	特徴	住基カード比較
表面：表の顔「4情報と写真」 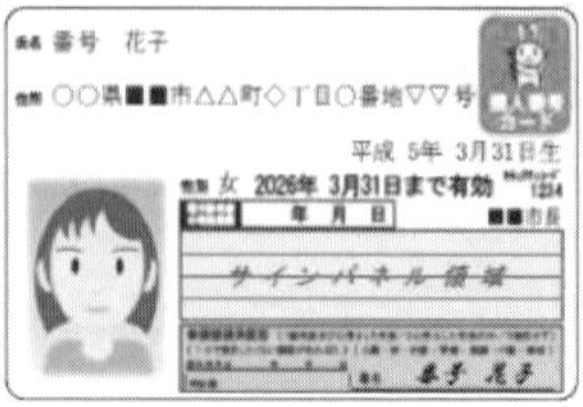	大	表の世界（リアル）での身分証明 基本4情報・写真付きの公的身分証明書として、銀行口座の開設、フィットネスクラブ会員登録、パスポート新規発給等対面で「自分が自分である」証明をする場面で行う。	写真必須（住基カード写真は選択制であったため、身分証明としての機能が担保されていなかった）
内面：内の顔「チップ」 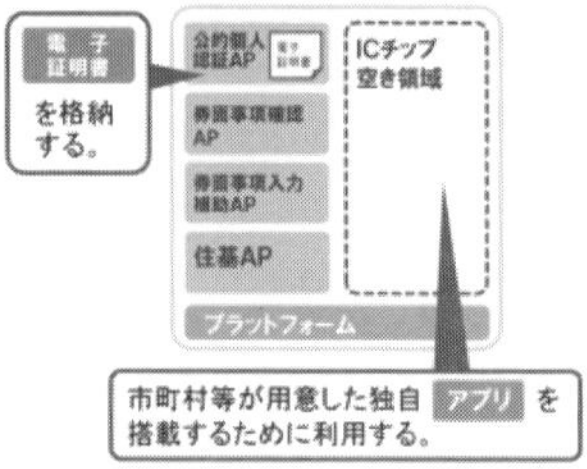	中（総務大臣・市町村条例により増加）	内の世界（バーチャル）での身分証明 ①e-Govやe-Tax等で実印代わりに申請者本人の真正を証明し、内容が改ざん等を確認でき安全に確実に手続ができる署名用電子証明書を格納。 ②健康保険証のオンライン資格確認やコンビニでの住民票発行等で利用者本人であることを証明する利用者証明用電子証明書（4情報なし）を格納。 ③ICチップ空き領域に運転免許情報、市町村の図書館カードや企業の出退勤管理等独自アプリ搭載可	無料の署名用と利用者証明用の電子証明書の2種類（住基カードは電子証明書は署名用電子証明書1種類で500円増額）
裏面：裏の顔「数字」 	小（無し）	裏の世界（デジタル）での身分証明 利用が特定された場面で、あまり人目に触れずマイナンバー（個人番号）で「自分が自分である」証明をして対象手続を行う。	マイナンバー記載あり（住基カードは住民票コードの券面記載なし）

【図59】マイナンバーカード　表と裏の顔に内の顔

れた数字情報（デジタル情報）が全住民に悉皆性をもって付番されることが根本の設計思想です。それにより、その年金記録が、付番されたマイナンバーの保有者のものであり、唯一無二のデジタル情報により、その情報（年金記録）の保有者が自分であることが証明されます。

これはマイナンバーカードの「裏面」に記載されているマイナンバーにより、「デジタル（数字）の世界」での自己所有情報が証明されることを意味します。

●表面：表の顔は表の世界（リアル）での身分証明

図59上段のようにマイナンバーカードの表面は基本4情報（氏名・住所・性別・生年月日）と写真により公的な身分証明機能がわが国ではじめて導入されています[七四]。これで、リアルの世界（日常の対面の世界）で「自分が自分である」と証明できますが、「身分証明の義務」がある国ではＩＤカード常時携帯が義務付けられて、生身の自分が自分であることを証明するために利用されています[七五]。

上段右にあるように、住基カードとの違いは、住基カードでは写真は選択制でしたがマイナンバーカードは写真が必須であるということです。よって4情報の文字情報と写真という画像情報が揃い、本人を特定するための情報量が増大して、身分証明書としての機能が向上しています。

●内面：内の顔は内の世界（バーチャル）での身分証明

マイナンバーカードの内面に埋め込まれたＩＣチップには、中段にあるように、２つの電子証明書や空き容量に総務大臣や市町村条例が定めるアプリや情報が格納されます。

七四　日本で居住する外国人には在留カードで携帯・提示証明義務があります。また、住基カードは写真付なし選択ができるので証明機能を完備していません。

七五　ドイツでは国民番号導入が遅かったですが、積極的な移民性政策もあり、16歳以上の国民はＩＤカード常時携帯が義務付けられています。なお、ドイツのＩＤカードは28.8ユーロ（24歳未満22・4ユーロ）と発行に約３５５０円（1ユーロ１２３円換算・２０１９年5月）必要で、日本のマイナンバーカードは初回無料となっており、身分証明のコストを自己負担しても必要という認識の違いが現れています。

①　署名用の電子証明書
・インターネット等で電子文章を作成・送信する際に利用
電子申請（e-Gov、e-Tax等）で年金や税等の申請
民間オンライン取引（インターネットバンキング等）の登録など
・「作成・送信した電子文書が、自分が作成した真正なものであり、自分が送信したものであること」を証明することができる。

②　利用者証明用の電子証明書
・インターネットサイトやキオスク端末等にログイン等をする際に利用。
行政のサイト（マイナポータル等）へのログイン
民間のサイト（インターネットバンキング等）へのログイン
コンビニ住民票や戸籍謄本等交付サービス利用
・「ログイン等した者が、自分であること」を証明することが可能。
健康保険証のオンライン資格確認
医師・社労士等社会保障等に係る国家資格のオンライン資格確認

③　ＩＣチップの空き容量
・運転免許証の情報
・市町村・都道府県等が条例で定めて印鑑登録証や図書館利用者証及びコンビニでの住民票・印鑑証明・納税証明書類の発行のためのユーザーＩＤ（マイキーＩＤ）
・総務大臣の告示により民間事業者は入退室管理・出退勤管理・ＰＣプリンタ認証等カードアプリケーション（ＡＰ）が入る。

なお、住基カードは有料（５００円、電子証明書付き１０００円）でしたが、マイナンバーカードは発行無料です。かつ、住基カードの電子証明書は署名用のみですが、マイナンバーカードは利用者証明用の2種類が搭載され

現在無料です。

このような電子証明書インフラを、国家が1億人超の規模で提供するというのがマイナンバー制度の根幹で、世界でも類を見ない規模です。そして、電子申請等に利用する場合は、印鑑証明で裏打ちされる実印に相当する、署名用電子証明書と合わせて2種類ある点が大きな特徴です。

●裏面：裏の顔は裏の世界（デジタル）での身分証明

同様にマイナンバーカードの裏面には前述の通り、一生変わらない12桁のマイナンバー（個人番号）が印刷されます。この12桁の数字＝デジタルを直接利用する世界では、定められた目的以外にこの裏面の番号を使用すること厳しく制限されています。

しかし、誤解が多いのですが、マイナンバーカードでマイナンバー自体を利用するのは、裏面を提示するときだけで、内面にあるICチップを使ってもマイナンバーは一切利用されることはありません。当然表面には一切マイナンバーは記載されていません。

なお、裏面のマイナンバーを提供する場合に、マイナンバー法により厳格な本人確認（身元確認及び番号確認）が必要となります。ただし、マイナンバーカードの利用により、身元確認で「自分が自分である」ことを表面の写真と4情報で、かつ番号確認を裏面の個人番号で行うことができ1枚で済みます。

なお、一生変わらないとは「一回生まれたら」という意味で「生涯」ではなく、本人が死んでも変わらず番号が生き続けマイナンバー付きの情報は維持されます。これが表面と内面との違いです。表の情報は名前も住所も性別ですら変わる可能性があります[（七六）]。また、顔は変わるのでカード（つまり写真）は発行から10回目の誕生日まで（20

歳未満は5回）、また電子証明書は同5回目までの誕生日が有効期限です。しかし、原則裏のマイナンバーは変わりません。

社労士会会報のインタビューで浅岡デジタル大臣室長は「将来的には券面にマイナンバーを印刷しておく必要はなくなります。マイナンバーカードの申し込み数が今、約5千万人なので、もう少しかなと思っています。」との言及があり、近い将来マイナンバーカードの裏面にマイナンバーが記載されない可能性があります。そうなると、マイナンバーカードの普及がさらに進む可能性があります。

●デジタル化社会の安全基盤：電子証明書

マイナンバーカードが何故重要かというと、前述のように2種類の電子証明書が格納されており、2通りの安全なデジタル基盤が提供されていることです。よって、この安全さの仕組みを簡単に説明します。上段の署名用ですが、まずは発信者（Aさんとします）が①マイナンバーカード中の「秘密鍵」という鍵が入っており、これで送信する文章を暗号化します。②文章本体と暗号化された文章及び秘密鍵で作成した「公開鍵」と署名用電子証明書をセットで送信します。受信者（同様Bさん）は③送られてきた公開鍵で暗号化された文章を復号します。④文章本体と突合して、改ざんの有無を検知します。（七七）さらに⑤電子証明書の有効性を認証局に確認して⑥有効性が回答され、（七八）有効であれば認証成功で、Aさんが確かに送った、内容が改ざんされていない正当な電子文章の送信が完了となり

七六　２００４年の法施行から２０１９年まで全国で９６２５人が性別変更されています（一般社団法人 gid.jp 日本性同一性障害と共に生きる人々の会サイトより）

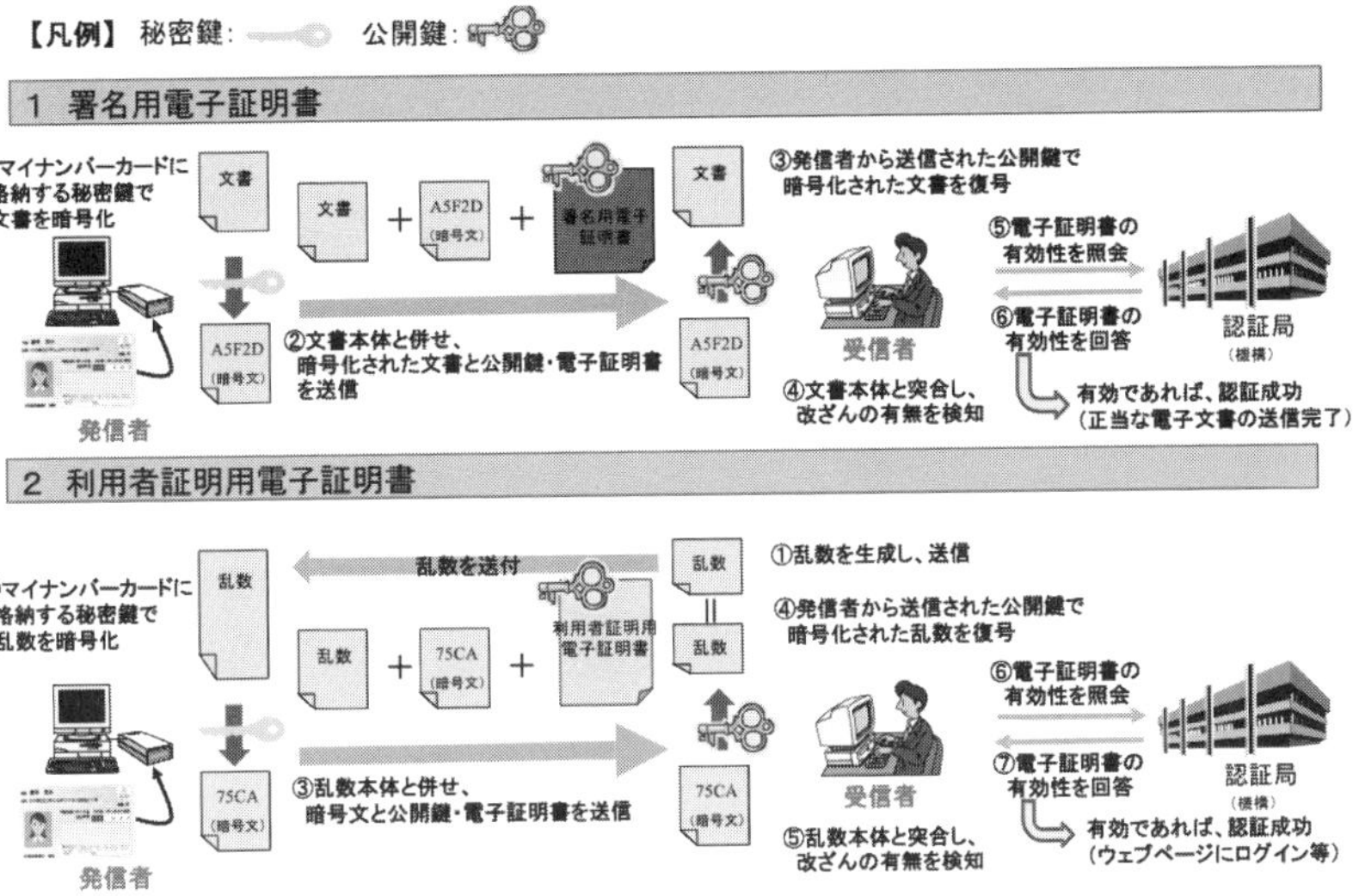

【図60】署名用と利用者証明用電子証明書の仕組み（総務省資料より）

ます。

下段の利用者証明用は送信する文章はないので、まず①受信者から乱数を生成してもらい、②その乱数を秘密鍵で暗号化します。後は署名用と同じで、③乱数と暗号文と公開鍵・利用者証明用電子証明書を送って④以降同じ処理をして、認証成功してウエッブサイトにログイン等ができます。

七七　具体的には、Aさんは、文書（平文）のハッシュ値を計算し、秘密鍵により、このハッシュ値を暗号化します。Aさんはこの文章と暗号文と公開鍵を含んだ電子証明書をBさんに送ります。Bさんは、ハッシュ関数を用いて文章のハッシュ値を計算します。Bさんは、電子証明書から公開鍵をとりだして、暗号文を復号し、計算したハッシュ値と復号したデータが一致すれば送信されてきた平文はAさんが作成し、改ざんされていないことが証明されます。

なお、ハッシュ関数という関数で送信する（巨大な）電子ファイル等のデータを固定長の小さな数値（SHA-2という規格で主に256ビット：ハッシュ値）に変換する計算します。

七八　秘密鍵がAさん本人の持ち物で、Aさん以外は知りえないということが証明されなければいけないので、認証局（地方公共団体情報システム機構）がこれを担い、Aさんからの申請に対して秘密鍵を交付します。

5・4　マイナンバーカードのこれから

マイナンバーカードの申請割合は、2021年8月末時点で40・4%・5113万枚です。マイナポイント申請開始が2020年7月、QRコード付申請書本格配送開始を本年1月、さらにマイナポイント締め切りを本年4月に延長した（七九）タイミングで増えており、少なからず政策が功を奏していることを現しています。

マイナンバーカードの健康保険証連携が2021年10月20日に開始され、最終目標である2023年3月までにほぼすべての国民に行き渡るようにするためにも、その後の2024年度末までに運転免許証との連携でさらなる活用対象を広げ国民の関心を喚起する必要があります。今後のマイナンバーカードの利活用を以下紹介します。

●2021年10月健康保険証化

まず健康保険証利用は、メリットとしては図61にある主に6つですが、すべてデータ活用が基礎にあります。左の通院の「受付」では図59の、前述のように内の顔であるICカードに入っている顔写真データと目の前の本人の顔認証を専用端末で自動化的に行われ目の前にいるのが健保証の本人であることを確認されます。その上で当該本人が本人であることを証明する利用者用電子証明書によりオンラインで本人の被保険者資格確認をして、本人

七九　さらに2021年12月末まで延長。カード受取後、マイナポイントを申込み、チャージまたはお買い物をすることで上限5000円分のポイントを受け取ることができます（すでにマイナンバーカードを取得されている方も期間延長の対象となります）。

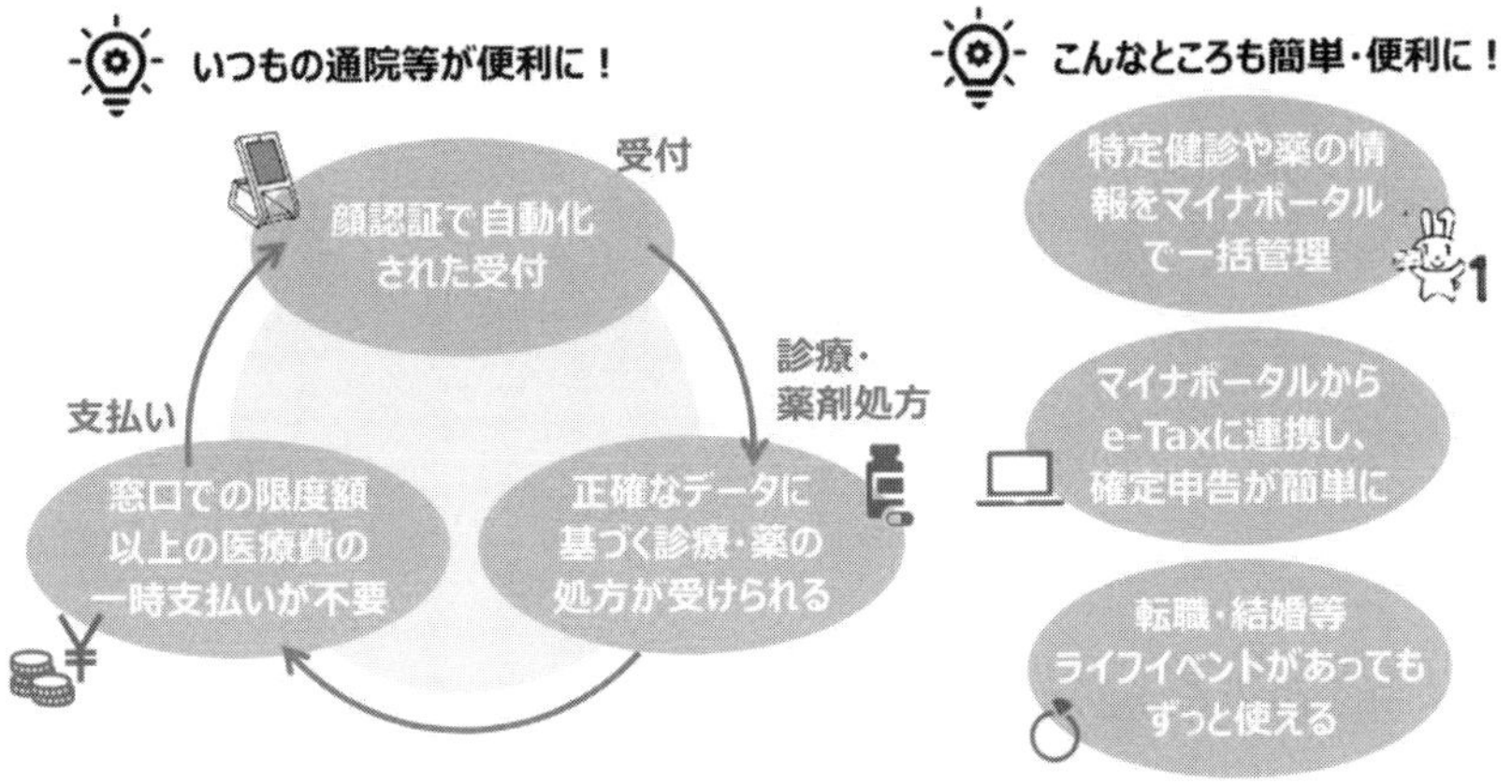

いつもの通院等が便利に！
受付
顔認証で自動化された受付
診療・薬剤処方
正確なデータに基づく診療・薬の処方が受けられる
支払い
窓口での限度額以上の医療費の一時支払いが不要
こんなところも簡単・便利に！
特定健診や薬の情報をマイナポータルで一括管理
マイナポータルからe-Taxに連携し、確定申告が簡単に
転職・結婚等ライフイベントがあってもずっと使える

【図61】マイナンバーカードの健康保険証利用メリット（厚労省資料抜粋）

確認と保険証確認が一度で可能となります。

また、「支払い」では窓口での限度額以上の一時支払いが不要となり、これも前述の高額療養費制度に関係します。通常、医療費が高額になる場合、所得に応じて支払が一定の金額までになる限度額適用認定証を保険者に申請して、交付された後に医療機関の窓口に提出し、初めて限度額以上の支払いをしなくて済みます。しかし、入院中や病気で大変な時の手続きができずに、高額な支払いを一時的に迫られることもあるので、そのような時に、このようにデータ連携で手続自体を不要にできます。

さらに、「診療・薬剤処方」では、正確なデータに基づく診療・薬の処方が受けられます。これにより、過去の投薬や特定健診等のデータが自動で連携されるため、過去分のデータを見た上で診察・薬の処方が可能になり、また、旅行先や災害時等の非日常時でも、情報が連携されます。

●2022年度〜デジタル社会形成関係整備法案関連の動き

図29でご紹介したデジタル改革関連法によりマイナンバー制度が益々拡充しますが、デジタル社会形成関係整備法の中①公的個人認証

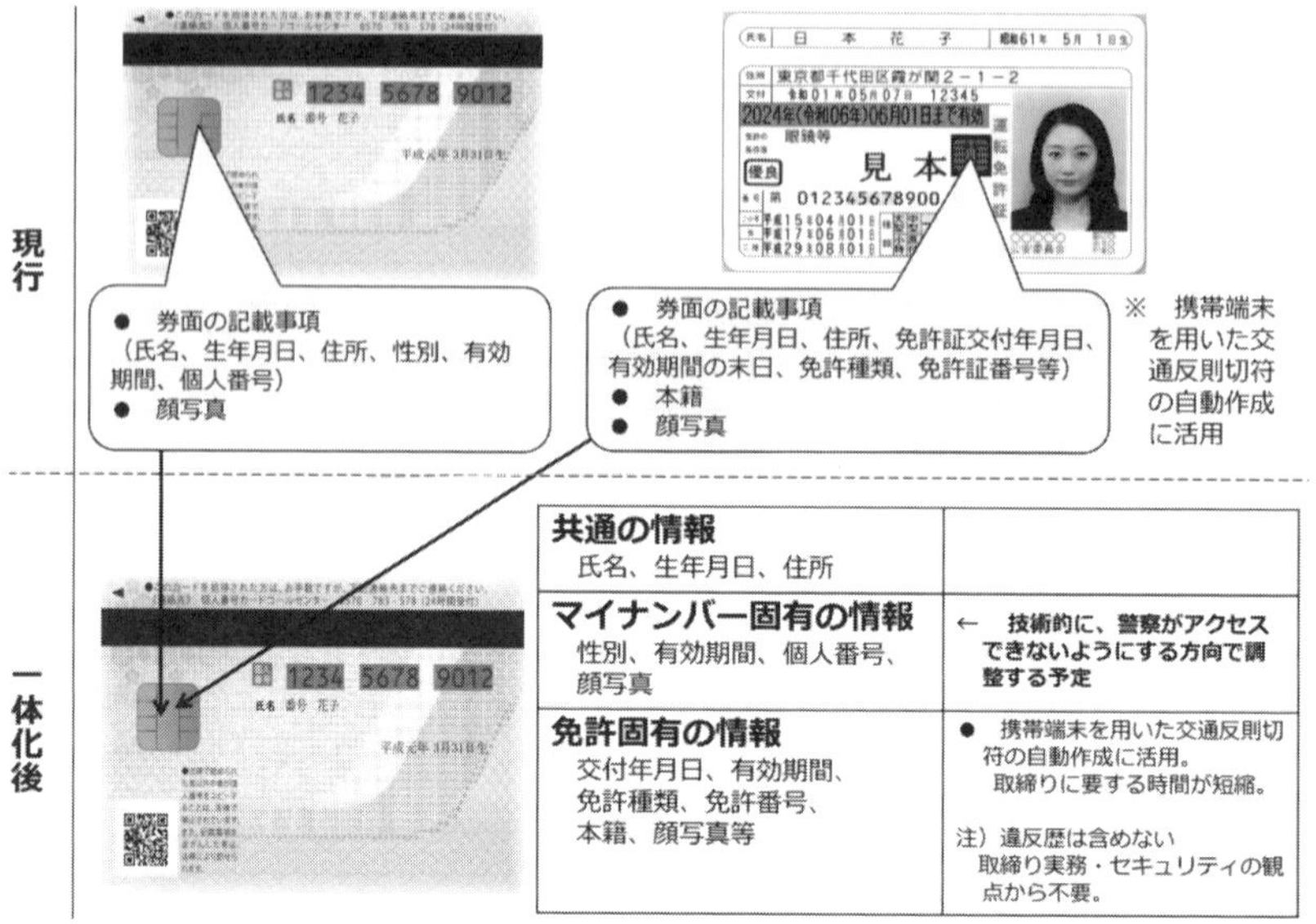

【図62】運転免許証のマイナンバーカード連携（警察庁資料抜粋）

法②マイナンバー法③住民基本台帳法は以下のような展開をしていきます。

改正により、マイナンバーカードに格納されている署名用及び利用者証明用電子証明書のスマホでの搭載が２０２２年度中に開始される予定です。Android端末に２０２０年秋モデルで80%採用の「FeliCaSEチップ（国際標準に準拠）」対応ですが、iPhoneは未定です。

また第2章図29②マイナンバー法改正と③住民基本台帳法等により医師、歯科医師、看護師、社労士等の約30の社会保障等に係る資格について、国家資格証のデジタル化が２０２４年度に開始予定です。地域における看護や介護等の担い手の確保などの観点から、ＩＴを活用した有資格者等の掘り起こしや、国家資格の登録・変更・死亡等の申請時に戸籍抄（謄）本又は住民票の写しの提出を省略するとともに、マイナンバーカードの本人認証機能を活用することで、申請手続をオンラインで完結させる等に活用します。

この国家資格等管理システムを２０２３年度までに構築してマイナンバーカード1枚で「自分が自分である」

後に「自分が資格者である」証明ができます。戸籍システムが２０２３年度にマイナンバーと連携するためにこのタイミングでの稼働です。社労士においては、社会保険関係の申請時に、現在社労士票をＰＤＦ添付して資格証明をしているのを、オンライン上の資格確認ができるようにする予定です。

また、看護師は退職時に都道府県ナースセンターに氏名・住所連絡先等を届出（努力義務）され平時の地域医療における慢性的看護師不足の候補者掘り起こしに活用できますが、コロナ禍のような有事対応で、医療現場の緊急対応にも活用が期待されるところです。

次に運転免許証との連携ですが、従来は２０２６年の予定で進んでいたのが、前倒しされています。内容としては図62の通りで、左上のマイナンバーカードと右上の運転免許証のＩＣチップ格納のデータを下のように一体化します。つまり、氏名、生年月日、住所は共通の情報として扱い、マイナンバー固有の性別、有効期限、個人番号、顔写真と、免許固有の交付年月日、有効期間、免許種類、免許番号、顔写真等を別途格納します。

住所は共有情報なので、住所変更時に市区町村窓口でマイナンバーカードの住所を変更すれば、警察署への届け出が不要となります。また、優良運転者は免許更新が住所地都道府県外への場合、郵送手続きができますが、約３週間かかるで、それも迅速になります。なお、技術的に警察がマイナンバー固有情報にアクセスできないよう配慮にする予定ですが、警察は携帯端末を用いた交通違反切符の自動作成に活用するようで、路上でのやり取りを考えると要する時間は短縮されます。

ところで、DX時代の社会システムとしては、この資格確認の順番が本来的であると考えます。つまり、今までが逆で「運転免許の保有を証明するカード」を「自分が自分である証明」に使っていました。しかし、本来は「自分が自分である証明」をした上でその「自分が運転免許の保有を証明」するという順番です。前述の健保証マイナンバーカード化も同じで、本人確認の上で健康保険の資格者である証明を行うようになります。ただし、わが国では今まで自分が自分である証明をするという文化がないので、本末転倒なことが起きていました（八〇）。

社会が複雑になりデジタル化によりｎ×ｎ型データ流通が高速回転していきますが、その元になるのがＩＤでのデータ連携です。よって、まずＩＤが確実で、その人のデータと特定できて初めて、デジタル社会形成基本法の目指す「国民が安全で安心して暮らせる社会の実現」できます。逆に言うと、マイナンバー自体が偽造されると、その後のｎ×ｎデータ流通が偽造で高速回転してしまうので、その点の真正性が非常に重要になります。政府は、マイナンバーカードは最高位の身分証明書であるとしています。最高位であるが故に正しい身分証明書である必要があります。

しかし、愛知県知多市役所で家内がマイナンバーカードを取得するために窓口に行った時に、窓口の係の方と、家内の目が点になった事件がありました。性別「女」と書いてある受け取ったカードには、毛のない筆者の写真が貼ってありました。間違えて、筆者の写真データを送ってしまい、そのままカードになってしまったようです。つまり、受け取り時に目視して確認するのですが、目の前にいるのが本当にあなたであるかをこの時点で確実に確認することがすべての始まりです。これはカードの券面情報もそうですが、カード内の公的個人認証サービスである電子証明書を今後民間サービスのＩＤと紐づける予定もあり、最高位の身分証明書であるがゆえに発行時の本人確認が重要です。民間のサービスが公的に認証されたサービスによりＩＤの真正性が担保されることになり、わが国のデジタル化社会を支える強力なプラットフォームとなります。

八〇　記憶に新しいのが、１９９５年発生した地下鉄サリン事件で最後まで逮捕されなかった容疑者を２０１２年までかくまった女性の潜伏生活を支えたのが、健康保険証の偽名取得です。彼女の整骨院採用時に自己申告の履歴書と「人柄を信じた」として、事業主が資格取得手続きをして、自分が自分でない健康保険証が出来上がり、自分でない健康保険証が自分でない社会的ＩＤ機能を発揮して行きます。自分でないＩＤにより銀行口座を開設し、携帯電話の契約やレンタルビデオ会員等にもなっていきます。

このように、マイナンバー制度の非常に重要な点は、入口で「あなたはあなたである」という確認を確実に行うことです。第2章図27のデジタル庁の役割としてのマイナンバー企画立案一元化によりわが国の「ＩＤ化」機能を正しく稼働させるためにも、重要な入口になります。

5・5　最後に「標準化、ベース・レジストリと国家百年の計」

これからのデータ駆動型社会におけるデジタル庁の役割において、データを正しく「ＩＤ化（真正化）」した上での「標準化」ができなければデータ利活用につながりません。わが国はこの両方がちぐはぐでデータが利活用できておらず、逆にコロナ禍での定額給付金オンライン申請でマイナンバーを使って現場が大混乱し、紙申請に切り替える有様でした。

２０２０年4月20日閣議決定・都道府県等通知して、対象者半数以上に給付がされたのが6月中旬で、全国で給付が終了したのが9月です。アメリカでは同年3月27日にコロナ対策関連法案を決定し約半月後の4月15日に電子納税還付口座登録者の大半に振り込まれたのとはスピードが全く違います。明らかに日本の役人の方が真面目に働いていると思うのですが、この差が発生する構造をデータの標準化の「ベース・レジストリ」という考え方で確認して本書の終わりとします。

ベース・レジストリとは「公的機関等で登録・公開され、さまざまな場面で参照される、人、法人、土地、建物、資格等の社会の基本データであり、正確性や最新性が確保された社会の基盤となるデータベース」と定義するのが適切とされています[八二]。これは、**ＤＸ**：データ・トランスフォーメーションで言及しましたが、第4章図53の土台となる「マスタ・静的」の整備に他なりません。

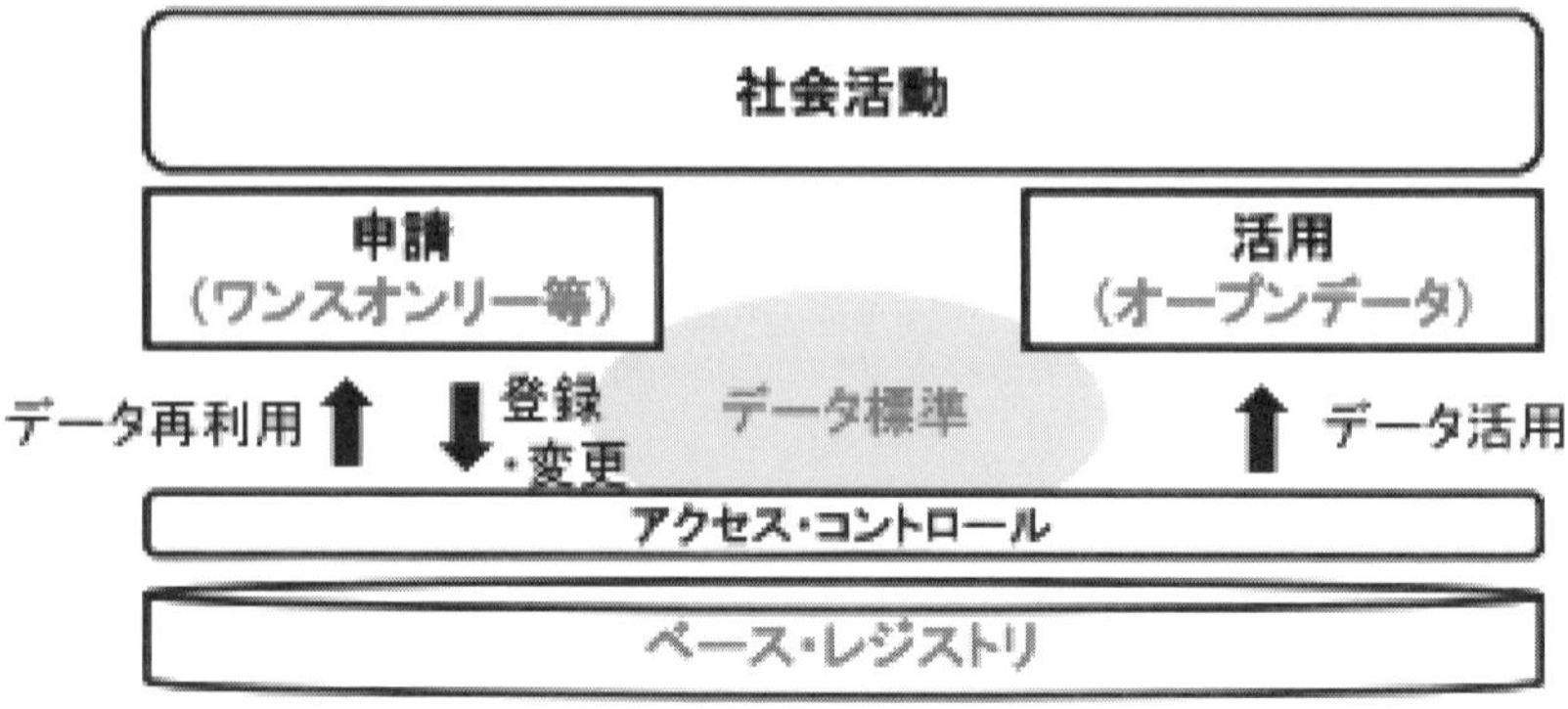

【図63】ワンスオンリー・ベースレジストリ・オープンデータ・標準化

２０１９年デジタル手続法が施行されて「ワンスオンリー」という考え方が法制化されています。よって、本来は一度申請し「登録・変更」されたマスタデータは「再利用」が原則です。さらに、データが再利用され、オープンデータとして活用されるには「標準化」により、データを最大公約数にする必要があります。

わが国の定額給付金支給に必要なデータは、単純化すれば「人」と「銀行口座」の二つだけです。よって、必要な人と銀行口座に関するデータベースのマスタが、図63のようにベース（基礎）としてレジストリ（登録）されていれば、それを再利用する「データ×移動・変形」で役人の必要な働きがすぐに完了します。マイナンバーによるオンライン申請で「人」は世帯情報が検索され再利用されました。しかし、「銀行口座情報」は登録という行為が法令上存在しないため、第２章図29デジタル改革関連法の銀行口座に関する2法案で対応して、希望者は自分の口座とマイナンバーを紐づけできるようにします。

これに対しアメリカの場合は、過去2年に所得税の電子申請をして還付金を銀行口座に登録している場合に、給付金申請しなくとも、政府が勝手に納税申告情報から所得に応じた金額を計算して、登録口座に振り込んで

八一　ベース・レジストリ・ロードマップ（案）２０２０年12月より。

います。このようにベース・レジストリのような働きをして、世帯の人の情報と銀行口座情報及び納税情報がアメリカのマイナンバーである社会保障番号と連携して再利用されています。

ベース・レジストリロードマップ（案）において「データ整備の目標年を２０３０年と設定し、そのための仕組み作りを5年以内に行うことを時間的スコープとする」としています。さらに、世界的に先進各国が今後10年程度を目標にベース・レジストリの整備を進めている中、データ稼働型社会での国際競争においては、「できるかどうかではなく、やるかどうかが問われている」と言い切っています。具体的には「データマネジメントの必要性」として「複雑化した社会の中で、さまざまな組織で顧客管理や住所管理が行われ、国全体で膨大な費用が情報管理に使われている。これら各組織での非競争領域のデータ管理を効率化するための仕組みが必要であり、そのための基礎データ整備が求められている。」として、「非競争領域」で非効率になっているとの指摘は大変重要だと考えます。そんな状態では、「競争領域×効率的」になる前に、競争に敗れるからで、まさにコロナ対応が露呈しています。

そんな状況を打開すべく宣言として「日本の基本的制度の多くは、明治時代に根幹が作られている。明治以来１００年にわたり紙をベースにした台帳等の仕組みを大きく変えることもなく維持してきたが、デジタル時代になり大きな転換点を迎えている。デジタル時代の台帳であるベース・レジストリを政府一丸となり整備していく必要がある。本ロードマップにより整備される基盤データを所管する組織は、今後１００年以上にわたり国の基盤データとして当該データが使われることを自覚して、現在の課題を乗り切る小規模な改善でなく、国家百年の計で本格的な見直しを行っていくことが求められている。」と「国家百年の計」であるとしています。東京大学松尾豊教授が重要だと指摘していたのは、こまさにベース・レジストリのようなアーキテクチャ的発想との指摘と理解しています。

第2章図27のデジタル庁の役割において、人材育成が一番時間がかかるとしましたが、教育と同じぐらいこのデータ（整備）標準化は時間がかかり「国家百年の計」である大仕事と思います。ただし、ロードマップを見ると、メニューがてんこ盛りで法則性・関係性がよくわからないので、構造化して観る必要があると思います。

「国家百年の計」の半分50年連続で先進国労働生産性最下位に来年なるだろうと第2章で数式を用いてご説明しました。本来わが国は「技術立国」であったはずが、いつの間にか非競争領域「事務」手続で非効率な業務が横行し、マイナンバー取扱業務や定額給付金支給等に優秀な労働力がとられる国になっていると思います。

デジタル庁構想が「明治以来100年にわたり紙をベースにした台帳等の仕組み」を変える壮大なる社会実験として機能するように、システム思考でアーキテクチャ：AX、ビジネスプロセス：BX、組織カルチャー：CX及びデータ：DXという観点で、自らの働き方を変えて、「国家百年の計」が実現されることを強く望んで、本書の終わりといたします。

第４章・第５章のまとめ

①　ＤＸ：データ・トランスフォーメーションとして基本アーキテクチャを元に24個のマスの中の各業務のデータ項目を正規化しＤＢで一元化して時制により6W2Hにより円運動させる。

②　無形固定資産である①のＤＢと運動させるノウハウをＷｅｂで専門家により供給することで専門家ｎ×Ｗｅｂ型ｎ×ｎのデータ流通を行う。

③　専門家や外部リソースに委ねるべきことと、自社内で追求すべき競争源泉無形資産をデータを軸に再設計することが中小企業の生産性向上につながる。

④　デジタル・ガバメントの中心的インフラとしてのマイナンバーカードは、わが国の性善説社会システムを再設計するために必須で、自分が自分であることを現実の世界と仮想化された世界の両方で益々重要になるので、国民として機能を技術的にも理解すると尚良。

⑤　ＤＸ：データ・トランスフォーメーションを行うために重要なのは、ベース・レジストリのようなデータの標準化であり、中間テーブルや正規化等によるシステム思考を、日本のホワイトカラーが習慣化することで、真のＤＸ：デジタル・トランスフォーメーションにつながる。

〈著者紹介〉

立岩 優征（たていわ　まさゆき）

ワークウェア社会保険労務士法人　代表・社会保険労務士

1989年名古屋市立大学経済学部卒業　日本電気株式会社（NEC）入社後主にパーソナルコンピュータの販売促進を行う。1996年立岩経営労務事務所設立後，賃金シミュレーションソフト開発・販売等のデジタル化対応を中心として中堅・中小企業の人事労務管理支援を行い（1999年愛知県社会保険労務士会登録。2007年法人化），2008年より業界で初めて本格的な海外事業展開。健康保険海外療養費請求の全世界展開を行い，現在に至る。

公務として，2001年より愛知県社会保険労務士会電子化委員として業界のデジタル化対応を行い，2021年全国社会保険労務士会連合会デジタル化担当常任理事退任に至るまで，政府のデジタル化関係の複数の協議会・委員会等に参画。

人事労務DX

データによる働き方改革2.0

2022年３月30日　第１版第１刷発行

著者　立　岩　優　征
発行者　山　本　継
発行所　㈱　中　央　経　済　社
発売元　㈱中央経済グループパブリッシング

〒101-0051　東京都千代田区神田神保町1-31-2
電話 03（3293）3371（編集代表）
03（3293）3381（営業代表）
https://www.chuokeizai.co.jp

製版／三英グラフィック・アーツ㈱
印刷／三　英　印　刷　㈱
製本／㈲　井　上　製　本　所

ISBN978-4-502-34451-0　C3032